千古人物 汉武帝

汉武盛世的伟大开创者

刘彻传

王金锋◎编著

内蒙古出版集团
内蒙古文化出版社

图书在版编目(CIP)数据

汉武帝刘彻传 / 王金锋编著 .–– 呼伦贝尔：内蒙古文化出版社，2016.5
（古代帝王传记丛书）
ISBN 978-7-5521-1109-5

Ⅰ.①汉… Ⅱ.①王… Ⅲ.①汉武帝（前156– 前87）
—传记 N.① K827=341

中国版本图书馆 CIP 数据核字（2016）第 146703 号

汉武帝刘彻传
HANWUDI LIUCHE ZHUAN

王金锋　编著

责任编辑　丁永才
装帧设计　鸿儒文轩

出版发行　内蒙古文化出版社
地　　址　呼伦贝尔市海拉尔区河东新春街4 – 3号
直销热线　0470 – 8241422　　邮编　021008

排版制作　大华文苑（北京）图书有限公司
印刷装订　三河市华东印刷有限公司
开　　本　710mm×1000mm　1/16
字　　数　280千
印　　张　20
版　　次　2016年6月第1版
印　　次　2022年4月第2次印刷
印　　数　8001—13000 册
书　　号　ISBN 978-7-5521-1109-5
定　　价　39.80元

前　言

　　浩浩五千年的中华历史长河，涌现出了许多帝王，他们曾经煊赫一时，有的是历史长河中的顺风船，有的是中流石，有的似春汛，有的如冬凌，有的是与水俱下的泥沙，有的是顺流而漂的朽木……总之，浩浩历史千百载，滚滚红尘万古名，史海钩沉，各领风骚，薪火相传，承继着悠久的中华历史。

　　在我国，帝王是皇帝和君王统称，是封建王朝最高的统治者，拥有至高无上的权力。在周朝之前，"帝"与"王"字义相近。而在秦朝以前，帝王是至尊君主，等同"天子"。自秦嬴政称"皇帝"后，"王"与"皇"有了区别，"王"成为地位仅次天子而掌控一方之诸侯的称呼了。

　　在我国历史上，"皇帝"这个名称是由秦嬴政最先确定的，也是他最先使用的。"皇帝"取"德兼三皇、功盖五帝"之意。秦始皇创建了皇帝制度，并自称第一个皇帝，称为"始皇帝"。皇帝拥有法律制定权、行政决策权和军事指挥权。自此，我国开始了长达两千多年的封建皇帝制度。

　　我国从公元前221年秦始皇称帝起，到1911年宣统帝退位止，在2131年的时间里，共产生了230位皇帝。第一个皇帝是秦始皇，最末皇帝是清朝宣统帝。其中在位时间最长的皇帝是清朝康熙帝，在位61年；在位时间最短的皇帝是明朝明光宗，在位仅1个月。当然，关于皇帝数量还存在多种说法。

　　这么多帝王，我们细细思量他们在历史上的价值和分量，还是有轻有重的。他们有的文韬武略兼备，建有盖世奇功，开创了辉煌历史，书写了宏伟的英雄史诗，成为了民族的自豪，十分值得千古赞颂；有的奸猾狡诈，就是混世枭雄，糟蹋了乾坤历史，留下了千古骂名永远被人们口诛笔伐；有的资质平平，没有任何建树，在历史上暗淡无光，如过眼云烟，不值一提……

但是，无论怎样，帝王是我国古代中央政权的突出代表，是最高的当权者，是政府和社会的核心，享有最高的权力和荣誉。作为历史的重要角色之一，帝王是当时左右和影响国家、民族命运的关键人物。因此，有人忠从，有人利用，有人艳羡，有人嫉妒，有人觊觎，有人怒斥。他们充满了谜一般的神奇诱惑力，我们能够从他们身上，集中感受到历史的丰富内涵与时代的沧桑变化。特别是历朝皇帝的贤愚仁暴、国运的兴衰更迭、政治的清浊荣枯、民生的安乐艰辛，都能给后世以镜鉴。至于帝王本人的成长修养、家庭的维系安顿、处世的进退取予、行事的韬略谋断等，我们都可以从中受到震撼，获得巨大的启示。

为此，我们根据最新研究资料，在有关专家指导下，特别推出了本套书系，主要精选了我国历史上十大著名帝王——他们都有运筹帷幄的雄才伟略，曾经叱咤风云，纵横天地，创造着世界，书写着历史，不断开创中华民族的辉煌篇章，不断推动我国历史的飞速发展，为我们留下了许多宝贵的精神财富和物质财富。

当然，这些帝王作为历史杰出人物也难免具有历史局限性，在他们身上也有许多封建、腐朽、落后、残酷等糟粕，这些都需要广大读者扬弃。而我们在讲述他们的人生事迹时，综合参考了大量史料，尽量挖掘他们优秀、积极、阳光、励志的正能量。因此，我们取其精华，去其糟粕。这样难免会出现挂一漏万等现象，也请广大读者理解。

总之，我们主要以这些帝王的人生轨迹为线索，并以真实历史事件贯穿，尽量避免冗长的对日常琐事的叙述和演绎戏说，而是采用富于启发性的历史故事来传达他们的人生与时代，尤其着重描写他们所处时代的生活特征和他们建功立业的艰难过程，以便广大读者产生共鸣并有所启迪。

目 录

初登历史舞台

在一个阳光明媚的日子里，长安城内的未央宫装扮得富丽堂皇，文武百官排列在大殿内外，在这里将举行新皇帝登基大典。伴随着一声"皇帝登基"，汉武帝登上了皇帝宝座。

16岁的刘彻身穿天子龙袍，头戴皇帝通天冠，坐上龙椅后，殿下瞬间便爆发出："吾皇万岁，万岁，万万岁！"的声音。

年轻的皇帝，意气风发，一双炯炯有神的眼睛放射出坚定不移的目光，扫视了殿下一番，然后发出威严的声音："众爱卿平身。"

从此，大汉帝国诞生了一位具有雄才大略的杰出君主。

七岁被立为太子

前元三年，也就是公元前154年初，大汉朝梁王刘武入朝。在当时，汉景帝还没有立太子。有一天，景帝宴请梁王，喝醉酒后便说："朕千秋之后当传位于梁王。"

梁王听后自然是心中窃喜。可是参事窦婴说："汉法之约，传子嫡孙。今帝何以得传弟，擅乱高祖约乎？"

景帝醒酒后，觉得自己酒后失言，便将此议搁置起来了。在汉王朝的七国之乱平定后，立嗣问题更加突出明显了。窦太后一度暗示景帝要传位于梁王。

这时的景帝，派大臣袁盎等人去劝诫太后。袁盎对窦太后说："从前宋宣公不立子而立弟，引发了五世之乱。小不忍，害大义，必生事端。所以《春秋》认为传子才是正确的。"

窦太后听完大臣的话后，自知理亏，便不再提及此事了。但在此时，争储暗斗的主角却是汉武帝的母后王夫人。王氏，单名娡，也是名

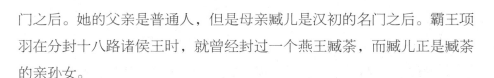

门之后。她的父亲是普通人，但是母亲臧儿是汉初的名门之后。霸王项羽在分封十八路诸侯王时，就曾经封过一个燕王臧荼，而臧儿正是臧荼的亲孙女。

虽然贵为燕王的亲孙女，但到臧儿成年之时，臧家却早已家道中落，后来臧儿嫁给槐里的平民王仲为妻，生一子名叫王信，还有两个女儿，长女王娡，次女王儿姁。王仲死后，臧儿又改嫁给长陵田氏，生两子取名田蚡和田胜。

王娡刚成年时，就在其母臧儿的主持下，嫁到一户普通农家金王孙家里，没过多久，王娡便生了大女儿金俗。

王娡的母亲臧儿找相士姚翁为自己的子女相面时，姚翁告诉臧儿："王娡是大贵之人，会生下天子。"

臧儿听完之后很是高兴，王娡对此也表示要尽力一试。于是，臧儿就把王娡从金王孙家中强行接回来了。金王孙很是愤怒，不肯和妻子王娡断绝关系，臧儿于是托了很多关系把王娡送进了太子宫。王娡得宠之后，又向太子刘启夸赞胞妹儿姁的美艳，不久儿姁也进入了太子府。

当时的皇太子刘启，对王娡很是宠爱。王娡为他共生下了三个女儿和一个儿子。三个女儿分别是后来的平阳公主、南宫公主、隆虑公主。那个儿子便是后来的汉武帝刘彻。

在王娡怀着刘彻的时候，汉文帝就去世了，皇太子刘启即位，即汉景帝。据传王美人初怀刘彻时，梦见太阳钻入怀中，便把此梦告诉了景帝。景帝听后非常高兴，认为这是个吉梦，是高贵的征兆。此梦很快传遍宫中，使刘彻身上增添了一层神奇的色彩。

在景帝登基的第一年，也就是公元前156年七月初七凌晨，风和日丽，天高云淡，长安城的上空，万里无云，天边罗霓绮虹，一看便知是吉兆。

汉景帝和以往一样，被宫女服侍穿戴以后，坐在御桌前用餐。这时，他突然想起昨夜的梦，他梦见一头红色的猪从天而降。梦中这头猪身上裹着祥云，从太虚落入宫中，后来高祖刘邦飘然而来说道："王夫人生子，应起名叫彘。"

当汉景帝醒来的时候，发现这竟然是个梦，但又觉得十分奇怪，自己的王夫人即将要生产了，这也许是上天的安排，莫非会生下一位皇子啊？

直到当天夜晚，一阵痛苦的喊叫声从王夫人的寝宫里传出来，紧接着便传来了婴儿出世的啼哭声。王夫人为汉景帝生下了景帝的第十个儿子，也就是后来的汉武帝刘彻。消息立即传到了汉景帝那里，他十分高兴。驾辇早已备好，景帝乘驾，立刻前往漪澜殿。

这时，新生儿被裹在襁褓里，正在不停地啼哭。汉景帝走上前去，看着刚刚降生的儿子，儿子也睁大了圆圆的眼睛望着抱起自己的父亲，马上便止住了哭声。

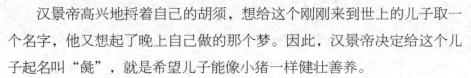

汉景帝高兴地捋着自己的胡须，想给这个刚刚来到世上的儿子取一个名字，他又想起了晚上自己做的那个梦。因此，汉景帝决定给这个儿子起名叫"彘"，就是希望儿子能像小猪一样健壮善养。

在刘彘三四岁的时候就表现出不一般的智力，他聪明过人，宫内的人都非常喜欢他。他的记忆力超强，好读书，会说话，求知欲特别强，尤爱读书中古代圣贤帝王的伟大事迹，简直过目不忘。景帝深感诧异，因此，他十分喜爱这个儿子。

有一天，汉景帝问小刘彘："最近读什么书呢？"

刘彘回答说："自伏羲以来圣人的书我都读了！"

汉景帝听后觉得这个儿子以后一定会有所作为。在小刘彘4岁的时候，汉景帝就把他封为胶东王。

汉景帝有13个儿子，曾经的宠妃栗姬为他生育了皇长子刘荣。由于没有嫡子，公元前153年，汉景帝遵照立长的传统思想，立了已经年满18岁的庶长子刘荣为皇太子。此时的刘彘才4岁。

汉景帝有一个同母姐姐叫刘嫖，称长公主。她也是窦太后的独生女儿，窦太后视她为掌上明珠。不只是窦太后，景帝对她也很看重，常常是言听计从。长公主有一个女儿叫陈阿娇，对小阿娇是万般呵护，简直视作生命一样对待。

　　长公主见栗姬在这场皇储之争中取得了胜利，栗姬的儿子刘荣被立为了皇太子，便让人去栗姬那里示意，要将女儿阿娇许配给太子刘荣，使阿娇成为太子妃。将来太子一即位，女儿就是皇后了。

　　刘彻的母亲王夫人因此派人告诉栗姬，说："长公主之前送给陛下的美人正得宠，你为什么不私自拜见长公主而结成这段姻缘呢？"

　　而栗姬却因为经常心生妒忌，怨恨长公主经常献美女给景帝，后宫诸多受天子宠幸而得到显贵的美人都是因为长公主的原因，这些美人所受到的尊宠超过了栗姬，促使汉景帝很少去见她，她便日益愤怒并且怨恨长公主。因此便一口回绝了这桩婚姻。

　　长公主在宫内宫外，自认为势力很大，怎么受到了这样的羞辱，更主要的是如果女儿阿娇不能嫁给太子，那她让女儿成为皇后的野心就无法实现了。从此，她便怀恨在心与栗姬作对，对栗姬简直恨之入骨，便不厌其烦地到处诉说。

　　长公主经常在汉景帝面前进谗言说栗姬之过："栗姬和各位贵夫人及宠姬聚会，常常让侍从在她们背后吐口水诅咒，施以媚道之术。"

　　汉景帝也因此更加恼恨栗姬。但是因为没有证据，汉景帝并没有将栗姬治罪。汉景帝曾有一次身体不好，心中不免有些不高兴，就把被封王的儿子们都托付给栗姬，并对她说："我死了以后，你要好好照顾他们。"

　　栗姬生气，不肯答应，并且出言不逊。景帝很气愤，怀恨在心而没有发作。消息传到刘彻的母亲王夫人那里，她得到了消息后便暗自喜道：天助我也。

　　王夫人经过一番深思熟虑，认为以长公主与景帝的姐弟关系，又有窦太后撑腰，长公主要使女儿阿娇成为皇后的野心很有可能实现，如果彻儿能与阿娇成为夫妻，那么长公主就可以帮助彻儿成为皇太子。她正算计着如何和长公主联姻呢！长公主就自寻上门了。

　　有一天，长公主带着女儿阿娇来到王夫人的住处，王夫人很热情地接待了她们母女，因为她想趁机奉承长公主。王夫人假装不知道长公主向栗姬提亲遭到回绝的事，拉着阿娇不住地夸赞说："阿娇长得真是福相，长大后准能做皇后。"

只一句话就把长公主说得心花怒放，一时忘了被栗姬羞辱之事，便随口说道："那就把阿娇许配给彻儿做媳妇吧！"

长公主说出了王夫人最想听到的话，正合她的心意，心中甚是欢喜，口中却假意谦逊说："这怎么能行呢？我们彻儿又不是太子，又做不了皇帝。阿娇可是注定的皇后命，嫁给彻儿，岂不委屈了阿娇啊？"

这几句话马上就激起了长公主对栗姬的怨恨之心，便愤愤地说："不是太子又怎么样，太子又不是皇帝？别看如今立了那荣儿为皇太子，岂不知古今废立太子的事还少吗？我看那呆头呆脑的荣儿就没个太子的样。彻儿额宽颈长，眉突口阔，声音洪亮，是大器之相，彻儿才像个皇太子呢！"

在后来，有一次长公主刘嫖爱怜地抱起少年胶东王刘彻，把他放在自己的膝盖上，她问小刘彻："你想要一个媳妇吗？"

刘彻点点头。长公主觉得很有趣，想不到这么小的家伙也想要个媳妇！长公主来了兴致，便笑着将左右侍女一百多人指给刘彻，让他挑选。

想不到的是，小刘彻一一摇头，小脑袋摇得像个拨浪鼓，抿着嘴，一脸的严肃认真。长公主不禁心中十分高兴，觉得这个小王子很有品味，越发地喜爱了。一百多侍女他都不要，只剩下自己的女儿阿娇了。长公主指着阿娇问小刘彻："阿娇怎么样？"

小刘彻郑重其事地点了点头。长公主高兴得笑了起来，没想到这小家伙还这么有心计，这么小就要定了阿娇。长公主兴致勃勃地再问小刘彻："阿娇好吗？"

小刘彻回答说："好！"接着，小刘彻像小大人似地说，"如果娶阿娇做媳妇，我一定要造一座金屋，让阿娇在里面住！"

长公主听后，笑得合不拢嘴。万分高兴的长公主找来小刘彻的母亲王夫人，叙说了这件趣事。她俩见阿娇和刘彘年纪相当，从小相处和睦，感情也融洽，就同意给阿娇和刘彘这对姑表姐弟亲上加亲订立婚约。而后，景帝也同意了阿娇和刘彘两个孩子的婚事。

这就是"金屋藏娇"的由来。这个典故后来记载于班固的《汉武故事》中：

> 帝以乙酉年七月七日生于漪澜殿。年四岁，立为胶东王。数岁，长公主嫖抱置膝上，问曰："儿欲得妇不？"胶东王曰："欲得妇。"长公主指左右长御百余人，皆云不用。末指其女问曰："阿娇好不？"于是乃笑对曰："好！若得阿娇作妇，当作金屋贮之也。"

与此同时，长公主每天都在汉景帝面前夸赞王夫人儿子刘彘的优点。久而久之，汉景帝也认为刘彘德才兼备，又有从前王夫人怀孕时梦日入怀的吉兆，于是，景帝便对刘彘十分留意了。

这时，王夫人暗地里派人催促大臣们提议册封栗姬为皇后。大行令上书奏事，有一句话写道：

> 子以母贵，母以子贵，现在太子母亲的称号应当是皇后。

景帝大怒，说："这件事是你应当说的吗？"

结果，竟论罪处死了大行令，并在景帝七年，也就是公元前150年废了太子刘荣，改封他为临江王。并把栗姬贬入了冷宫。

后来，经过多次反复，汉景帝终于在前元七年，也就是公元前150年，正式册封王娡为皇后，立刘彘为太子。从此，7岁的刘彘取得了皇位的继承权。

汉景帝觉得"彘"这个名字不雅，而且又容易让人联想到被吕太后处以"人彘"的戚夫人的悲惨故事，就替太子改名叫"彻"了。景帝还自圆其说道："彘"与"彻"相通，都有"聪明"的意义。景帝对太子的才智更加欣赏，这为刘彻以后的辉煌前程奠定了坚实的基础。

刘彻从小就表现出不一般的聪明才智，他很受景帝的喜爱。特别是立为太子后，景帝更是精心培育，并请来德高望重的卫绾作了太子的老师。能文能武的卫绾对刘彻培育了六七年之久，给刘彻以很大的影响。

敏慧早熟的皇太子，被博大精深且与政治紧密结合的儒家思想深深地吸引住了。儒家思想和黄老之道主张清静无为、因循守成不同，倡导君子要乾乾不息和进取有为，主张尊君、隆礼、行仁、重民、大一统等，特别是主张要以厚德怀服四夷。

当刘彻成长为一个血气方刚、雄心勃勃的少年时，他觉得儒家学说更加适合自己的性格和志趣，特别是联想到吴楚之乱和匈奴的连年入侵，他觉得儒家的主张更加适合帝国的需要。

儒家思想的教育，给这位在黄老思想笼罩下成长的太子灌输了新鲜的血液，塑造了新的政治观念，为刘彻以后50余年奋发有为的政治生涯奠定了坚实的思想基础。

当刘彻读到当时著名文学家枚乘的赋时，他是十分佩服，一直想见到枚乘本人。后来，他做了皇帝后，就用安车蒲轮把枚乘接到了京城。他还向出生在匈奴的韩王信的后代韩嫣学习骑射。

孩提时代的刘彻接受了多种学术教育的影响，这对他的性格、气质、志趣的形成无疑会带来重大的影响，使他的思想倾向和历史活动不可能表现为单一性，一定有他的出众之处。

十七岁荣登皇位

景帝后元三年，也就是公元前141年正月十七，汉景帝为16岁的皇太子举行非常隆重的冠礼。行冠礼不久之后，这年正月的一天，汉景帝驾崩于未央宫，16岁的太子刘彻继位，为汉武帝。在刘彻还是太子的时候，便迎娶了14岁的阿娇陈氏为妻，就是太子妃。刘彻即皇帝位，太子妃陈氏理所应当被册封为皇后。

汉武帝刚开始登基时，汉朝建立已经有60多年了，汉初统治者奉行的黄老政治，其无为而治、休养生息的温和政策，对汉初社会经济的恢复，政局的稳定起了关键作用。

文景两代39年间，政局大体稳定，经济得以恢复，文化有所进步。千百年来，人们始终将这一时期看作安定繁荣的盛世的典型，史称"文景之治"。

汉文帝和他的谋臣们不仅在这一时期使国家管理走上了正轨，也为后来的汉景帝时代的政制和政风规定了基本格局。汉文帝本人的政治品格，也为他的继承人汉景帝树立了榜样，对后世形成了规范性的影响。

黄老之学主张"无为无不为"，就是在政治上少有急切的举措，避免苛政扰民，否定过激的政策，否定冒进的倾向，使社会生活在自然的状况下得以安定。

后来宋代历史学家司马光在《资治通鉴》中叙述到汉武帝登基这段历史时，引录了东汉著名史学家班固在《汉书·景帝纪》篇末的一段赞语：

> 周秦之敝，罔密文峻，而奸究不胜。汉兴，扫除烦苛，与民休息。至于孝文，加之以恭俭，孝景遵业，五六十载之间，至于移风易俗，黎民醇厚。周云成康，汉言文景，美矣！

汉武帝刘彻传

司马光在记录汉武帝登基的历史过程之后就引用了这段话，其用意显然是向读者介绍这位年轻的帝王接过了怎样一个天下。文景留给汉武帝的遗产，表现在经济方面，是"大安殷富""天下富实"的国家。而积累的大量的物质财富在《史记·平准书》中记载：

> 都鄙廪庾皆满，而府库余货财。京师之钱累巨万，贯朽而不可校。太仓之粟陈陈相因，充溢露积于外，至腐败不可食。众庶街巷有马，阡陌之间成群。

这位少年皇帝接受了统治汉家天下的重任。汉武帝聪明过人，爱好广泛，又受名师指导，自幼就了解到各派学术思想。敢作敢当的汉武帝在少年时就开始寻找治国方针，尤其对实行王道、称霸天下感兴趣。怎样创立伟业，达到古代帝王盛世？这问题一直围绕着他。少年即位后，他第一件事就是召集天下人才到朝廷策问。

董仲舒就在这种情况下，被汉武帝发现，并且得到了汉武帝的赏识，留下了著名的"天人三策"，天人三策是讲天和人的关系的，董仲舒在"天人三策"中阐述了五大关键问题，引发了汉武帝的兴趣。

在董仲舒提出的五大问题中，每一个问题都切中要害。其中的"罢黜百家，独尊儒术"，对后世中国产生了极大的影响，也正是这一点让人不解，西汉王朝建立以来，一直奉行黄老之学，而且西汉时期，各种思想流派也很多，董仲舒却大胆提出"罢黜百家，独尊儒术"，这与西汉初期的统治思想格格不入，而汉武帝却积极采纳。

汉武帝做太子时的老师赵绾、王臧也是儒生，当然支持董仲舒的"罢黜百家，独尊儒术"主张。于是，汉武帝任命推崇儒学义是外威的窦婴和田蚡为丞相和太尉，儒生赵绾为御史大夫，王臧为郎中令。

汉武帝选择儒家学说为指导思想后，就兴致勃勃地按照儒家要求执政。儒家讲究礼化，推行于道，崇尚古代圣王业绩。朝中有人推荐80高龄的诗学大师申公来指导。申公名申培，是赵绾和王臧的老师，也是汉代鲁诗的创始人。

汉武帝当时年轻有为，喜欢和文人高谈阔论，薄古非今。他接见申公后一连问了几个问题来讨教治国之道，谁知申公却淡淡地说："治国不靠空话要靠行动。"这番话让武帝有些摸不着头脑。正在尊儒兴头上的武帝并没有责怪他，反而封他为太中大夫。

朝臣中儒家势力立刻强大起来，他们积极活动建立明堂、用儒家思想执掌朝廷。可是没过多久，汉朝廷中热热闹闹的尊儒活动却引起了后宫窦太后的不快。

窦太后从封后到太皇太后已有40年的历史，在朝廷中有很大势力，朝中大事必须向她请示。因窦太后喜欢黄帝、老子之言，所以要求景帝与诸窦子弟不能不读黄帝、老子之书，并尊其中道理。

汉景帝时有一位研究《诗经》的博士叫辕固。有一天，窦太后将他召来问《老子》，辕固说："这不过是平常的言论罢了。"

窦太后听后，愤怒道："它怎么能比得上管制犯人似的儒家诗书呢？"气愤之余便让辕固入兽圈刺杀野猪。

汉景帝知道后，因为碍于太后发怒而辕固并无罪过，于是赐给辕固锋利的兵器。辕固入兽圈后只一刺，野猪马上就会毙命。太后没有说话，也没理由再治辕固的罪，只好作罢。

而汉景帝执政到最后，因为窦太后的缘故，诸位儒家博士都是在官待问，没有被重用的。因此，她当然也不能容忍刘彻胡闹，就着手干预朝政，因此，这时的皇权和后权产生了很大的冲突。

汉武帝想要推新政。由于一系列的动作影响到了权贵们的利益，因此毁谤魏其侯等人的言语每天都传到窦太后的耳中。而窦太后喜欢黄老学说，新政推崇者与之理念不同，窦太后很是不高兴。

到了建元二年，也就是公元前139年，赵绾上书武帝言勿将政事禀奏给太皇太后。窦太后大怒，暗中找到赵绾及王臧的过错，责备武帝说："他们这是要当第二个新垣平呀！"并将御史大夫赵绾、郎中令王臧下狱，后来这二人纷纷自杀，丞相窦婴、太尉田蚡被免职。并任命柏至侯许昌当了丞相，武强侯庄青翟当了御史大夫。

这使得汉武帝所推行的新政也全部废除。汉武帝迫于祖母的压力，同时也看到旧势力的强大，如果一味抗争，可能不会有好结果，反正祖母已经老了，以后的天下还是自己的，于是便暂时中断了尊儒活动。

窦太后干预朝政，朝中儒家集团解散，一切又恢复成老样子。尊儒活动进入低谷，这对年轻的武帝是一个考验，让他更清楚地认识到黄老学说的不可行性，更加肯定了"大一统"作为治国方针的合理性。汉武帝面对目前形势，藏起了自己的锋芒，不和窦太后发生正面冲突，非常顺从地起用了一批窦太后喜欢的人来辅政。

建元五年，也就是公元前136年，汉武帝21岁，他看到窦太后因病没有精力干涉朝政，就趁机建立"五经博士"，表示官方承认儒家的专宠地位，由此'罢黜百家，独尊儒术"迈出了新步子。

建元六年，也就是公元前135年五月窦太后去世，那些当时信奉黄老的旧派势力自然是失去后宫的支持。而汉武帝才得以真正掌握大权。

祭祀邂逅卫子夫

　　刘彻登上皇帝宝座，可以说除景帝对他的偏爱外，陈阿娇的母亲、长公主刘嫖起了很大作用。她把女儿嫁给了刘彻，就要施尽浑身解数来扶持刘彻做太子，让女儿登上皇后的宝座。

　　王夫人让刘彻娶阿娇是为帮助儿子做太子，将来做皇帝；而刘嫖让阿娇嫁刘彻是为她女儿将来做皇后。因为这场婚姻从一开始就充满政治色彩，当刘彻和阿娇小的时候，还十分恩爱。

　　阿娇陈皇后一直养尊处优，过着优裕富贵的生活，在家被父母宠爱着，撒娇使性惯了，从来不知道什么叫忧愁，不知道要谦让别人。做了皇后以来，阿娇依旧被武帝刘彻宠爱着。

　　快乐的生活飞快地流逝，一晃十年成为过去。阿娇在武帝刘彻的宠爱下，十年间享受了无尽的欢乐。可是，阿娇没有为汉武帝生下子嗣。

　　这时，汉武帝自己都觉得自己内心深处发生了一些变化。他发觉，以前那般迷人的光彩夺目的阿娇不过是个任性的贵族女子罢了，有的时候令人十分不快，和她在一起常常觉得很不轻松，甚至于有些厌恶。

建元二年，也就是公元前139年三月上巳，汉武帝去灞上祭祀先祖，祈福除灾。回宫时顺路去平阳侯在京府邸看望当时嫁给平阳侯曹时的大姐平阳公主。

当汉武帝和平阳公主相见后，相互寒暄了几句话，平阳公主便吩咐开宴，各种山珍海味应有尽有，佳肴美酒摆满了桌几，侍从们穿着盛装，规规矩矩地侍立在一旁。

酒过三巡后，平阳公主便将家中的10个美女精心装扮一番，并令她们拜见武帝，为他奉觞敬酒，这些美女虽然各有姿色，但皇帝见惯了后宫众多的美女，所以她们并没有引起皇帝多大兴趣。于是，平阳公主命10余人退下，继而酒菜开筵。

平阳公主深知汉武帝喜爱音乐，便示意让侯府的歌女上堂献唱。一阵优美的乐曲奏起，只见一位绝色美女被几名美人簇拥着出场亮相，汉武帝见了，忽然眼睛一亮，便看中了她。这位美女便是卫子夫。卫子夫身世贫寒，她的母亲曾为平阳侯家僮。因此，卫子夫在很小的时候便被送到平阳侯家教习歌舞。

汉武帝刘彻传

平阳公主看汉武帝眯着眼盯着卫子夫，手中举着的酒樽竟洒到衣袍上都不知道，心中滋生一阵喜悦，便轻问道："圣上，喜欢她吗？"汉武帝没有听见。公主又问道："那个歌女怎么样？"

这时，汉武帝才回过神来，赶紧放下酒樽，抖了抖衣袍上的酒，竭力掩饰刚才的失态。急忙又问道："她叫什么名字？何方人氏？"

平阳公主回道："她叫卫子夫，是我从小买来的歌女。"她看汉武帝十分喜爱卫子夫，就奏请将卫子夫送入宫中，汉武帝欣然答应。

临别上车的时候，平阳公主对卫子夫说："走吧，在宫里照顾好自己，好好自勉努力，将来若是富贵了，不要忘记我的引荐之功。"

只见卫子夫扑通一声，朝平阳公主跪了下去，哭着说道："小女岂敢忘公主养育之恩。"

平阳公主又拍着她的肩膀说道："到了皇宫也要好好服侍皇上，要多保重。"卫子夫挥泪而别。从此，卫子夫跟随汉武帝进了庄严、豪华的皇宫。

当他们刚到宫廷门口，就看见陈皇后站在那里。陈皇后看见汉武帝带来一个天仙般的美女，大吃一惊，不禁妒火中烧。这时，陈皇后恨恨地质问汉武帝，说："这是什么人，好大的面子，竟敢跟皇帝同辇？"

汉武帝无奈只好回答说："她只是朕从平阳公主家买的歌女，带到宫里来解闷儿的。"

陈皇后不依不饶道："那把她送到冷宫去，让她永远不得见皇帝面。"汉武帝不敢得罪阿娇，只得照办。于是卫子夫被送到冷宫独对青灯。

一年后，汉武帝与大臣们在终南山射猎。有一天，汉武帝令宫中将一些失宠的宫女打发出去，再一次见到了卫子夫。卫子夫哭拜在地，说道："贱妾进宫一年多，不得侍奉陛下，自觉无德无才，不足以充陛下后宫，愿请陛下斥退。"说着，已经是呜咽不能成语。

汉武帝见卫子夫虽然比以前清瘦了些，但不失风采，不由得触动前情，所以将她留在宫中。不久之后，卫子夫便怀了身孕。汉武帝数年没有子嗣，得知卫子夫已有身孕，很是高兴。从此卫子夫日益受到宠幸。

皇帝宠幸卫子夫及卫子夫怀孕的事很快就传到陈皇后的耳中，她顿时大发雷霆，准备去找武帝理论，于是叫人准备轿辇。

随着一声"皇后娘娘驾到。"陈皇后几步就跨入皇帝寝宫，指着卫子夫怒道："哪里来的贱人，你也配让皇帝专宠。"卫子夫忙躲到武帝身旁，汉武帝伸出手臂护住她说："她已有身孕，小心伤了她。"

陈皇后听了这话愈加妒火中烧，想到自己多年没有为皇帝生下子嗣，现在皇帝居然当着她的面保护卫子夫，更加生气，于是便愤愤地说："你不护我，却去护她，你太忘恩负义了。"说罢转身就走了。

汉武帝见陈皇后当着别人的面指责他，也十分气愤，心想：朕就是要宠她，看你奈我何？于是他索性专宠卫子夫，冷落陈皇后。

阿娇气冲冲地去长公主的寝宫，现在只有求救于母亲了。"母亲，刘彻宠了一个叫卫子夫的歌女，现在已有身孕了。"

她的母亲长公主刘嫖、武帝刘彻的母亲王太后知道后，也都为之鸣不平，于是她们联合起来，共同对付卫子夫，想把英武的皇帝刘彻拉回到阿娇的身边，重温昔日出双入对、温情脉脉的生活。

陈皇后的母亲刘嫖便开始向卫子夫进行报复。当她得知卫子夫有个兄弟叫卫青，便派人去害他以恐吓卫子夫。

有一天，卫青正在驯马，突然奔来几名骑马的恶汉，这便是陈皇后阿娇与长公主派来捉杀卫青的人，不容分说就将卫青打倒，捆上马背而去。卫青的朋友骑郎公孙敖听说后，急召几名骑士，飞马追赶，夺回了卫青，又请人将这事上奏给了汉武帝。

汉武帝得知这件事后大怒。卫子夫的故主平阳公主看见卫子夫已经得宠，当然也要庇护卫青，便进宫向武帝控诉长公主欺人太甚。她火上浇油，说道："俗语说打狗还要看主人，卫青是子夫的弟弟，是我的家人，这不是分明没把陛下放在眼里，更没把我这个公主放在眼里吗？总要给她们一个教训才是。"

汉武帝刘彻传

事实上，汉武帝也正想借此压一压长公主母女的气焰。于是宣卫青觐见，当着皇后阿娇的面，任卫青为建章宫监，加衔侍中。不仅如此，就连卫青的同母兄弟姊妹也一并加封，使卫子夫大姐君孺为舍人公孙贺之妻，升公孙贺为太仆。二姐少儿与曲逆侯陈平的曾孙陈掌私通。当时陈掌因兄犯罪，被削夺爵位封邑，只是一个寻常小吏。

汉武帝使陈掌娶少儿为妻，封陈掌为詹事。太仆、詹事都是位在九卿之官，秩禄中二千石。夫以妻荣，就连公孙敖也因抢救卫青有功，升任为中大夫。数日之内，赏赐卫青多达千金。接着汉武帝又封卫子夫为夫人，升卫青为中大夫。纵览汉武帝一朝，更无此幸。

而这些对于陈皇后来说，刘彻是她从小的伙伴，是她一直十分相信、十分信赖的朋友，刘彻离开了她，无异于是对他们童年纯情的背叛，是无情地撕裂着他们那段美好的毫无功利色彩的感情。

提升汉室实力

汉武帝立刻写下了"贤良之首"四个大字，并下旨："速召董仲舒觐见，朕要当面策问。"宫廷内外，顿时议论纷纷，都想一睹董仲舒的风采。

不久之后，汉武帝又在未央宫单独召见了董仲舒。

汉武帝对他说："朕即位以来，希望治理好国家，深感责任重大，昼夜不敢安心。深思万机，犹恐有失。所以广请四方豪杰与贤良有学之士，希望能听到你们有关治国的宏论。朕当专诚听取，向诸位请教。"

董仲舒说："这是我主英明圣哲的体现，臣愿竭尽全力，以报圣上恩德。"

汉武帝见董仲舒举止合礼，言辞达理，心中非常满意。

独尊儒术思想

汉武帝16岁登基，面对先辈的丰厚遗产，他希望把政权集中在皇帝之手，干一番大事业。而新儒学正符合他的要求，于是在他登基后做的第一件影响深远的大事，便是尊崇儒学。所以才有"罢黜百家，独尊儒术"政策的出台，把儒学定为最高统治思想。这是汉武帝为实现政治抱负所奠定的思想基础，其实质是对政治指导思想作出新的选择和确定。

汉武帝深知，治国之道最重要的就是尊贤任能，使俊杰在位。先贤墨子曾说："尚贤者，政之本也。""是故国有贤良之士众，则国之治厚；贤良之士寡，则国家之治薄。故大人之务将在于众贤而已。"

因此，在汉武帝在掌国执政后的第二年建元元年，也就是公元前140年冬十月，他便下诏举贤良方正直言极谏之士。诏曰：

朕承继先帝极尊之位、至美之德，传之无穷，而施之无限，任大而守重，是以夙夜不敢闲暇安乐，深思万事之端绪，犹惧有缺点失误，因此，广泛招徕聘请四方豪俊，郡国诸侯，公选贤良修洁博习之士，欲闻大道之要、至论之极……

汉武帝还下制书，策问治国之道。这时，一份论述"天人合一""君权神予""《春秋》大一统"的文章吸引了他，他反复诵咏，不禁拍案叫绝。再看篇尾署名，竟然是广川董仲舒。

汉武帝还下制书，策问治国之道。这时，一份论述"天人合一""君权神予""《春秋》大一统"的文章吸引了他，他反复诵咏，不禁拍案叫绝。再看篇尾署名，竟然是广川董仲舒。

董仲舒是文景气氛熏陶和培育出来的汉代第一位有系统思想体系的经学家、哲学家和教育家以及政论家。汉文帝元年，也就是公元前179年，他出生在一个家有大批藏书的大地主家庭。

董仲舒从小就潜心发愤，"论思《春秋》，造著传记"，以著《公羊春秋》著名，著有《春秋繁露》十七卷。他的思想以《春秋》为基础，糅进阴阳五行，来发挥阐扬先儒思想，开创并奠定了汉儒思想的基础。在他30岁的时候，开始招收了大批学生，精心讲授。

通过讲学，董仲舒为汉王朝培养了一批人才，他的学生后来有的当了诸侯王国的国相，有的成了长吏。由于董仲舒广招门生，宣扬儒家经典，他的声誉也日益扩大，在汉景帝时当了博士，掌管经学讲授。

董仲舒课讲得十分精彩，弟子很多，而后弟子再教弟子，一些再传弟子甚至只是听说过他的大名，根本就没见过他的面。他一门心思教学和研究，甚至三年都没回家。他的行为举止，都遵循礼节，很多读书人都尊他为师。

而汉武帝对董仲舒的博学早有耳闻，如今一看，果然是名不虚传。武帝每下一道制书，董仲舒就有一封措词得当、说理透彻的对策，送给武帝看。这三道制书分别是：

制曰："朕获承至尊休德，传之亡穷，而施之罔极，任大而守重，是以夙夜不皇康宁，永惟万事之统，犹惧有阙。故广延四方之豪俊，郡国诸侯公选贤良修洁博习之士，欲闻大道之要，至论之极。今子大夫袖然为举首，朕甚嘉之。子大夫其精心致思，朕垂听而问焉。

盖闻五帝三王之道，改制作乐而天下洽和，百王同之。当虞氏之乐莫《韶》，于周莫盛于《勺》。圣王已没，钟鼓管弦之声未衰，而大道微缺，陵夷至乎桀、纣之行，王道大坏矣。夫五百年之间，守文之君，当涂之士，欲则先王之法以戴翼其世者甚众，然犹不能反，日以仆灭，至后王而后止，岂其所持操或悖缪而失其统与？固天降命不查复反，必推之于大衰而后息与？乌乎！凡所为屑屑，夙兴夜寐，务法上古者，又将无补与？三代受命，其符安在？灾异之变，何缘而起？性命之情，或夭或寿，或仁或鄙，习闻其号，未烛厥理。伊欲风流而令行，刑轻而奸改，百姓和乐，政事宣昭，何修何饬而膏露降，百谷登，德润四海，泽臻草木，三光全，寒暑平，受天之祐，享鬼神之灵，德泽洋溢，施乎方外，延及群生？

子大夫明先圣之业，习俗化之变，终始之序，讲闻高谊之日久矣，其明以谕朕。科别其条，勿猥勿并，取之于术，慎其所出。乃其不正不直，不忠不极，枉于执事，书之不泄，兴于朕躬，毋悼后害。子大夫其尽心，靡有所隐，朕将亲览焉。

制曰：盖闻虞舜之时，游于岩廊之上，垂拱无为，而天下太平。周文王至于日昃不暇食，而宇内亦治。夫帝王之道，岂不同条共贯与？何逸劳之殊也？盖俭者不造玄黄旌旗之饰。及至周室，设两观，乘大路，朱干玉戚，八佾陈于庭，而颂声兴。夫帝王之道岂异指哉？或曰良玉不瑑，又曰非文亡以辅德，二端异焉。

殷人执五刑以督奸，伤肌肤以惩恶。成、康不式，四十余年天下不犯，囹圄空虚。秦国用之，死者甚众，刑者相望，耗矣哀哉！乌乎！朕夙寤晨兴，惟前帝王之宪，永思所以奉至尊，章洪业，皆在力本任贤。今朕亲耕籍田以为农先，劝孝弟，崇有德，使者冠盖相望，问勤劳，恤孤独，尽思极神，功

烈休德未始云获也。今阴阳错缪，氛气充塞，群生寡遂，黎民未济，

廉耻贸乱，贤不肖浑淆，未得其真，故详延特起之士，庶几乎！今子大夫待诏百有余人，或道世务而未济，稽诸上古之不同，考之于今而难行，毋乃牵于文系而不得骋与？将所繇异术，所闻殊方与？各悉对，著于篇，毋讳有司。明其指略，切磋究之。以称朕意。

制曰：盖闻"善言天者必有征于人，善言古者必有验于今"。故朕垂问乎天人之应，上嘉唐虞，下悼桀、纣，浸微浸灭浸明浸昌之道，虚心以改。今子大夫明于阴阳所以造化，习于先圣之道业，然而文采未极，岂惑乎当世之务哉？条贯靡竟，统纪未终，意朕之不明与？听若眩与？夫三王之教所祖不同，而皆有失，或谓久而不易者道也，意岂异哉？今子大夫既已著大道之极，陈治乱之端矣，其悉之究之，熟之复之。《诗》不云乎，"嗟尔君子，毋常安息，神之听之，介尔景福。"朕将亲览焉，子大夫其茂明之。

汉武帝下的这三封对策，董仲舒有问必答，字字句句都切中武帝的心意。于是，汉武帝立刻写下了"贤良之首"四个大字，并下旨："速召董仲舒觐见，朕要当面策问。"宫廷内外，顿时议论纷纷，都想一睹董仲舒的风采。

不久之后，汉武帝又在未央宫单独召见了董仲舒。汉武帝对他说："朕即位以来，希望治理好国家，深感责任重大，昼夜不敢安心。深思万机，犹恐有失。所以广请四方豪杰与贤良有学之士，希望能听到你的有关治国的宏论。朕当专诚听取，向你请教。"

董仲舒说："这是我主英明圣哲的体现，臣愿竭尽全力，以报圣上恩德。"

汉武帝见董仲舒举止合礼，言辞达理，心中非常满意。汉武帝接着问："朕有些问题百思不得其解，想烦先生解释。从前三皇五帝的时候，天下太平。可到后来，王道衰微，国家灭亡，这是否是天意如此？朕继位后，很想取法上古，向尧舜看齐，使天下圣明，不知这样做有没有用？夏商周三代受天命而兴起，它们的祥兆是什么？天下的灾异为什么会起？人可寿夭，天性有好坏，究竟是什么道理？还有，朕现在希望淳朴的风尚在社会上畅行，法令能执行下去。刑罚减轻，奸佞改过。朕也期望百姓和乐，政治清明。如何修治整饬，从而达到雨露滋润，百谷丰登，享受天的保佑和鬼神的阴庇，洋溢着德泽足以施及四海众生，但不知怎么样才能实现？"

汉武帝一口气提出这么多问题，他看了看面前的董仲舒，接着又说："先生明晓先圣的业绩，研究风俗习气的变化和事物发展的规律。而且先生研究高深学问的时间也很久了，请阐明你的看法。"

董仲舒是一个饱读诗书的人，他见汉武帝年纪轻轻，便提出了这么多非一般常人可提出的尖锐深刻的问题，深切地体会到汉武帝很了不起。他多年研读讲学，已形成一套自己完整的儒学治用思想和理论。他望了望御座上的汉武帝，定了定神，然后一一作了回答：

汉武帝刘彻传

> 臣谨案《春秋》之中，视前世已行之事，以观天人相与之际，甚可畏也。国家将有失道之败，而天乃先出灾害以谴告之，不知自省，又出怪异以警惧之，尚不知变，而伤败乃至。以此见天心之仁爱人君而欲止其乱也。自非大亡道之世者，天尽欲扶持而全安之，事在强勉而已矣。强勉学习，则闻见博而知益明；强勉行道，则德日起而大有功：此皆可使还至而有效者也。《诗》曰"夙夜匪解"，《书》云"茂哉茂哉！"皆强勉之谓也。
>
> 道者，所繇适于治之路也，仁义礼乐皆其具也。故圣王已没，而子孙长久安宁数百岁，此皆礼乐教化之功也。王者未作

乐之时，乃用先五之乐宜于世者，而以深入教化于民。教化之情不得，雅颂之乐不成，故王者功成作乐，乐其德也。乐者，所以变民风，化民俗也；其变民也易，其化人也著。故声发于和而本于情，接于肌肤，臧于骨髓。故王道虽微缺，而管弦之声未衰也。夫虞氏之不为政久矣，然而乐颂遗风犹有存者，是以孔子在齐而闻《韶》也。夫人君莫不欲安存而恶危亡，然而政乱国危者甚众，所任者非其人，而所繇者非其道，是以政日以仆灭也。夫周道衰于幽、厉，非道亡也，幽、厉不繇也。至于宣王，思昔先王之德，兴滞补弊，明文、武之功业，周道粲然复兴，诗人美之而作，上天晁之，为生贤佐，后世称通，至今不绝。此夙夜不解行善之所致也。孔子曰"人能弘道，非道弘人"也。故治乱废兴在于己，非天降命不得可反，其所操持誖谬失其统也。

臣闻天之所大奉使之王者，必有非人力所能致而自至者，此受命之符也。天下之人同心归之，若归父母，故天瑞应诚而至。《书》曰"白鱼入于王舟，有火复于王屋，流为乌"，此盖受命之符也。周公曰"复哉复哉"，孔子曰"德不孤，必有邻"，皆积善累德之效也。及至后世，淫佚衰微，不能统理群生，诸侯背畔，残贼良民以争壤土，废德教而任刑罚。刑罚不中，则生邪气；邪气积于下，怨恶畜于上。上下不和，则阴阳缪盭而娇孽生矣。此灾异所缘而起也。

臣闻命者天之令也，性者生之质也，情者人之欲也。或夭或寿，或仁或鄙，陶冶而成之，不能粹美，有治乱之所在，故不齐也。孔子曰："君子之德风，小人之德草，草上之风必偃。"故尧、舜行德则民仁寿，桀、纣行暴则民鄙夭。未上之化下，下之从上，犹泥之在钧，唯甄者之所为，犹金之在熔，唯冶者之所铸。"绥之斯俫，动之斯和"，此之谓也。

臣谨案《春秋》之文，求王道之端，得之于正。正次王，王次春。春者，天之所为也；正者，王之所为也。其意曰，上承天之所为，而下以正其所为，正王道之端云尔。然则王者欲有所为，宜求其端于天。天道之大者在阴阳。阳为德，阴为刑；刑主杀而德主生。是故阳常居大夏，而以生育养长为事；阴常居大冬，而积于空虚不用之处。以此见天之任德不任刑也。天使阳出布施于上而主岁功，使阴入伏于下而时出佐阳；阳不得阴之助，亦不能独成岁。终阳以成岁为名，此天意也。王者承天意以从事，故任德教而不任刑。刑者不可任以治世，犹阴之不可任以成岁也。为政而任刑，不顺于天，故先王莫之肯为也。今废先王德教之官，而独任执法之吏治民，毋乃任刑之意与！孔子曰："不教而诛谓之虐。"虐政用于下，而欲德教之被四海，故难成也。

臣谨案《春秋》谓一元之意，一者万物之所从始也，元者辞之所谓大也。谓一为元者，视大始而欲正本也。《春秋》深探其本，而反自贵者始。故为人君者，正心以正朝廷，正朝廷以正百官，正百官以正万民，正万民以正四方。四方正，远近莫敢不壹于正，而亡有邪气奸其间者。是以阴阳调而风雨时，群生和而万民殖，五谷孰而草木茂，天地之间被润泽而大丰美，四海之内闻盛德而皆徕臣，诸福之物，可致之祥，莫不毕至，而王道终矣。

孔子曰："凤鸟不至，河不出图，吾已矣夫！"自悲可致此物，而身卑贱不得致也。今陛下贵为天子，富有四海，居得致之位，操可致之势，又有能致之资，行高而恩厚，知明而意美，爱民而好士，可谓谊主矣。然而天地未应而美祥莫至者，何也？凡以教化不立而万民不正也。夫万民之从利也，如水之走下，不以教化堤防之，不能止也。是故教化立而奸邪皆止者，其堤防完也；教化废而奸邪并出，刑罚不能胜者，其堤防坏也。古之王者明于此，是故南面而治天下，莫不以教化为

汉武帝刘彻传

大务。立太学以教于国，设庠序以化于邑，渐民以仁，摩民以谊，节民以礼，故其刑罚甚轻而禁不犯者，教化行而习俗美也。

圣王之继乱世也，扫除其迹而悉去之，复修教化而崇起之。教化已明，习俗已成，子孙循之，行五六百岁尚未败也。至周之末世，大为亡道，以失天下。秦继其后，独不能改，又益甚之，重禁文学，不得挟书，弃捐礼谊而恶闻之，其心欲尽灭先圣之道，而颛为自恣苟简之治，故立为天子十四岁而国破亡矣。自古以来，未尝有以乱济乱，大败天下之民如秦者也。其遗毒余烈，至今未灭，使习俗薄恶，人民嚣顽，抵冒殊扞，孰烂如此之甚者也。孔子曰："腐朽之木不可雕也，粪土之墙不可圬也。"今汉继秦之后，如朽木、粪墙矣，虽欲善治之，亡可奈何。法出而奸生，令下而诈起，如以汤止沸，抱薪救火，愈甚亡益也。窃譬之琴瑟不调，甚者必解而更张之，乃可鼓也；为政而不行，甚者必变而更化之，乃可理也。当更张而不更张，虽有良工不能善调也；当更化而不更化，虽有大贤不能善治也。故汉得天下以来，常欲善治而至今不可善治者，失之于当更化而不更化也。古人有言曰："临渊羡鱼，不如退而结网。"今临政而愿治七十余岁矣，不如退而更化；更化则可善治，善治则灾害日去，福禄日来。《诗》云："宜民宜人，受禄于人。"为政而宜于民者，固当受禄于天。夫仁、谊、礼、知、信五常之道，王者所当修饬也；五者修饬，故受天之祜，而享鬼神之灵，德施于方外，延及群生也。

董仲舒用了天谴论回答了武帝"三代受命，其符安在？灾异之变，何缘而起"的问题。他又提出，国家若要长治久安，必须要兴起儒家的"礼乐教化"。

他说："国君是承继上天意志在人间办事的，故应当用德教，不能滥用刑罚，刑罚不能用来治世，就像年岁不能用黑夜造成一样。"因此，他建议要以"教化"治理天下，"莫不以教化为大务"。

"教化不立而万民不正""教化立则奸邪皆止"。要教化百姓，就要在国都设立太学，在邑城设立庠序。接着，董仲舒猛烈抨击秦朝以法治国的弊端，认为秦的历史证明，法令愈多而奸邪愈生，正好像扬汤止沸、抱薪救火一样。

秦朝以法治国的遗毒余烈，至今尚未泯灭。汉家已有天下70年了，必须改变这种局面，这叫作"退而更化"，只有更化才能治理好国家。

董仲舒的第一个对策，适应了当时汉朝从政治上、思想上巩固封建统治的需要，切中了当时政治上最高代表汉武帝的心思。这位年轻君王早就酝酿着许多想法，只是还没有系统化、理论化，还很朦胧，也没有用文字、语言表达出来。听了董仲舒的对策，他大为惊异，想不到汉家天下竟有这样的人才。

很快地，汉武帝对董仲舒进行了第二次召见。董仲舒能够推行自己的主张，当然感到十分兴奋。他把自己思索了多年的哲学观点和政治思想，郑重地提了出来：

汉武帝刘彻传

　　臣闻尧受命，以天下为忧，而未以位为乐也，故诛逐乱臣，务求贤圣，是以得舜、禹、稷、高、咎繇。众圣辅德，贤能佐职，教化大行，天下和洽，万民皆安仁乐谊，各得其宜，动作应礼，从容中道。故孔子曰"如有王者，必世而后仁"，此之谓也。尧在位七十载，乃逊于位以禅虞舜。尧崩，天下不归尧子丹朱而归舜。舜知不可辟，乃即天子之位，以禹为相，因尧之辅佐，继其统业，是以垂拱无为而天下治。孔子曰"《韶》尽美矣，又尽善（矣）"，此之谓也。至于殷纣，逆天暴物，杀戮贤知，残贼百姓。伯夷、太公皆当世贤者，隐处而不为臣。守职之人皆奔走逃亡，入于河海。天下耗乱，万民不安，故天下去殷而从周。文王顺天理物，师用贤圣，是以闳天、大颠、散宜生等亦聚于朝廷。爱施兆民，天下归之，故太公起海滨而即三公也。当此之时，纣尚在上，尊卑昏乱，百姓散亡，故文王悼痛而欲安之，是以日昃而不暇食也。孔子作《春秋》，先正王而系万事，见素王之文焉。繇此观之，帝王之条贯同，然而劳逸异者，所遇之时异也。孔子曰"《武》尽美矣，未尽善也"，此之谓也。

臣闻制度文采玄黄之饰，所以明尊卑，异贵贱，而劝有德也。故《春秋》受命，所先制者，改正朔，易服色，所以应天也。然则宫室旌旗之制，有法而然者也。故孔子曰："奢则不逊，俭则固。"俭非圣人之中制也。臣闻良玉不瑑，资质润美，不待刻瑑，此亡异于达巷党人不学而自知也。然则常玉不瑑，不成文章；君子不学，不成其德。

臣闻圣王之治天下也，少则习之学，长则材诸位，爵禄以养其德，刑罚以威其恶，故民晓于礼谊而耻犯其上。武王行大谊，平残贼，周公作礼乐以文之，至于成康之隆，囹圄空虚四十余年，此亦教化之渐而仁谊之流，非独伤肌肤之效也。至秦则不然。师申商之法，行韩非之说，憎帝王之道，以贪狼为俗，非有文德以教训于下也。诛名而不察实，为善者不必免，而犯恶者未必刑也。是以百官皆饰虚辞而不顾实，外有事君之礼，内有背上之心，造伪饰诈，趣利无耻；又好用憯酷之吏，赋敛亡度，竭民财力，百姓散亡，不得从耕织之业，群盗并起。是以刑者甚众，死者相望，而奸不息，俗化使然也。故孔子曰"导之以政，齐之以刑，民免而无耻"，此之谓也。

今陛下并有天下，海内莫不率服，广览兼听，极群下之知，尽天下之美，至德昭然，施于方外。夜郎、康居，殊方万里，说德归谊，此太平之致也。然而功不加于百姓者，殆王心未加焉。曾子曰："尊其所闻，则高明矣；行其所知，则光大矣。高明光大，不在于它，在乎加之意而已。"愿陛下因用所闻，设诚于内而致行之，则三王何异哉！

陛下亲耕藉田以为农先，夙寤晨兴，忧劳万民，思惟往古，而务以求贤，此亦尧舜之用心也，然而未云获者，士素不厉也。夫不素养士而欲求贤，譬犹不玉而求文采也。故养士之大者，莫大太学；太学者，贤士之所关也，教化之本原也。今以一郡一国之众，对亡应书者，是王道往往而绝也。臣愿陛下兴太学，置明师，以养天下之士，数考问以尽其材，则英俊宜可得矣。今之郡守、县令，民之师帅，所使承流而宣化也；故师帅不贤，则主德不宣，恩泽不流。今吏即亡教训于下，或不承用主上之法，暴虐百姓，与奸为市，贫穷孤弱，冤苦失职，甚不称陛下之意。是以阴阳错缪，氛气充塞，群生寡遂，黎民未济，皆长吏不明，使至于此也。

汉武帝刘彻传

夫长吏多出于郎中、中郎，吏二千石子弟选郎吏，又以富訾，未必贤也。且古所谓功者，以任官称职为差，非谓积日累久也。故小材虽累日，不离于小官；贤材虽未久，不害为辅佐，是以有司竭力尽知，务治其业而以赴功。今则不然。（累）日以取贵，积久以致官，是以廉耻贸乱，贤不肖混殽，未得其真。臣愚以为使诸列侯、郡守、二千石各择其吏民之贤者，岁贡各二人以给宿卫，且以观大臣之能；所贡贤者有赏，所贡不肖者有罚。夫如是，诸侯、吏二千石皆尽心于求贤，天下之士可得而官使也。徧得天下之贤人，则三王之盛易为，而尧舜之名可及也。毋以日月为功，实试贤能为上，量材而授官，录德而定位，则廉耻殊路，贤不肖异处矣。陛下加惠，宽臣之罪，令勿牵制于文，使得切磋究之，臣敢不尽愚！

董仲舒进一步总结了三代以来的历史经验，特别点明秦朝以刑法治天下，"赋敛无度"，导致"死者相望而奸不息"的教训。为了培养一批"德治"人才，他再次建议设立太学，作为"教化之本"。

他说皇帝若通过考问得到天下"英俊"之才，就有可能实现三代的至治局面，陛下的英名也就能和尧、舜比美。早就想成就一番事业的武帝，被董仲舒的对策说得心痒痒的。这两次的对策，都获得皇帝的嘉许，董仲舒感到不胜荣幸。他在第三道对策中，郑重提出自己思索多年的哲学观点和政治思想：

臣闻《论语》曰："有始有卒者，其唯圣人虖！"今陛下幸加惠，留听于承学之臣，复下明册，以切其意，而究尽圣德，非愚臣之所能具也。前所上对，条贯靡竟，统纪不终，辞不别白，指不分明，此臣浅陋之罪也。册曰："善言天者必有征于人，善言古者必有验于今。"臣闻天者群物之祖也。故遍覆包函而无所殊，建日月风雨以和之，经阴阳寒暑以成之。故圣人法天而立道，亦溥爱而亡私，布德施仁以厚之，设谊立礼以导之。春者天之所以生也，仁者君之所以爱也；夏者天之所以长也，德者君之所以养也；霜者天之所以杀也，刑者君之所以罚也。繇此言之，天人之征，古今之道也。孔子作《春秋》，上揆之天道，下质诸人情，参之于古，考之于今。故《春秋》之所讥，灾害之所加也；《春秋》之所恶，怪异之所施也。书邦家之过，兼灾异之变；以此见人之所为，其美恶之极，乃与天地流通而往来相应，此亦言天之一端也。古者修教训之官，务以德善化民，民已大化之后，天下常亡一人之狱矣。今世废而不修，亡以化民，民以故弃行谊而死财利，是以犯法而罪多，一岁之狱以万千数。以此见古之不可不用也，故《春秋》变古则讥之。天令之谓命，命非圣人不行；质朴之谓性，性非教化不成；人欲之谓情，情非度制不节。是故王者上谨于承天意，以顺命也；下务明教化民，以成性也；正法度之宜，别上下之序，以防欲也；修此三者，而大本举矣。人受命于天，固超然异于群生，入有父子兄弟之亲，出有君臣上下之谊，会聚相遇，则有耆老长幼之施，粲然有文以相接，欢然有恩以相爱，此人之所以贵也。生五谷以食之，桑麻以衣之，六畜以养之，服牛乘马，圈豹槛虎，是其得天之灵，贵于物也。故孔子曰："天地之性人为贵。"明于天性，知自贵于物；知自贵于物，然后知仁谊；知仁谊，然后重礼节；重礼节，然后安处善；安处善，然后乐循理；乐循理，然后谓之君之。故孔子曰"不知命，亡以为君子"，此之谓也。

册曰："上嘉唐、虞，下悼桀、纣，浸微浸灭浸明浸昌之道，虚心以改。"

臣闻众少成多，积小致臣，故圣人莫不以晻致明，以微致显。是以尧发于诸侯，舜兴乎深山，非一日而显也，盖有渐以致之矣。言出于已，不可塞也；行发于身，不可掩也。言行，治之大者，君子之所以动天地也。故尽小者大，慎微者著。《诗》云："惟此文王，小心翼翼。"胡尧兢兢日行其道，而舜业业日致其孝，善积而名显，德章而身尊，以其浸明浸昌之道也。积善在身，犹长日加益，而人不知也；积恶在身，犹火之销膏，而人不见也。非明乎情性察乎流俗者，孰能知之？此唐、虞之所以得令名，而桀、纣之可为悼惧者也。夫善恶之相从，如景乡之应形声也。故桀、纣暴谩，谗贼并进，贤知隐伏，恶日显，国日乱，晏然自以如日在天，终陵夷而大坏。夫暴逆不仁者，非一日而亡也，亦以渐至，故桀、纣虽亡道，然犹享国十余年，此其浸微浸灭之道也。

册曰："三王之教所祖不同，而皆有失，或谓久而不易者道也，意岂异哉？"臣闻夫乐而不乱复而不厌者谓之道；道者万世之弊，弊者道之失也。先王之道必有偏而不起之处，故政有眊而不行，举其偏者以补其弊而已矣。三王之道所祖不同，非其相反，将以救溢扶衰，所遭之变然也。故孔子曰："亡为

汉武帝刘彻传

而治者，其舜乎！"改正朔，易服色，以顺天命而已；其余尽循尧道，何更为哉！故王者有改制之名，亡变道之实。然夏上忠，殷上敬，周上文者，所继之救，当用此也。孔子曰："殷因于夏礼，所损益可知也；周因于殷礼，所损益可知也；其或继周者，虽百世可知也。"此言百王之用，以此三者矣。夏因于虞，而独不言所损益者，其道如一而所上同也。道之大原出于天，天不变，道亦不变，是以禹继舜，舜继尧，三圣相受而守一道，亡救弊之政也，故不言其所损益也。繇是观之，继治世者其道同，继乱世者其道变。今汉继大乱之后，若宜少损周之文致，用夏之忠者。

陛下有明德嘉道，愍世欲之靡薄，悼王道之不昭，故举贤良方正之士，论议考问，将欲兴仁谊之林德，明帝王之法制，建太平之道也。臣愚不肖，述所闻，诵所学，道师之言，廑能勿失耳。若乃论政事之得失，察天下之息耗，此大臣辅佐之职，三公九卿之任，非臣仲舒所能及也，然而臣窃有怪者。夫古之天下亦今之天下，今之天下亦古之天下，共是天下，古以大治，上下和睦，习俗美盛，不令而行，不禁而止，吏亡奸邪，民亡盗贼，囹圄空虚，德润草木，泽被四海，凤皇来集，麒麟来游，以古准今，壹何不相逮之远也！安所缪盭而陵夷若是？意者有所失于古之道与？有所诡于天之理与？试迹之于古，返之于天，党可得见乎。夫天亦有所分予，予之齿者去其角，傅其翼者两其足，是所受大者不得取小也。古之所予禄者，不食于力，不动于末，是亦受大者不得取小，与天同意者也。

夫已受大，又取小，天不能足，而况人乎！此民之所以嚣嚣苦不足也。身宠而载高位，家温而食厚禄，因乘富贵之资力，以与民争利于下，民安能如之哉！是故众其奴婢，多其牛羊，广其田宅，博其产业，畜其积委，务此而亡已，以迫蹴民，民日削月浸，浸以大穷。富者奢侈羡溢，贫者穷急愁苦；穷急愁苦而不上救，则民不乐生；民不乐生，尚不避死，安能避罪！此刑罚之所以蕃而奸邪不可胜者也。故受禄之家，食禄而已，不与民争业，然后利可均布，而民可家足。此上天之理，而亦太古之道，天子之所宜法以为制，大夫之所当循以为行也。故公仪子相鲁，之其家见织帛，怒而出其妻，食于舍而茹葵，愠而拔其葵，曰："吾已食禄，又夺园夫红女利乎！"古之贤人君子在列位者皆如是，是故下高其行而从其教，民化其廉而不贪鄙。及至周室之衰，其卿大夫缓于谊而急于利，亡推让之风而有争田之讼。故诗人疾而刺之，曰："节彼南山，惟石岩岩，赫赫师尹，民具尔瞻。"尔好谊，则民乡仁而俗善；尔好利，则民好邪而俗败。由是观之，天子大夫者，下民之所视效，远方之所四面而内望也。近者视而放之，远者望而效之，岂可以居贤人之位而为庶人行哉！夫皇皇求财利常恐乏匮者，庶人之意也；皇求仁义常恐不能化民者，大夫之意也。《易》曰："负且乘，致寇至。"乘车者君子之位也，负担着小人之事也，此言居君子之位而为庶人之行者，其患祸必至也。若居

君子之位，当君子之行，则舍公仪休之相鲁，亡可为者矣。

《春秋》大一统者，天地之常经，古今之通谊也。今师异道，人异论，百家殊方，指意不同，是以上亡以持一统；法制数变，下不知所守。臣愚以为诸不在六艺之科孔子之术者，皆绝其道，勿使并进。邪辟之说灭息，然后统纪可一而法度可明，民知所从矣。

董仲舒希望汉武帝要坚持不变的天道。在不变的天道之下，让君臣、父子、夫妇、兄弟之间遵守严格有序的上下尊卑关系，使"贵贱有

等，衣服有别，朝廷有位，乡党有序"，以保持永恒的封建秩序。

他又向汉武帝提出了政治上大一统的思想，"春秋大一统者，天地之常经，古今之通谊也。"帝王要在"大一统"的总原则下，统一思想。凡是不符合儒家六艺、孔子之术的思想学说，一律摒绝禁止，不允许再存在。

只要"邪辟之说灭息"了，"然后统纪可一，而法度可明"，老百姓就好统治了。董仲舒这套建立在唯心主义哲学观点上的政治思想，从"春秋大一统"的原则出发，维护了皇帝至高无上的权力；利用儒家思想，以维持封建统治秩序。

在封建社会的上升时期，董仲舒的思想原则，不仅加强了封建中央集权制度，也适应了建立在宗法制基础上的封建地主经济的发展要求。这就是武帝能够接受他三次对策的根本原因。

董仲舒对策成功，汉武帝任命他为江都相，在武帝之兄易王刘非那里做事。武帝下诏，命令全国"推问孔氏，抑制百家，立学校之官，州举茂材孝廉"。

"罢黜百家，独尊儒术"，成为汉武帝时期意识形态领域中一项重大政策，对以后的封建社会，产生了深远的影响。董仲舒后来年老归家，朝廷每有大事，还遣使相问。他的对策和儒家论著，前后共写了123篇，其中一部分保留在流传至今的《春秋繁露》这部古书中。

董仲舒的这些主张，是从维护专制统治的长远利益而谋略的，这不仅有利于专制统治的长治久安，而且为汉武帝统一思想，集权中央，一统天下提供了充分的理论依据，因而被汉武帝采纳。

从汉武帝以后，儒学居于独尊地位，成为此后整个汉代以至两千年封建社会间统治人民的正统思想，汉武帝为独尊儒术，使这种思想推而广之，接受了董仲舒的建议，兴办太学。

大约是在建元对策的当年就建立了太学，到了建元五年，也就是公元前136年春，又设置了五经博士，将博士制度与太学制度结合起来，进而确立以经术造士的教育制度。太学完全采用儒家五经为课程，教师聘请儒学博士担任。

元朔五年，也就是公元前124年，汉武帝下《劝学诏》，命礼官劝学，把举遗风、兴礼学视为天下的首要任务。汉武帝还号召在郡国兴办地方学校，推广蜀守文翁在郡兴立地方学校的做法，"令天下郡国，皆立学校官"。

这样，使得儒学成为士人进身阶梯，天下士人为进入仕途，纷纷统一到儒家思想中来，用儒学思想武装起来的人才成为封建专制中央集权最得力的拥护者。

汉武帝对董仲舒"罢黜百家，独尊儒术"的主张并未完全实施。尊儒兴学，他做了，而禁灭百家的极端主张，他没有采纳。在保证儒学的官方学术、政治主导思想的前提下，汉武帝在学术。思想领域走的是"悉延百端之学"的路子。

汉武帝刘彻传

除了学官独用儒家外，武帝没有排斥百家，禁止学术活动。前朝好其他学说的许多大臣，大都留任朝廷，有的还被重用。朝廷中有些公卿即使是以儒术见用的，也可兼治其他学说。对郡国及民间的其他学说活动，武帝并未明令取缔、禁止，而任由其存在。

"博开艺能之路，悉延百端之学"是武帝继位后实行的学术文化政策，它表明了武帝并不动用皇权强行推行和追求学术思想的大一统，而是在确定了儒家为主流、主导思想之后，不断按实际需要吸取诸子百家学为辅导，作为对自己政治主导思想的必要补充。

立五经博士兴太学

汉武帝自从即皇帝位不久，就不断进行尊儒的活动，其中要以置五经博士、兴学校这两件大事产生了极其深远的影响。根据历史考证，在我国战国末期就已经设立博士一职。

而到了汉初时期，汉承秦制，博士官予以保留。可在那时，汉高祖刘邦是一个不喜欢儒生、不喜欢经学的皇帝。而陆贾却时不时在刘邦面前演说称赞《诗》《书》。

于是，刘邦骂他说："朕在马上得到天下，哪儿用得着《诗》《书》？"

陆贾说："在马上得到天下，难道可以在马上治理天下吗？况且商汤、周武用武力夺取天下而后用仁义治理天下，文德武功一起使用，是维护长久的方法啊。假如秦国吞并天下之后施行仁义，效法古代的圣贤君王，陛下怎能获得天下呢？"

刘邦听了，觉得他说得十分有道理，顿时感觉有些羞愧。于是对陆贾说道：“请先生为我写出秦失去天下的原因和我得到天下的原因以及古代成功与失败的国家是怎么回事。”

于是，陆贾大略地记述国家存亡的原因，一共著作12篇。每上奏一篇，刘邦都对他的著书称赞不已，在皇帝身边的人也都高喊万岁，并且称那本书叫《新语》。

到了汉文帝、汉景帝时期，便出现了博士。如张生，如晁错，都属于《书》博士；如申生，如辕固，如韩婴，都属于《诗》博士；如胡毋生，如董仲舒，都属于《春秋》博士。像这样设置的博士，虽都属于经学博士，还不能说是经学博士的定制。

建元五年，也就是公元前136年春，汉武帝设置五经博士，即《诗》《书》《礼》《易》《春秋》博士。由于这时的《乐》因为时间久远而已失传，儒家的六经也只剩五经，而《诗》《书》《春秋》三经已置，所以，要置的只是《礼》《易》两经。

五经博士归属太常统辖。当时的主要职责是钻研儒家经典，参与朝廷议论典礼、政事，充当皇帝的顾问。

置五经博士作为汉武帝独尊儒术系列举措中的一环，具有非同寻常的意义。从此以后，儒家垄断了博士一职，博士官不仅是精通儒家经典的议政官、礼官，而且还具有学官的身份。这样就从根本上或体制上保证了经学的统治地位，使儒家的五经成为汉帝国政治生活和行为道德的基本标准。

五经博士的设置，为以后的举孝廉、兴太学等兴儒措施开辟了道路，打下了基础。汉武帝正是通过这些具体的可操作的举措，将他尊崇儒术的意图，演变成了现实。

根据典籍记载，中国在夏、商、周时已有学校。汉代国立大学称之为太学，是在汉武帝时期创办设立的。郡国地方办的学校称之为庠序，在汉武帝之前，例如蜀都已经设置，汉武帝时期，诏令天下郡国都设立学校，学校逐渐普及于全国。

董仲舒在其《对策》中说：“太学者，贤士之所关也，教化之本原

汉武帝刘彻传

也。今以一郡一国之众，对亡应书者，是王道往往而绝也。臣愿陛下兴太学，置明师，以养大下之士。"

其中的"置明师"就是设置儒家思想经学之师，也就是后来武帝所设置的五经博士。而"养天下之士"就是培养来自全国各地的学生。汉武帝立即采纳了董仲舒的建议，并付诸实施。

兴太学、置明师使尊儒进程具体化。利用学校教育来传播统治阶级的思想，董仲舒是首创者，而真正具体实施这项计划的是丞相公孙弘。

汉高祖七年，也就是公元前200年，公孙弘出生在菑川国薛县。公孙弘年轻的时候，曾经在家乡薛县做狱吏，后来因为触犯法律而被免职。失去职务的公孙弘没有了经济来源，于是到海上去牧猪。

40多岁的他才开始学习《春秋》，后来又研究当时非常流行的《公羊春秋》。而因通晓《诗》《书》而闻名郡国，并与公孙弘同龄的贾谊被征为博士，一年之中升迁为太中大夫之职。

虽然汉文帝喜好刑名学家的言论，然而在贾谊一系列的建议下，文帝也开始慢慢地尝试任用一些儒学之士，并且初设一经博士。

后来，汉武帝派遣公孙弘出使匈奴，因复命之言不合武帝的心意，武帝认为公孙弘没有才能。公孙弘因此称病，被免官后依旧回到家乡。元光五年，也就是公元前130年，公孙弘再次被推举为贤良文学。

但是，他却执意辞谢，说："我已经被推举一次，西行至长安，能力不足，未能称职，所以才回来了。还是推举别的先生吧。"不过，国人仍坚持推举他。

汉武帝策诏群儒，请教天命废兴的道理。公孙弘对策，回答了治民之本，强调"礼仪""赏罚"的应用。

当时对策一百多人，太常把公孙弘的对策列在下等，汉武帝阅读之后，将其提升为第一。又亲自召见公孙弘，看到他容貌端正庄严，于是拜为博士，待诏金马门。

公孙弘是武帝时著名的儒官之一，生活简朴，谙于世故，为人谦虚谨慎。全国各地贤士多去投奔他，口碑极好。他历任左内史、御史大夫，终于拜相封侯。

公孙弘以贤良对策的儒生身份一跃成为丞相，确实让读书人羡慕。于是许多人以他为楷模，努力研习经书，希望有朝一日也能拜官封爵。

公孙弘以布衣入相，没有任何政治背景，所以为人处世更是八面玲珑。面对武帝不断集权于自己手中，他表现出软弱服从的样子。公孙弘经常以"人主病不广大，人臣病不节俭"来迎合武帝，主动要求加强皇权，削弱臣权。

廷奏时也总是唯唯诺诺，不敢争辩，和敢于直谏的都尉汲黯形成鲜明对比。公孙弘身世微不足道，学术上不能和董仲舒相比，但他善于"文法吏事，缘饰以儒术"而平步青云，位列三公。他执政期间实行的吏治和太学对汉朝政治产生了深远的影响。

元朔五年，也就是公元前124年六月，汉武帝下了一道兴学的诏书，诏书中讲了制礼作乐进行教化的重要性，并指令太常商议为博士置弟子的事情，以使乡里人人崇尚教化，并达到砥砺贤才的目的。

诏书下达不久，丞相公孙弘与太常孔臧、博士平等共同上奏：

闻三代之道，乡里有教，夏日校，殷日序，周日庠。其劝善也，显之朝廷；其惩恶也，加之刑罚。

故教化之行也，建首善自京师始，由内及外。今陛下昭至德，开大明，配天地，本人伦，劝学修礼，崇化厉贤，以风四方，大平之原也。

古者政教未洽，不备其礼，请因旧官而兴焉。为博士言置弟子五十人，复其身。太常择民年十八已上，仪状端正者，补博士弟子。

郡国县道邑有好文字，敬长上，肃政教，顺乡里，出入不悖所闻者，令相长丞上局所二千石，二千石谨察可者，当与计偕，诣太常，得受业如弟子。

一岁皆辄试，能通一艺以上，补文学掌故缺；其高第可以为郎中，太常奏籍。即有秀才异等，辄以名闻。其不事学若下材，及不能通一艺，辄罢之，而请诸不称者罚。

可以说这是董仲舒兴太学建议后，公孙弘进一步把它完善、具体化的证明。明确了生源、师责、考法和分配等各方面规定，从而建立了我国教育史上第一所有完备规章制度、史实可考的官学校。

公孙弘奏议中指出办太学的目的是为了兴教化，实质上是想把儒学推广到全国，使读书人把儒家经典作为学习内容。

汉武帝批示说"可以"。从此以后，公卿大夫和一般官吏，很多都是才华横溢的文学之士了。汉朝掌管文教的官员为太常，居九卿首位，原名奉常，是秦朝的官名，汉景帝时改为太常。汉武帝时期兴办了太学，太学的教师称为博士。

《后汉书·百官志》记载太学的教师主要职责是"掌教弟子"，同时"国有疑事"要"掌承问对"，也就是说是参加议政。另外，博士还有"风使"及巡视地方政教等工作。众博士之上设置首席长官仆射，总领太学事务。

西汉博士多由熟读经书的名流担任，采用征拜或举荐的方式选拔，也有诸科始进或他官迁任的。博士要求德才兼备，学识渊博，能够"明于古今""通达国体"。汉代太学向来都有"严于择师"的传统，所以经过严格挑选后的博士多是为人师表、修养高深的儒学大师。

教学的内容则以讲经学为主，经学大师在专门的学堂讲学，弟子在台下听教诲，遇到有名儒授课，更是济济一堂，颇有学术气氛。因为西汉时纸未普及，帛难以承担，主要使用简牍。

由于简牍书写的速度比较慢，而且也不好出版，所以大师学说师师相传，遵循一定的家法和师法，基本依照汉武帝的五经博士的经书为准。

而被选送到太学的学生有两部分，一部分是太常遣派的博士弟子50人，另一部分是郡国选送经太常批准的"得受业如弟子"地方派遣生。

这两部分学生经过学习一年后要经过严格考核，并按学习的等次分派到皇帝身边做郎官，和被委派到中央一些其他机构和郡国守相下做属吏，学习不及格的罢除。

汉武帝之后博士弟子名额逐渐增加，昭帝时增加到100人，宣帝时增加200人，元帝时增至1000人，成帝末增至3000人，到东汉末竟然增加至3万人。

而太学生的补选主要有两种渠道：一是由太常直接选送；二是由郡国县道邑选送。选送的条件参照公孙弘奏议，条件不符、弄虚作假的要受惩罚。另外也有通过考试和按"父任"入学的。

虽然公孙弘拟定太学生为18岁青年，可实际上既有60岁以上的白首翁，也有12岁的任贤童。由太常选送的太学生为正式生，享受俸禄，其他途径入学的费用自理。

太学的学生还拥有充裕的自学时间。学校提倡太学生自由研讨学问和向社会名流学者求教。先秦游学的风尚依然流行。汉代太学鼓励自学，允许自由讨论，这样就为当时造就了相当一大批学识渊博，而且有研究能力的人才。

当时的汉武帝在设立太学的同时还创造了"密封"试卷的考试法。这种方法叫"射策法"，也就是后来所说的一种抽签式的考试，每年进行一次。

太学生毕业后，能通一艺以上的学生，补文学掌故缺；其高第可以为郎中，太常籍奏，即有秀才异等，就以名闻。其不事学若下材，及不能通一艺。辄罢之，而请诸能称者。说明太学生的级别不高，优秀者仅仅就相当于孝廉，那些学而无成，空手而归的人也有很多。

太学的兴立，进一步有效地助长了民间积极向学的风气，对于文化的传播起到了重大的推动作用，同时使大官僚和大富豪子嗣垄断官位的情形有所改变，一般中家子弟入仕的门径得以拓宽，一些出身社会下层的"英俊"之士，也得到入仕的机会。

总之，汉代太学的创建代表了汉朝兴盛时期的文明。更是高度强调

汉武帝刘彻传

了中央集枚，全国统一。不但为当时统治集团培养了大量儒生充任了各级政府官吏，而且这种现象以后维持了封建社会两千多年，对中国古代的政治、文化生活以及经济都发生了重大影响。它进一步将培养人才和选拔人才结合起来，开创了后世选举与教育相结合的先河。

而地方办的学校以汉景帝后期文翁在蜀郡办学时间最早。文翁是庐江郡舒县人。小的时候就很喜欢读书，通晓《春秋》，担任郡县小官吏时被考察提拔。汉景帝后期，担任蜀郡守，仁爱并喜欢教导感化。

他看到蜀地的民风野蛮落后，就打算诱导教化，加以改进。于是选出张叔等10多个聪敏有才华的郡县小官吏，亲自告诫勉励，遣送他们到京城，就学于太学中的博士，有的学习法规法令。减少郡守府中开支，购买蜀刀、蜀布等蜀地特产物品，委托考使送给太学中的博士。

几年之后，这些蜀地青年都学成归来，文翁让他们担任要职，按顺序考察提拔，在他们当中甚至有的人成为了郡守刺史。

他又在成都市中修建学宫，把条件差的县的青年学生招收为学宫弟子，免除他们的徭役，让他们能够安心地读书。学成之后，便在他们之中选出一些成绩显著的学生委以重任。

为了鼓励学生积极上进，文翁还创制了许多奖励进学的方法。郡国学办得有声有色，取得了十分广泛的社会影响。蜀守文翁可以说是郡国学的倡导者。

文翁办学的事情传到汉武帝的耳朵里，便给予了很高的评价，认为这样做是一个可以推广儒学的好办法，于是便立刻下诏："郡国皆立学校官。"这样一来，地方办的学校在全国才普及起来，初步建立了地方教育体系。

汉代的地方官学与行政区划是相一致的，分别称为学、校、庠、序。由课程设置可知，学与校程度相当，有经师之设；庠与序程度相当，有《孝经》师之设，比学、校低一级。

有的专家认为，学、校大致属于中学，庠、序大致属于小学。当然，这都不是今天所说的中小学，只是就其教学程度的高低差别而言的。汉代地方学校的教官，其供奉相当于卒史。

汉元帝时，由于郡国学有所发展，朝廷颁布郡国置《五经》百石卒史。说明郡国经师俸禄大约为百石，俸月为十六斛，享受中等官吏的待遇。

汉代没有专门的教育行政机构，地方学校的隶属关系，没有相关的记载。郡文学大多数为学者名流担任。在东汉时期，还有文学祭酒的职称。郡文学增进地方教育的事迹，史籍也有记载。

汉代的郡文学，有可能为兼管地方文教的行政长官，这一建制延续到了三国。清代的著名学者黄本骥在《历代官职表》中表示：西汉的郡文学和东汉的文学祭酒，相当于后世的府儒学教授，官居校、学经师之上。乡的《孝经》师则隶属于司隶校尉。

汉平帝时期，由于王莽的提倡，在郡国又专门设立了教育皇亲宗室的宗师，尊称为宗卿师。

东汉时期，郡国学设置就已经十分普遍了，边陲辟壤都建立了学校。这也表明了在我国的汉代，统治者对教育是相当重视的。

汉武帝刘彻传

搜罗大批文人学士

汉武帝是个具有高度文化素养的皇帝，从小就接受了很好的文化教育，对文学艺术和其他文化事业都有着十分浓厚的兴趣。同时，他还是一位酷爱文化典籍的皇帝，他非常重视搜集图书典籍。

那时，由于秦始皇焚书坑儒，古代流传下来的文献图书受到了严重损耗，社会上流传的图书也因此变得很少，私人藏书都不肯拿出来。因此，汉朝初年曾下诏令，广事收罗书籍篇章，广开献书之路。可是，直到汉武帝即位之后，所收集的图书也还是不多，而且，大多数收集出来的文献也都是残缺的，不是文字缺少就是竹简脱漏。

有一次，汉武帝在皇家成书处，看到这些费了很大劲才收集起来的零乱散落的竹简，喟然长叹了一声，说："朕真痛心啊！"于是，他便下定决心要把经过秦火燔余的古代文化典籍，尽可能地搜集、整理、保藏起来。因此，他向全国下命令，继续在各地征集图书。

同时，在太常府、太史府和博士官办公地点建设藏书楼，在皇宫内增设了辟延阁、广内、秘室府等藏书楼，专门保管、整理搜集来的图书。他还下令设置抄写图书的专职官员，翻抄包括经书和诸子百家在内的图书典籍。

在武帝的直接关心和支持下，国家搜集的图书一天天多起来。每当收到一种好书，送到汉武帝手上的时候，他都十分高兴。在保存、整理和流传古代文化典籍方面，汉武帝十分有远见、有魄力，同时，也作出了巨大的贡献。

汉武帝从青年时代就十分喜好文学，汉赋的成就，在当时的文化收获中最为辉煌夺目。赋，是从骚体演变而来的散文和韵文并用的文体。赋的成就，也继承了先秦诸子散文巧文多智的特色。汉赋，当时是文学的主流。

《汉书·艺文志》著录文学成就"诗赋百六十家，千三百一十八篇"中，有"屈原赋二十五篇"等"赋二十家，三百六十一篇"，"陆贾赋三篇"等"赋二十家，二百七十四篇"，"孙卿䄖十篇"等"赋二十五家，百三十六篇"，"《客主赋》十八篇"等"杂赋十二家，二百三十三篇"。总共多达78家，占诗赋总和的73.58%。篇数合计多至1004篇，占诗赋总和的76.18%。其中除个别先秦和"秦时"的作品外，其他均为西汉作品。

西汉早期的赋，像是贾谊的《吊屈原赋》等，这都属于是借物抒怀，意境深沉的篇章。枚乘的《七发》，开辟了汉武帝时代长篇赋的先河。汉武帝时期，赋的创作走向了全盛阶段，名家名作迭出。

其中最为著名的就是大文学家司马相如。有一次，汉武帝读到《子虚赋》时，就深深地被文章中那和谐的音调，华丽的辞藻，奇特的构思吸引，令汉武帝赞不绝口。当他看到作者的名字是"司马相如"时，他感慨万千地说："真是遗憾啊，我没有跟这样的人生活在同一个时代！"

汉武帝的这番话正好被当时负责给他养狗的杨德意听到，于是，他便上前一步说："皇上，这《子虚赋》的作者正是我的同乡司马相如啊！"汉武帝听后十分高兴，立刻就要召见这位自己欣赏的才子。

司马相如，字长卿，小名狗儿，蜀郡成都人，小的时候就很喜欢读书、击剑，他的父母十分怜爱他，称他为犬子，到了12岁那年，有一次偶然读到了史书，便对战国时期的蔺相如极为仰慕，所以便把自己的名字改为相如。

那时蜀郡的太守文翁，大兴教化，选择本郡的士人，送到京城去学习，司马相如和他的一位好朋友王吉正好被选中。五年之后学成回来，文翁便委派司马相如为教授。后来，文翁去世了，司马相如就不愿意继续做教师的工作，于是便前往长安游学。

这时，是汉景帝在位，司马相如大约20多岁左右，他出资30万缗，入朝为郎，做了汉景帝的武骑常侍。虽然说他小的时候学过击剑，但是他更看重文学，因此，他认为这些并非其所好。而且，汉景帝不喜好辞赋，因而他时常会有不遇知音的感叹。

刚巧梁王刘武入京朝拜汉景帝，跟他来的善于游说的人，有齐郡人邹阳、淮阴人枚乘、吴县人庄忌先生等。司马相如看到这些人就喜欢上了，因此就借生病为由辞掉官职，旅居梁国。

梁孝王让司马相如这些读书人居住在一起，这使得司马相如有更多的机会与读书人和游说之士相处。他们一起游山玩水，弹琴作赋。其中他所创作的《子虚赋》便是这个时期的作品。这篇《子虚赋》一经传播便是举国名扬。而且这个时期也是他一生当中最惬意的阶段。

只可惜好景不长，梁王因谋储君之位，没有如愿以偿，甚至还差点丢了性命，最后郁郁而死。而继任后的新王，也不是一位喜好辞赋、文人的王，于是，司马相如只好返回成都。

然而家境贫寒，又没有可以维持自己生活的职业。这时临邛县令，也就是他的朋友王吉，对他说："长卿，你长期离乡在外，求官任职，不太顺心，可以来我这里看看。"于是，司马相如当即整理行装，带着书童，前往临邛。

两个人刚一见面，王吉便叹了一声说道："贤兄千里相投，若是仅仅为了糊口，我王吉养你个十年八载，倒是不成问题！只可惜你这满腹的才华，到什么地方能施展呢？而且，你年届三旬，也不能不成家。有道是，'不孝有三，无后为大'，无后为大呀！"

这一说，勾起了相如的满腹心事，成串的眼泪。他哽咽着说道："多谢贤弟一片好意，愚兄穷困潦倒，只要有个落脚之处，每天能吃上几碗热饭，愿已足矣，还管它什么满腹才华，无后为大？"

王吉抬头说道："不，你既然投我，我就得对你负责，我不只要你在临邛一邑扬名，还要为你寻一个绝色佳人。"

这时，临邛富人卓王孙得知县令有贵客，便设宴请客结交，司马相如故意称病不能前往，王吉只好亲自相迎，这次司马相如不好推脱就去赴宴了。

卓王孙有位离婚女儿，名文后，又名文君。因为久仰司马相如文采，所以便从屏风外窥视司马相如。司马相如装作一副没有看到的样子，而当受邀抚琴时，便弹奏了一曲《凤求凰》：

> 凤兮凤兮归故乡，游邀四海求其凰，有一艳女在此堂，室迩人遐毒我肠，何由交接为鸳鸯。"

文君听出了司马相如的琴声，偷偷地从门缝中看他，不由得为他的气派、风度和才情所吸引，也产生了敬慕之情。宴会完毕，相如托人赏赐文君的侍者，以此向她转达倾慕之情。

于是，卓文君乘夜逃出家门，私奔了司马相如，司马相如便和文君急忙赶回成都。进家之后，看见家中什么都没有，只有四面墙壁立在那里。卓王孙得知女儿私奔的事，大怒道："女儿极不成材，我不忍心伤害她，但也不分给她一个钱。"

有的人便开始劝说卓王孙，但他始终不肯听。过了好长一段时间，文君感到不快乐，说："长卿，只要你同我一起去临邛，向兄弟们借贷也完全可以维持生活，何至于让自己困苦到这个样子！"

于是，司马相如就和文君来到临邛，他们干脆卖掉车马，回到临邛开了一间小酒家。卓文君当垆卖酒，掌管店里的事情，司马相如则系着围裙，夹杂在伙计们中间洗涤杯盘。卓文君是一个罕见的女人，居然从来不羡慕虚荣，司马相如也是一个罕见的文人，居然一点都不自卑，也丝毫没有感觉到一丝的羞愧。这对才子佳人开的小酒店远近闻名、门庭若市。

卓王孙知道后，感觉十分羞辱，甚至觉得没有脸面见人，整天不出大门。他的弟兄和长辈都劝他说："你只有一子二女，又并不缺少钱财。如今文君已经委身于司马相如，司马相如一时不愿到外面去求官，虽然家境清寒，但毕竟是个人才；文君的终身总算有了依托。而且，他还是我们县令的贵客，你怎么可以叫他如此难堪呢？"

卓王孙无可奈何，只得分给文君奴仆百人，铜钱百万，又把她出嫁时候的衣被财物一并送去。于是，卓文君和司马相如双双回到成都，购买田地住宅，过上了富足的生活。

后来，司马相如被召进朝廷，汉武帝问他："这《子虚赋》果真是你所作？"

司马相如说："是。但这赋只写诸侯的事情，并不值得一看。请让我写篇天子游猎赋，赋写成后就进献皇上。"

汉武帝是个田猎迷，听到他这样说，便很想看看司马相如到底是怎样描写狩猎的激烈而雄伟的场面。于是，汉武帝答应了，并命令尚书给他笔和木简。

司马相如挥笔疾书，洋洋洒洒，写下了著名的《上林赋》。他以夸张的手法、光华的文采和丰富的语汇，描写了宫苑的富丽，田猎的欢乐，又暗寓讽刺的含义。

在内容上，它以宫殿、园囿、田猎为题材，以维护国家统一、反对帝王奢侈为主旨，既歌颂了统一大帝国无可比拟的声威，又对最高统治者有所讽刺，开创了汉代大赋的一个基本主题。

在形式上，它摆脱了模仿楚辞的俗套，以"子虚""乌有先生""无是公"为假托人物，设为问答，放手铺写，结构宏大，层次严密，而写作的语言富丽堂皇，句式也有很多变化，加上对偶、排比手法的大量使用，使全篇显得气势磅礴，形成铺张扬厉的风格，进而也确立了汉代大赋的体制。

当司马相如把赋进献给汉武帝后，汉武帝被这篇华丽的辞赋迷住了，他特别高兴。因此，对他授以官职，赐给笔札，让其专事写赋。从此，司马相如便一直随从在汉武帝左右，写下了大量的诗赋。流传至今的《子虚赋》和《上林赋》，便是较为重要的两篇，在我国文学史上占有极高地位。

而在当时，另一位具有文学才能的人则是以滑稽出名的东方朔。东方朔，本姓张，字曼倩，平原郡厌次县人。建元元年，也就是公元前140年十月，16岁的汉武帝签发了一道诏书，要求丞相、御史、列侯、中二千石、诸侯相等各级官僚，推举贤良方正、敢于直言觐见的读书人到朝廷做官。同时，也鼓励天下的吏民直接给皇帝上书，提建议，发议论。

因此，四方士人纷纷都上书议论国家政事的得失，在这当中不乏参杂着一些炫耀卖弄自己才能的人，对那些不够录用条件资格的人就通知他们：上书皇帝已经看了，让你们回家去了。

而东方朔刚到长安，便以三千片竹简内容上书汉武帝。这些竹简需要两个人才扛得起，而汉武帝整整花了两个月的时间才读完。在自荐书中，东方朔这样说道："我东方朔少年时就失去了父母，依靠兄嫂的扶养长大成人。我13岁开始读书，经过三年的刻苦，读的书籍已经足够多了；在15岁时学习击剑；16岁学《诗》《书》；阅读量达到了22万字。19岁又开始学习兵法和作战的常识，懂得各种兵器的用法以及作战时士兵进退的征鼓。这方面的书也读了有22万字，这些总共加起来足有44万字。我本人更加钦佩子路的豪言。

"如今我已经22岁，身高9尺3寸。双目炯炯有神，像明亮的珠子，牙齿洁白整齐得像编排的贝壳，勇敢像孟贲，敏捷像庆忌，廉俭像鲍

汉武帝刘彻传

叔，信义像尾生。我这样的人，应该能够做天子的大臣吧？"

汉武帝读后，认为东方朔气概不凡，便命令他在公车署中等待召见。由于公车令俸禄微薄，又始终没有得到汉武帝的召见，因此，东方朔觉得很是不满。

这一天，东方朔午休起来，一群侏儒像是刚从外边吃饭回来。满面红光，叽叽喳喳。这些侏儒是专门给皇上养马的。东方朔一看到他们这个高兴样子就来气：我堂堂的九尺男儿，怎么能和这些人为伍呢？我得想办法吓唬他们一番。

于是，东方朔便冲着那群侏儒们喊道：皇帝说你们这些人既不能种田，又不能打仗，更没有治国安邦的才华，对国家毫无益处，因此打算杀掉你们。你们还不赶紧去向皇帝求情！"

那些侏儒听说皇帝要杀他们，便嚎的一声哭了起来。而东方朔在一边强忍住笑，装作十分同情的样子劝道："有道是，'君叫臣死，臣不得不死。父叫子亡，子不得不亡。'死到临头，你们光知道傻哭有什么用，还不赶快想点办法！"

众侏儒下跪到地，恳切地说道："人慌无智，我等有什么办法呀？听说东方先生您是皇上十分看中的人，请求先生赶快给我们想个办法，救救我们这些可怜的侏儒吧！"

这时，东方朔叹了一口气，说："不是在下不愿意给你们想办法，只怕是这事传到皇上耳里，说在下泄了他的密，坏了他的大事，找在下算账可怎么得了？"

侏儒们拍着胸脯向东方朔担保，说道："先生放心，您救了我们大伙的命，我们感激都来不及，谁还会把您给捅出去呢？"

东方朔慷慨激昂地说道："捅出去在下也不怕，大不了一死，死在下一人，换你们生，死也死得值得了。"这话说得侏儒们热泪盈眶，再一次磕头以示感谢。

东方朔轻咳一声，清了清嗓子说道："这样吧，你们尽管去皇宫门口候着，一旦御驾出来，大家一齐将它拦住，叩头谢罪。皇上问你们听谁说的，你们就推到在下身上，保准你们没事。"

众侏儒破涕为笑，千恩万谢地离去。第二天，果然依着东方朔的话，早早地来到宫门口候驾。等皇上出来之后，他们呼啦一下围了上去，一边下跪磕头，一边哀求皇上饶命。

汉武帝一听当时就懵了，一脸困惑地说道："朕何时说过要杀你们，你们这话是听谁说的？"

众侏儒异口同声地回道："臣等是听东方朔说的。"

汉武帝脸色铁青，咬牙切齿地说道："这个东方朔，谣言竟敢造到朕的头上！韩嫣听旨。"

韩嫣闻声而出，跪地问道："陛下有何赐教？"

"速传东方朔进宫见朕。"说完，便喝令打道回宫，坐等东方朔。

这时，东方朔正在卧室读书，一听说皇上召见，赶紧整了整衣冠，大步流星地朝皇宫赶来。见到皇帝后，他赶忙三拜九叩，行君臣大礼。

这时，汉武帝问道："东方朔，听说你恐吓侏儒，你可知罪？"

东方朔面对皇上的问罪，高声说道："启奏陛下，臣不知罪！"

汉武帝把脸一沉说道："你恐吓侏儒，造谣惑众，而这谣言竟然制造到了朕的头上，你难道还不知罪吗？"

东方朔理直气壮地回答道："我是不得已才这样做的。侏儒身高3尺，我身高9尺，然而我与侏儒所赚的俸禄却一样多，总不能撑死他们而饿死小臣吧！圣上如果不愿意重用我，就干脆放我回家，我不愿再白白耗费京城的粮食。"

汉武帝听后纵声大笑，于是命令他在金马门待诏，至此东方朔与武帝的关系就稍稍亲近了一些。有一次，汉武帝玩射覆的游戏时把壁虎藏在盂中，却没有人猜中。

东方朔看了一阵，哑然失笑，他这一笑，把众人的目光全都都吸引了过来。汉武帝有些诧异地问道："东方朔，你能猜中这盂里是什么东西吗？"

东方朔不慌不忙地回道："能。臣曾学《易》，请允许我猜猜是什么。"于是他将蓍草排成各种卦象，回答说，"我认为说它是龙却无角，说它是蛇又有足，肢肢而行脉脉而视，善于爬墙，这东西不是壁虎就是蜥蜴。"

说完之后，汉武帝就派左右的人把盂掀开，果然是只壁虎，围观人都齐声称妙。武帝心中高兴，当众赏给东方朔细帛十匹。接着，汉武帝又让东方朔猜其他的东西，而东方朔每猜必中，都会得到皇帝的赏赐。从此之后，汉武帝便任命东方朔为常侍郎，东方朔也终于受到了汉武帝的喜爱。

有一年夏天，烈日炎炎，每当这时，皇帝便要向朝廷的百官赐肉，按照规矩，皇帝赐肉，必须由太官丞捧着皇上的诏书，众臣跪拜在地，然后由太官丞宣诏后，群臣三呼万岁，才能够按花名册分肉。然而负责分肉的太官丞却迟迟未来。

东方朔和臣僚从早晨一直等到太阳正南，却始终没有看见太官丞露面。那肉早都已经摆好，可是没有皇上诏书，谁也不敢动。眼睁睁地看着一群绿头苍蝇在肉上嗡嗡嘶叫，还在肉上爬来爬去。

只见，东方朔昂首阔步，朝肉案走去，然后从腰间拔出一把宝剑。众人都以惊讶的眼神看着他。他右臂一挥，宝剑在半空中划了一个半弧。立刻便有20几个人站了起来，大声阻止道："东方朔，不可鲁莽！"

东方朔回头望去，微微一笑，嚓地一下，割下一大块肥肉，高举过顶，朗声说道："伏天应当早点回家，请允许我接受天子的赏赐。"随即把肉包好怀揣着离去。

后来太官丞将东方朔私自切肉的事情上奏给了汉武帝。于是，汉武帝便问东方朔："你为什么不等下达赐肉的诏令，就用剑割肉走了？"

东方朔不慌不忙地将帽子摘下，朝殿上一跪，叩头说道："臣罪该万死！"

汉武帝说："先生还是先起来说话吧！"

东方朔再拜说道："东方朔呀！东方朔呀！接受赏赐却不等诏令下

达，这是多么无礼呀！拔剑割肉，多么豪壮呀！割肉不多，又是多么廉洁呀！回家送肉给妻子吃，又是多么仁爱呀！"

汉武帝听完后笑着说："让先生自责，没想到你竟反过来称赞自己！"于是又赐给他一石酒、一百斤肉，让他回家送给妻子。

建元三年，也就是公元前138年，汉武帝常常出游狩猎，出游的时间也从一天到五天。后来，这样的游玩已经不能为汉武帝所满足。加之路途遥远又被当地的百姓厌烦，于是汉武帝萌生了修建上林苑的想法。

在估算完修苑围所占农田的价值之后，又派人划出占地所属县的荒地以抵偿农民。做此决策之时东方朔恰好在场，便向武帝谏言："请陛下不要扩建上林苑！"

此言一出，武帝的脸立马沉了下来，文武百官目光各异地瞅着东方朔。有赞许，有担心，也有幸灾乐祸。对此，东方朔全然不顾，一口气讲了"不要扩建上林苑"的两大理由：

汉武帝刘彻传

"陛下，终南山是国家天然的屏障。从大汉建国以来，离开了三河之地的洛阳，而在灞水、浐水之西，泾河、渭河之东建立都城，这里就是所谓的像大海一样富饶的地方。秦王朝凭借它降服西戎，兼并崤山以东的地区；终南山是座宝山，这一带山中产玉和金、银、铜、铁以及优质木材。各种手工业用它们做原料，百姓们靠它们维持生活。

"这里又盛产稻、黍，还有梨树、栗子、桑、麻和竹子等物品，土地适宜种植姜和芋头，水中有许多青蛙和鱼类。贫穷的人家可以靠这些获得温饱，而不必担忧饥寒之苦。所以，丰、镐之间，号称肥沃土膏，每亩地的价值都达到一斤黄金。

"而今陛下把终南山划为上林苑，就断绝了田沼湖泽的财利来源，夺取了百姓的肥沃土地，对上减少了国家的财税费用收入，对下破坏了农桑生产，这是不该建上林苑的第一个理由。

"而开拓并营建上林苑，周围筑墙以作为禁苑。皇帝在苑中可以策马东奔西驰，驱车南北追逐，其中有很多的深沟大河，乱石高岗。为追求一天的射猎乐趣，不值得尊贵无比的天子去涉险犯难。这是不该建上林苑的第二个理由。"

接着，东方朔又列举了殷纣王、楚灵王、秦始皇大兴土木导致天下大乱的例子。最后献上《泰阶六符》希望汉武帝能够观察天象的变异而自省自己所做的事情。汉武帝因此拜东方朔为一千石太中大夫之官职，加给事中之衔，并赏赐黄金百斤。

还有一次，东方朔喝醉了酒，进入殿中后在殿上小便，而这个举动被其他官员弹劾。因犯下大不敬之罪，汉武帝下诏免其官职，将东方朔贬为庶人。让东方朔在宦者署待诏。

后来，汉武帝的姐姐隆虑公主的儿子昭平君因杀人被捕后入狱，汉武帝在隆虑公主死前曾答应其姐用黄金千斤、钱一千万预先赎昭平君一死。然而当昭平君真的犯下杀人死罪的时候，汉武帝又不想违逆法律的准则，让查处此案的法官依法判决。

因违背了对姐姐的诺言而难受。东方朔这时却举杯向武帝祝寿，汉武帝认为东方朔的话说的不是时候就先行离开了。傍晚的时候才诏见东方朔问他原因。

东方朔便用阴阳五行的理论来讲述悲伤的情绪对身体寿命的影响，酒是最好的消愁之物，所以用酒祝寿显明陛下的刚正不阿，又可以为陛下解哀愁。于是汉武帝又任命东方朔为中郎之职，并赏赐布帛百匹。

东方朔虽以滑稽出名，但他取得官职也是因为他写得一手好辞赋。他时常以诙谐幽默的言辞，为汉武帝解闷。有时也在其中夹进一些讽谏的内容，因而博得了汉武帝的赞赏。

汉武帝得到司马相如和东方朔之后，仍然意犹未尽。他还是在做太子的时候，就特别仰慕枚乘的文名。枚乘，字叔，生于淮安，故居坐落在肖家湖畔。枚乘从小对文学就有着浓厚的兴趣，后来他写辞赋出了名，就离乡远游寻求生活的出路。不久，他来到了物阜民丰的广陵，在吴王刘濞府中当了一名郎中。

枚乘不仅善于文辞，而且富有胆识，当他得知吴王刘濞酝酿反叛汉朝廷时，便及时上书劝阻，但刘濞不予理睬，他就毅然离吴投梁，被梁孝王刘武奉为上宾，为了维护统一，制止分裂，枚乘再一次上书谏阻吴王，但吴王一意孤行，仍然不予理睬。

公元前154年，刘濞联合其他六个王国起兵反叛中央朝廷，结果仅仅三个月时间，就被汉景帝平定了下去。由于枚乘屡次上书，所以他善谏的声名大著，汉景帝任命他为弘农都尉，但他不乐意担任地方官吏，觉得还是作赋论文自在，于是称病辞官，复回梁国。

梁孝王刘武的宾客都善于作赋，但以枚乘为最高。刘武死后，宾客尽散，枚乘回淮安老家居住。汉武帝刘彻做太子时就已仰慕枚乘的名声，待到汉武帝一登上皇位，马上就派人带上绸缎珠玉，驾蒲轮安车前去聘请枚乘老先生。

哪知这位枚老先生，没什么福气，年老体弱，半路上折腾死了。汉武帝十分扫兴。枚乘有个儿子叫枚皋，他自幼受父熏陶，爱好文学，善于辞赋。17岁上书梁王，被召为郎。西汉后元三年，也就是公元前141年，遭谗害获罪，只身逃往长安。

汉武帝刘彻传

汉武帝得知枚皋是枚乘之子后，便召见了他，枚皋当即在殿中作赋一篇《平乐馆赋》，汉武帝读了很高兴，就让他在宫内平乐馆专门写赋，后来又拜为郎官，随侍左右，与司马相如、东方朔等平列。以后，汉武帝在巡狩、封禅、堵决黄河、游幸时，只要兴致所至，就叫枚皋作赋歌颂。

汉武帝29岁时生了皇太子刘据，高兴得不得了。枚皋和东方朔分别写了《皇太子生赋》和《立皇子禖祝》，向汉武帝表示祝贺，汉武帝更加欢喜这些辞赋家。

被汉武帝搜罗在左右的作赋高手除了枚皋、司马相如和东方朔外，还有严助、朱买臣、庄葱奇和吾丘寿王等人，他们也都是赋家，以文学得官。

·汉武帝搜罗、蓄养大批文人学士，一方面命他们随从出巡出游，作辞献赋量才录用，同时也让他们参与政治，在朝廷中委以官职。有了大事廷议时，也让这些人参加，对公卿的奏本提出意见，平时则都是作为专职的文学侍从和俳优弄臣蓄养起来。

武帝经常和群臣在柏梁台聚会饮酒赋诗，据说古诗中的"柏梁体"就是由汉武帝和群臣赋诗而开始流行起来的。汉武帝自己创作诗赋的水平也相当高，流传至今的《瓠子歌》《秋风辞》和《李夫人歌》等，都非常精美，表现出他具有相当高的文学修养。

同时，汉武帝重视修史，以学识非常渊博的大学者司马谈为太史令，使其次第旧闻，裁剪论著。司马谈有志于编撰一部汉王朝的通史。为此，他做了大量的准备工作。

司马谈是左冯翊夏阳人，司马迁的父亲。他博学多识，曾随当时著名天文学家唐都学习天文历法知识，跟随哲学家杨何学习《易》，并对黄老之学进行过深入钻研。

可是，司马谈的宏愿还没有实现，却于元封元年，也就是公元前110年，病死于洛阳。死前，他郑重地把未竟的事业，嘱托给他的儿子司马迁。

司马迁是龙门人，自幼受到家庭的熏陶和良好的教育，使他对文史星卜之学有浓厚的兴趣。他非常好学深思，曾师事著名经学大师董仲舒、孔安国等，博通天文历法，诸子百家。

当初，在董仲舒向汉武帝上书三纲五常的时候，司马迁就深深地被董仲舒的对答钦佩不已，一心想跟从他学习。于是，在下朝的时候，司马迁便追了上去，向走在前面的董仲舒施礼道："董老先生，请受小生一拜，您刚才的对答真是太了不起了。"

这时的董仲舒不认识司马迁，于是便问跟他并肩走着的大臣："这个孩子是谁？"

大臣看了看司马迁说："噢，他是太史公司马谈的儿子，太史公常把他带到殿下旁听。"

这时，司马谈赶了上来："董先生，这是在下的犬子司马迁，冒犯了，孩子，还不赶快给董先生叩拜。"

司马迁听了父亲的话，赶忙跪下："高师在上，请受小生一拜。"

"快请起，请起。"董仲舒扶起了小司马迁。

司马迁说："我听说董老先生特别苦学，曾经三年没有进过花园。"

董仲舒听了司马迁的话后，不禁大笑起来，说道："是啊，确实是有三年时间不曾离开书房去光顾花园。司马迁，那你是欣赏我的什么观点呀？"

司马迁回答说："我推崇您的大一统。"

董仲舒又是一阵笑，说："好，小小的年纪就会如此有眼力，真不愧是太史公的儿子。"

"先生过奖了。以后，还要请您多多垂教呢。"司马谈说。

"可以，可以。"从此，司马迁便跟随董仲舒学习了。

有一次，在董仲舒的家里，董仲舒在给司马迁讲《春秋》。

司马迁便问道："老师请赐教，《春秋》的大义是什么？"

汉武帝刘彻传

这时，董仲舒放下手里的书简，对司马迁说道："要知道《春秋》的大义，首先要知道孔子作《春秋》的时代背景和写作动机。"说着便站了起来，走到窗口，看着窗外树下的落叶，想到孔子晚年著《春秋》时的落寞，于是又接着说，"孔子所处的时代是王室衰落，诸侯称霸，礼崩乐坏的时代，那个时候，臣僭君，子弑父，可谓君不君，臣不臣，朝纲不张，礼义不明，所以……"

司马迁眨了眨眼说："所以，孔子作《春秋》以正礼义、明视听。"

"说得对。所以孔子作《春秋》是为了拨乱反正。"

这时，司马迁的父亲司马谈来了，司马谈问道："董老先生，犬子学得如何？"

"他功底不错，真可谓心有灵犀一点通啊！老夫准备给他讲完《春秋》后讲《左传》。"董仲舒欣慰地说道。

不久之后，司马谈带着司马迁乘车前往孔安国府上拜师。路上，司马谈向儿子介绍："孔安国是长安赫赫有名的儒学大师，他精通《尚书》，他是孔子的第十一世孙。他学的《尚书》是从曲阜孔子故居的夹墙里发现的。因为是用篆书写的，所以又叫《古文尚书》。"

"噢，父亲，《古文尚书》与今文《尚书》还有什么不同？"

"比今文《尚书》多十六篇，现在孔安国老先生已经把它译成今天通行的隶书了，你要向他学的就是今文《尚书》。"

司马迁兴奋地说："父亲，孔安国真了不起。"

到了孔安国府上，孔安国看过司马迁问道："在家都学了些什么？"

这时，司马迁的父亲说道："犬子在家，就读于家乡的书院，主要学的《诗经》《论语》及《周礼》，到长安后，又拜师于董夫子学完了《春秋》《左传》，现在想深造《尚书》。"

孔安国对司马迁说："看来小公子崇尚正义，《尚书》是讲为政治国的书，你感兴趣吗？"

小司马迁回道："禀先生，《尚书》我已初学，略知一二，《书》是史官的临政记录，《书》记先王之事，长于政。"

这时，孔安国用手摸了摸雪白的胡须，点了点头，对司马谈说："太史公，令公子将来恐怕是经国之才呀。老夫就收下这个弟子了。"

从此，司马迁便向京城里一位又一位的高师求教。

元朔三年，也就是公元前126年，20岁的司马迁为了"网罗天下放失旧闻"，进行了一次全国性漫游。他南游江淮，登会稽山，访问大禹陵，又去楚地，攀九嶷山，浮舟沅水、湘水之上，再北上齐鲁，观孔子遗风，在孟子故乡邹县峄山观看古老的乡射之礼……每到一处，必求访当地父老，搜集史事，了解风俗，考察山川。

这次漫游，不仅使司马迁搜集到了许多宝贵的史料，而且使他深刻地认识了社会，为他以后著史奠定了重要基础。回到长安后，汉武帝对这个广阔博识、学问丰富的青年人，十分重视，任命他为郎中。

后来，由于他的父亲司马谈因为未能跟随汉武帝参加泰山封禅大礼而忧郁成病，临终前他难过地对司马迁说："我死以后，你必为太史。

做了太史，莫忘了我的遗愿。今大汉兴盛，海内一统，上有明主贤君，下有忠臣义士。我身为太史，而未能记载，愧恨不已。你一定要记住，完成我未竟之业！"

司马谈去世后，司马迁继任父职为太史。他读遍了皇家藏书处"石室金柜"收藏的文史经籍、诸子百家。五年以后，他以太史令身份和太中大夫公孙卿、壶遂一起，参加了太初元年，也就是公元前104年的历法改革。这都说明，武帝对他的才能是很看中的。

天汉三年，也就是公元前98年，正当司马迁全力著史时，发生了李陵叛降匈奴之事。司马迁为李陵辩解，触怒了汉武帝，将其下狱处以腐刑。

伤残肉体的酷刑，不仅使司马迁受到剧烈的肉体痛苦，更使他的精神遭受严重创伤。年已48岁的司马迁想自杀，但他想起了父亲的遗言，想到了古代圣贤：周文王被囚禁于羑里，推演出了《周易》；孔子遭困厄，编撰了《春秋》；屈原被放逐，写出了《离骚》；孙膑受了膑刑，完成了《孙膑兵法》。终于以惊人的意志忍辱负重地生活下来，发愤要完成父亲的未竟之业。

汉武帝刘彻传

身心备受摧残、忍辱含垢生活的司马迁深知："人固有一死，死有重于泰山，或轻于鸿毛"。他决心以残烛之年，完成父亲要他完成的史书，"欲以究天人之际，通古今之变，成一家之言"，让这部书流传下去。到那时，即使万死，也无悔恨了。

司马迁忍辱负重，发愤著述。终于在征和三年，也就是公元前90年左右，完成了他的史著。前前后后大约用了18年的时间。时人称之为《太史公记》或《太史公书》或《太史公》。大约是在魏晋以后，称为《史记》。

《史记》是我国第一部纪传体的历史巨著。他运用本纪、表、书、世家、列传五个部分，叙述了上起传说中的黄帝，下至汉武帝太初年间约三千年的历史。全书共一百三十篇。

"本纪"按年代顺序记述帝王的言行、事迹；"表"分为世表、年表、月表，以表列人物、事件、爵位、世系等内容；"书"记载各种典章制度及其演变；"世家"记载诸侯兴衰以及有特殊地位人物的事迹；"列传"记载各种代表人物的活动事迹。

全书共十表、八书、十二本纪、十三世家、七十二列传，共五十多万字。司马迁所开创的纪传体史，成为以后历代王朝正史的规范体例。司马迁的《史记》是一部永垂千古的光辉史著。

《史记》不仅记述了中国历史，还兼及当时所能了解的广大空间地域的民族和国家的文化和历史，是当时的世界历史著作。《史记》综合性的体例，内容系统，全面丰富，记录准确，条理分明，便于人们全面概括地把握历史。司马迁首创这种修史体例，形成中国史学著作的优秀传统。《史记》以其独创性、科学性、完整性、系统性远远超越了古代世界各国的史学著作。

它的产生，不完全是司马迁个人遭遇的产物，也是汉武帝时期封建大一统帝国建立后，总结以前历史的产物。没有汉武帝时期政治、经济和文化的发展，就不可能产生司马迁这样伟大的史学家，不可能产生《史记》这样伟大的史学著作。

自从司马迁著《史记》，中国才开始出现规模巨大、组织严密的历史著作。武帝残酷地惩处司马迁，表现了这位封建专制帝王的暴虐本性；武帝也重用了司马迁，发挥了他的才能，支持了他的工作，让他有可能以近20年的时间完成这部著作，又表现了武帝的远见卓识。

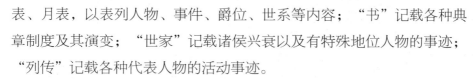

提升汉室实力

命令建立音乐官署

乐府是自秦代以来朝廷设立的管理音乐的官署。到汉时一直沿用了秦时的名称。公元前112年，汉王朝在汉武帝时正式设立乐府，它的职责是采集汉族民间歌谣或文人的诗来配乐，以备朝廷祭祀或宴会时演奏之用。它搜集整理的诗歌，后世就叫"乐府诗"，或简称"乐府"。它是继《诗经》《楚辞》而起的一种新诗体。

乐府在西汉哀帝之前是朝廷常设的音乐管理部门，行政长官是乐府令，隶属于少府，是少府所管辖的十六令丞之一。西汉朝廷负责管理音乐的还有太乐令，隶属于奉常。

乐府和太乐在行政上分属于两个系统，起初在职能上有大体明确的分工。太乐主管的郊庙之乐，是前代流传下来的雅公布古乐。乐府执掌天子及朝廷平时所用的乐章，它不是传统古乐，而是以楚声为主的流行曲调。最初用楚声演唱的乐府诗是《安世房中歌》17章，另外，汉高祖刘邦的《大风歌》在祭祀沛宫原庙时用楚声演唱，也由乐府机关负责管理。西汉从惠帝到文、景之世，见于记载的乐府诗主要是以上两种。

乐府的职能在武帝时进一步强化，它除了组织文人创作朝廷所用的歌诗外，还广泛搜集各地歌谣。许多民间歌谣在乐府演唱，得以流传下来。

文人所创作的乐府歌诗也不再像《安世房中歌》那样仅限于享宴所用，还在祭天时演唱，乐府诗的地位明显提高。根据《汉书·百官公卿表》记载，汉武帝时，乐府令下设三丞。又根据《汉书·礼乐志》所言，至成帝末年，乐府人员多达800多人，成为一个规模庞大的音乐机构。汉武帝到成帝期间的100多年，是乐府的昌盛期。

汉武帝不仅创设了乐府这个管理音乐的专门机构，还设置了专管音乐事务的官吏，任命著名的音乐家李延年为协律都尉。李延年是中山人，出身倡家，父母兄弟妹妹都通晓音乐，都是以乐舞为职业的艺人。他"性知音，善歌舞"，年轻时因犯法而被处腐刑，因而歌声愈加好听、容貌更显俊美。他在宫里主管皇帝猎犬的地方做事。

汉武帝知道李延年出身于音乐舞蹈世家，对这个刑余之人倒也蛮喜欢。李延年也曲意奉迎，以讨得武帝的欢心。元封年间，也就是公元前110年至公元前105年，李延年在武帝面前演唱了《佳人曲》：

> 北方有佳人，绝世而独立，一顾倾人城，再顾倾人国，宁不知倾城与倾国，佳人难再得。

汉武帝听完之后，他想，这样倾国倾城、羞花闭月的北方佳人，只是在梦中遇见过，真实的人儿哪里会有，怎么去找？不禁摇首叹息。乐人李延年将这一切看在眼里，心中十分惬意。

汉武帝愁情郁结，一腔多情的爱恋无由排遣。他在一片寂寥的情绪中漫步到了姐姐平阳公主家中。平阳公主知道弟弟正为北方有佳人的一首美曲害相思，平阳公主摆上美酒，汉武帝无心下咽，只是喟叹佳人难得。

平阳公主微微一笑，吩咐摆上盛宴，说有一良方能解皇上心愁。汉武帝笑而摇头，人席默然，只是闷声饮酒。

平阳公主说："你不是苦叹北方无佳人吗？有！要是不信，就到艺人李延年家里去看看，他的妹妹就是一位倾国倾城的绝色佳人。"

汉武帝半张着嘴，好半天回不过神来。等明白过来是怎么回事后，他便站了起来，乐不可支地和姐姐道别，然后立刻召见了李延年的妹妹李氏。汉武帝那颗本来就不安分的心此时越发奔腾起来，翻江倒海。他无法想象李氏会是如何的一个女人，大概也不会比后宫女子强到哪里。

汉武帝在急切不安的期待中等待着美人，像热锅上的蚂蚁，在宫殿中来回走着，急切地等待着。他猛然回头，只见殿堂门口，站着一位亭亭玉立、一身淡雅装束的女子，那姿容，那清纯，那雅丽，简直就像从天而降的仙女一般。

汉武帝愣在了那里。门口的仙女虽说是清素淡雅，却如一轮喷薄而出的朝日，那样的光彩夺目。

李氏实在太美了，美得脱俗，美得出世，美得自然天成，一尘不染。汉武帝呼出一口气，庆幸自己能结识这样一位美人。李氏无愧于北方佳人，确实是绝世而独立，何止倾城倾国。

汉武帝迷迷糊糊地坐在龙椅上，一双眼睛只是目不转睛地盯着李氏。李氏半羞半怯地在御前施礼，然后，轻歌一曲，踏曲面舞。李氏毕竟是女人，女人的舞姿歌喉更能勾魂，被李延年的歌声弄得如醉如痴的汉武帝更被李氏的舞姿和歌声迷得失魂落魄。汉武帝心里知道，从此以后，他再也离不开她。

汉武帝马上把李延年的妹妹纳为妃子，这就是李夫人。李延年的妹妹由此入宫。后来李夫人生下了昌邑王刘髆，李延年也得以被封"协律都尉"，负责管理皇宫的乐器，极得武帝宠爱。

当时，还有音乐家张仲春协助李延年管理音乐事务，有丘仲造笛，作为协律的乐器。每当汉武帝读到自己欣赏的一篇喜欢的辞赋时，就叫李延年配上乐谱，"以合八音之调"。

汉武帝刘彻传

李延年也承意谱写了许多"新声曲"。汉代著名的《郊祀歌》十九章，就是由李延年谱曲而流传下来的。

有一年正月，汉武帝和群臣在甘泉宫的圜丘上，用乐舞祭祀天帝。70名童男童女同声歌唱庄严动人的颂歌，从黄昏一直唱到天明。夜空中不时闪过陨星的光辉。

汉武帝以为这是神光照耀祠坛，是天帝对他的感召。他虔诚地在竹宫里遥望参拜。动人的颂歌声使他和百官肃然动心，无限虔敬。汉武帝十分迷信，把音乐和神权联系在一起，但是由于他对音乐歌舞的重视和提倡，汉代的音乐事业发展到一个很高的水平。

李延年作为乐师，除了负责制定乐谱、训练乐工以外，还有一个更重要的任务，那就是派人到全国各地，采集民歌，集中于乐府。古代赵国、代国、秦国、楚国各具地方特色的民歌，因此得到全面地搜集和系统地整理。《汉书·艺文志》里记载了吴、楚、汝南歌诗十五篇；燕、代、雁门、云中、陇西歌诗九篇；邯郸、河间诗四篇；齐、郑歌诗四篇；淮南歌诗四篇；左冯翊秦歌诗三篇；河南周歌诗七篇等等。其中很多民歌是在汉武帝时期由乐府搜集、整理的。

每当春暖花开、万物复苏的时候，乐官们就会手拿木铎，带上刀笔走出乐府，到民间去收集各地民歌。乐府里的作曲家们也不停地为乐官送上来的民歌歌词谱曲。同时在隔壁的大厅里，数百名乐工正在那里排练新的乐府民歌，以备宫中宴会时召用。

爱情婚姻题材作品在两汉乐府诗中占有较大比重，这些诗篇多是来自民间，或是出自下层文人之手，因此，在表达婚恋方面的爱与恨时，都显得大胆泼辣，毫不掩饰。其中一首《有所思》被誉为是汉代乐府民歌中的一首著名情歌，有人称它为爱情绝唱：

何用问遗君？双珠瑇瑁簪。用玉绍缭之。闻君有他心，拉杂摧烧之。摧烧之，当风扬其灰。从今以往，勿复相思！相思与君绝！

这首诗的结构，以"双珠玳瑁簪"这一爱情信物为线索，通过"赠"与"毁"来表现主人公的爱与恨，决绝与不忍的感情波折。以"摧烧之""相思与君绝"两个顶真句，作为爱憎感情递增与递减的关纽，层次清晰而又错综，感情跌宕而有韵致。

而把女主人公失恋前后的感情心理，刻画得淋漓尽致，曲折入微。这种感情，既具有鲜明的个性特征，又具有普遍的典型意义。这正是《有所思》能够穿透时空隧道，千百年来感人不已的主要原因。

同样有一位女子，为了表达她对情人忠贞不渝的感情。她指天发誓，指地为证，要永远和情人相亲相爱：

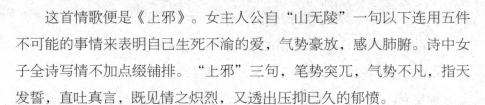

上邪！我欲与君相知，长命无绝衰。山无陵，江水为竭，
冬雷震震，夏雨雪，天地合，乃敢与君绝！

汉武帝刘彻传

这首情歌便是《上邪》。女主人公自"山无陵"一句以下连用五件不可能的事情来表明自己生死不渝的爱，气势豪放，感人肺腑。诗中女子全诗写情不加点缀铺排。"上邪"三句，笔势突兀，气势不凡，指天发誓，直吐真言，既见情之炽烈，又透出压抑已久的郁愤。

"长命无绝衰"五个字，铿锵有力，于坚定之中充满忠贞之意。一个"欲"字，把不堪礼教束缚，追求幸福生活的反抗女性性格表现得淋漓尽致。从艺术角度来看，《上邪》的抒情极富浪漫主义色彩，其间的爱情欲火犹如岩浆喷发不可遏制，气势雄放，激情逼人。读《上邪》，仿佛可以透过明快的诗句，倾听到女子急促的呼吸之声。

乐府收集全国各地的民歌，其主要范围在黄河和长江流域。自从汉武帝创立乐府，京城之中民乐的地位竟有超过正统雅乐的趋势。在汉朝京城长安的街头，很容易听到赵地、秦地和楚地等不同风格的歌声。

在汉武帝的热心搜集和推崇下，民间音乐风行于上流社会。皇室子弟们也爱好俗乐，有些甚至能自己作曲和吹弹乐曲。贵族们更是竞相效仿，在自己府里招收乐工。

由于蓄养乐人的贵戚豪富之家也参与了搜集民歌的活动，使得汉朝出现大量的民歌和有较高技艺的乐工。来自民间的歌声，给沉闷的京城带来了清新、芬芳的泥土气息。

乐府经过文人加工，但仍然保持着浓郁的民歌特色。它的内容，广泛而深入地反映了当时的社会生活。其形式活泼自由，句子从一二字到八九字，参差错落。

这种现实的内容，新颖的形式，生动的语言，充满生活情趣的风味，在中国古代文学史上产生了重大影响，长期受到人们的喜爱。这种新兴的文学体裁的出现与发展，也是与武帝的大力提倡分不开的。

文学是汉武帝生活中不可缺少的一部分。除了喜欢搜罗一些有名的作赋能手在身边侍奉之外，他自己兴之所至，往往也能借景生情，一抒自己的心声。他派出贰师将军李广利，两度出征大宛，死伤数十万人的性命，终于打败大宛国，把汗血马牵了回来。为了抒发自己的喜悦之情，他作了一首《西极天马歌》：

天马来兮从西极，经万里兮归有德。

承灵威兮降外国，涉流沙兮四夷服。

在这首《西极天马歌》中，怡然自得，自称是有德之君，因而四夷降服，万国来朝，远在万里的宝马也到了他的手中。

有欢乐也有哀愁，其中《秋风辞》就被誉为是中国文学史上"悲秋"的名作。据《汉书·武帝纪》记载，汉武帝刘彻到河东汾阴祭祀后土，共有五次。只有一次在秋天，即元鼎四年，也就是公元前113年十月。这时刘彻44岁，即位已27年。他实行武力打击匈奴，已胜利解除了数代以来的北部边患。

他采取的国家专卖、统一货币、重农贵粟三大政策，卓有成效，克服了长期用兵造成的生产破坏和财政危机。西汉王朝无论军事、经济、政治、文化都达到全盛高峰。但他的雄才大略，还要打通西域，开发西南，平定南越和东越，振威名于世界。

这次出巡，途中传来南征将士的捷报，而将当地改名为闻喜，沿用至今。时值秋风萧瑟，鸿雁南归，汉武帝乘坐楼船泛舟汾河，饮宴中流。当时场面热闹，气势恢弘，听说汾水旁边有火光腾起，还下令在那里立了一座后土祠来祭祠大地。身为大汉天子，一生享尽荣华，又同常人一样，无法抗拒衰老和死亡。宴尽之余，所以写下了一首《秋风辞》：

汉武帝刘彻传

> 秋风起兮白云飞，
>
> 草木黄落兮雁南归。
>
> 兰有秀兮菊有芳，
>
> 怀佳人兮不能忘。
>
> 泛楼船兮济汾河，
>
> 横中流兮扬素波。
>
> 萧鼓鸣兮发棹歌，
>
> 欢乐极兮哀情多，
>
> 少壮几时兮奈老何？

首二句写秋景如画，三、四句以兰、菊起兴，融悲秋与怀人为一。以下各句写舟中宴饮，乐极生哀，而以人生易老的慨叹作结。这首诗语言清丽、明快，句句押韵，节奏快，乐感强，在艺术风格上受楚辞影响较大，首两句受到宋玉《九辩》的影响，宋玉《九辩》有"悲哉，秋之为气也，萧瑟兮，草木摇落而变衰；……雁靡靡而南游兮，鸥鸡啁唽而悲鸣"等等，均为《秋风辞》所取影。

汉武帝一生文治武功，家国天下，从不将儿女私情放在心上，却唯独对李延年歌词中的这位佳人念念不忘。可是就在李夫人为刘彻生下一子，恩宠正盛时，她却身患重病、卧床不起。

李夫人这一卧病就是很多时日，那绝色的容颜便也同时被病魔吞去，剩下的只是一张苍白而清瘦的脸，是白中泛黄的一副病容。汉武帝刘彻急切地要见到她，但一次次都被御医和李夫人阻住。但是，独断专行的汉武帝哪里会被御医劝住？便自顾自地闯进了李氏的寝宫。

李夫人正躺在床上，和众姐妹说话。得知皇上来了，便不顾一切，拉过一床被子，盖在自己的脸上。众姐妹忙在房中跪迎皇上。汉武帝进入李夫人寝宫后，箭步跨近床前，叫着李夫人，探问病情。

可是李夫人却不说话，只是将被子严严实实地盖着自己的脸。皇上很奇怪，便问："朕是来探望病情，何故这样，怎么不让见上一面？"

李夫人在被中哀声说道："请皇上容谅奴婢无礼，奴婢卧病很久了，形貌都已毁坏，不能再见皇上了。只是，儿子和兄弟，这就托付给您，我就放下心了。"

汉武帝坐在床边，对李夫人说："夫人，你的病有段日子了，是有些重，还是能够治好；即便难有好转，见上我一面，当面把王和兄弟托付给我，岂不是更好？"说着，便想动手掀开被子。

李夫人在被子中捏着被子，哭了起来。李夫人边哭边哀声说："陛下，妇人貌不修饰，不见君父。"

汉武帝在床边急得团团转，随即扶着床恳求着李夫人："夫人，只要你让我看一眼，我就封你的兄弟做官，还赐给你一千金。"李夫人依旧哭泣，却坚决拒绝。汉武帝没想到是这种结局，便恼怒地站了起来，恨恨地看一眼被中抽泣的美人，怏怏而去。

元封三年，也就是公元前108年之后、太初元年，也就是公元前104年之前的一个秋天，李夫人病故。汉武帝的一腔热望无法倾诉，满腹情思不知道该如何发泄。汉武帝食不甘味，无时不在想念着李夫人，令他夜不成眠，难以忘却。汉武帝思念心切，便铺纸挥毫，写出了一篇脍炙人口的《李夫人赋》：

美连娟以修嫭兮，命樔绝而不长。饰新官以延贮兮，泯不归乎故乡。惨郁郁其芜秽兮，隐处幽而怀伤。释舆马于山椒兮，奄修夜之不阳。秋气憯以凄泪兮，桂枝落而销亡。神茕茕以遥思兮，精浮游而出疆。托沈阴以圹久兮，惜蕃华之未央。念穷极之不还兮，惟幼眇之相羊。函菱蒦以俟风兮，芳杂袭以弥章。的容与以猗靡兮，缥飘姚虖愈庄。燕淫衍而抚楹兮，连流视而娥扬。既激感而心逐兮，包红颜而弗明。欢接狎以离别兮，宵寤梦之芒芒。忽迁化而不反兮，魄放逸以飞扬。何灵魄之纷纷兮，哀裴回以踌躇。势路日以远兮，遂荒忽而辞去。超兮西征，屑兮不见。寝淫敫，寂兮无音。思若流波，怛兮在心。

乱曰：佳侠函光，陨朱荣兮。嫉妒阘茸，将安程兮。方时隆盛，年夭伤兮。弟子增欷，洿沫怅兮。悲愁於邑，喧不可止兮。向不虚应，亦云已兮。嫭妍太息，叹稚子兮。懰栗不言，倚所恃兮。仁者不誓，岂约亲兮？既往不来，申以信兮。去彼昭昭，就冥冥兮。既不新宫，不复故庭兮。呜呼哀哉，想魂灵兮！

这篇赋主要通过幻想与追忆，抒发对亡妃李夫人的绵绵伤痛。赋的开头四句："美连娟以修嫭兮，命樔绝而不长。饰新宫以延贮兮。泯不归乎故乡。"新宫可筑，而美好生命逝去就再也不能回来。表明武帝在哀悼李夫人的同时，对生命的短暂进行了深沉思考。

接下来的"惨郁郁其芜秽兮，隐处幽而怀伤"两句，是对李夫人身处墓中凄惨境况的想象。在此，武帝不写自己如何伤怀李夫人的早逝，而是写李夫人的亡魂在墓室中为思念自己而心伤，这种进一层的写法，想象大胆奇特，倍加抒发了武帝的无尽哀伤。

而"秋气憯以凄泪兮，桂枝落而销亡"，以眼前秋景抒心中哀情，再次传达出对爱妃早逝的伤痛。在这种伤悼的心理引导下，作者想象其灵魂脱离肉体，去寻找李夫人的踪迹，见到了"函菱蒦以俟风兮，芳杂袭以弥章。的容与以猗靡兮，缥飘姚虖愈庄"的李夫人。如此神奇想象，如梦似幻，足见汉武帝对李夫人思念之刻骨铭心。

汉武帝刘彻传

接下来的"燕淫衍而抚楹兮，连流视而娥扬，既激感而心逐兮，包红颜而弗明。欢接狎以离别兮，宵寤梦之芒芒"，由冥冥想象，转入对往日欢乐生活的追忆；由对往日的追忆，又回到眼前似梦非梦的幻境中。

在此番幻境中，李夫人的身影是"忽迁化而不反"，或"哀裴回以踌躇"。以李夫人灵魂的不忍离去来表达作者对夫人灵魂归来的强烈期盼。然人死不能复生，武帝最终在李夫人灵魂"荒忽而辞去""屑兮不见"的幻境中，再次回到眼前阴阳相隔的残酷现实，"思若流波，怛兮在心"，无限伤痛，如流水连绵不绝。

乱辞再次抒写了对李夫人早逝的无限悲痛，表示将不负其临终所托，体现了武帝对李夫人的一片深情。乱辞中从"弟子增欷"到"倚所恃兮"一段，描写了伤悼李夫人的凄恻场景，极其感人。这一段对李夫人兄弟和稚子伤悼李夫人的哀恸场景进行描写，极富人情味。

从中不难发现汉武帝虽为一代雄主，亦有普通人真挚感情的一面。

不论是文学侍从们献上来的辞赋，乐府官采集来的民歌，还是汉武帝自己创作的诗赋，汉武帝都要命宫廷乐师谱上曲子，以便歌唱。由于汉武帝对文学艺术的倡导，一时间诗赋歌曲之风大盛。

汉武帝提倡文学、设立乐府，应该说是符合儒家传统的诗教精神的。推广文学，本身就具有教化和移风易俗的意义，同时又为文治武功提供了优美的修饰。

这些民间文学宝藏，经乐府的专职人员加工、提炼后，文学性和音乐性都大大提高，成为著名的乐府诗，充实了汉代的诗坛，开辟了中国诗史的新局面。

更改历法和服色

西汉建立初始，因为天下初定，诸事草创，各类典章制度都来不及制定，所以袭用秦代的历法，也就是《颛顼历》。以亥月，也就是后来所说的阴历十月为"正"。

从秦始皇当政至汉武帝元封年间，历经100余年，误差积累已很明显，出现朔晦月见等实际月象超前历谱的现象。历法的错乱，不仅不利于民众的生产、生活，而且也有损于代行天道的天子的威望。所以，要求改正朔的呼声愈来愈高。

于是，在元封七年，也就是公元前104年，太中大夫公孙卿、壶遂和太史令司马迁上书汉武帝："现行的历法纪年都已坏废，与实际的天道运行不符，应当更改正朔。"

汉武帝自然对这件事情很是看重。于是，召见了他们。

"皇上，历法必须改了，颛顼历本来与实际月份就有误差，现在从秦始皇到如今已百余年，如不更改，差距只会越来越大，这样对农业生产也不利。"

提到农业生产，有雄才大略的武帝马上严肃起来，便说："朕问你，颛顼历为何误差大？"

"回皇上，因为秦始皇时候的颛顼历是以十月为岁首，这与春夏秋冬不太相符，微臣以为应以正月为岁首，这样与季节才相符合，与季节相符的历法方适用于农业。皇上不是要大力发展农桑吗？那就必须有正确的历法。"

"好，讲下去！"武帝的一双大眼兴奋得闪闪发光。

"皇上，为了把历法与季节相扣，微臣还建议将二十四节气扣上。"

"那该如何做呢？"汉武帝追问。

司马迁回道："春、夏、秋、冬四季，应从立春、立夏、立秋、立冬开始，而春分、夏至、秋分、冬至应固定在二、五、八、十一月之中。"

"好。"汉武帝站了起来赞道，"爱卿还有什么好的建议，继续说下去！"

"闰月不在岁末置闰，应改为在有中气的月份置闰。"

"这样做有什么好处吗？"

"可以不必考虑多少年置多少闰了！"他又接着说道，"皇上，臣下经过推算，发现元封七年十一月甲子日夜半正好是合朔、冬至，这是改历法的千载难逢的大好时机，望皇上不要错过。"

汉武帝听了异常兴奋，捋着黑长的胡须说："你太聪明了，没想到你一个史学家居然也精通天文，朕赞同你的建议，不过改历建元，这可是朝廷大事，明日早朝时让大臣们议一议，朕再颁旨改历。"

第二天早朝，汉武帝对众人说："昨天，太史令司马迁建议改历法，众大臣可以提出意见，司马迁你把你的建议向大家说说。"

司马迁出列，然后说道："微臣鉴于朔晦月见，弦望满亏多不符合，且月相与历法不符，考虑秦朝沿用下来的历法应改变了，否则与四季不合，与农业生产不适应。建议以正月为岁首，并纳入二十四节气。"

大臣们听了都非常赞同。

这时，太中大夫壶出列奏道："皇上，太史令所言极是，老臣极为赞同，秦朝的颛顼历已沿用百年，误差太大，历纪已坏废，宜改正朔。"

太中大夫公孙卿也出列奏道："启禀皇上，臣也以为历法早该改了，太史令的建议非常好。"

其他大臣们也都表示赞同，于是武帝宣布："朕同意改正朔，制新历，着太史令司马迁主持改历，太中大夫壶遂、公孙卿加入协助，并诏告全国郡守推举天文、历数学者参与改历，宰相及各卿要多支持。"

众大臣高呼："皇上圣明。"

从此，司马迁进入了紧张的改历工作之中。编制历法，是一项艰苦复杂的工作，需要细致地观测天象、计算、核验以及制造仪器等，人力不足。

于是又募选通晓天文历法的治历官邓平、长乐司马可、酒泉侯宜君以及民间治历者方士唐都、巴郡落下闳等20余人加盟，重新议造历法。

汉武帝刘彻传

在专家中，历数学家落下闳是主要的造历者。落下闳是阆中人。从小，他就醉心于天象观察，并且在家乡小有名气，后来经同乡、太常令谯隆和太史令司马迁推荐，从四川来到京城长安与当时的官家天文学家唐都、邓平一起研制历法。

在改历过程中，他们经常发生激烈的争论。民间天文学家落下闳与邓平和唐都等20多人以及官方的公孙卿、壶遂和司马迁都各有方案，相持不下，最后形成了18家不同的历法。

经过一年的工作，汉武帝经过仔细对照比较，认为落下闳与邓平的历法优于其他17家，就予采用。于元封七年，也就是公元前104年颁行，并改元封七年为太初元年，因而新历又称为"太初历"。

太初历在行用后，受到包括司马迁、张寿王等人的反对，张寿王甚至提议改回到殷历。然而孰优孰劣，还要以实测为准。为此朝廷组织了一次为期3年的天文观测，同时校验太初历和古六历的数据，结果表明，太初历更为符合天象。从此太初历便站稳了脚跟，而且一直使用了将近200年，也就是公元前104—84年。

为了表彰落下闳的功绩，汉武帝特授他以侍中之职，落下闳却坚辞不受，而邓平则被任命为太史丞。

太初历的公布，标志着汉王朝"受命改制"的完成。太初历每年是365.3851539日，一朔望月等于29.4381日，一昼夜为子、丑、寅、卯、辰、巳、午、未、申、酉、戌、亥十二个时辰。这是我国历法史上的一次重大改革，是第一部比较完整的历法。

易服色和改正朔一样，"易服色"即更易衣服、车马的颜色，也是新王朝应天承运而改制的重要内容。它源于"五德终始说"。五德终始说是战国时期齐国人邹衍创立的。

他将"阴阳说"和"五行说"糅合在一起，借以说明天人感应和天道循环的理论。邹衍宣称，凡是人类的各项活动，都和阴阳五行相通，并互为影响，由此引起各种的变化。所说的"五行"，就是土、木、金、火、水五种物质。"五行相生相胜"。

"相生"就是互相辅济，如木生火，火生土，土生金，金生水，水生木；"相胜"就是互相克损，如水胜火，火胜金，金胜木，木胜土，土胜水。

"五德"就是五行的德性，即土德、木德、金德、火德、水德。五德不仅是相生相克的，并且还是终而复始循环的。人间的每个王朝，都必定是得到五德中的一德，并由上天显示符应。这个王朝根据所得的五行之德的性质，制定本王朝的各种制度。

当一个王朝德衰之后，肯定被另一个克胜此德的新王朝所取代。而新王朝兴起的时候，上天也要显示符应，某个君主认识到符应的含义，便要依据本王朝所受的五行之德的性质进行改制，是为"顺天承运"，成为受天命者。

《吕氏春秋·应同》篇对邹衍的"五德终始说"作了一个完整的说明：

> 凡帝王者之将兴也，天必先见祥乎下民。黄帝之时，天先见大虫寅大蝼。
>
> 黄帝曰："'土气胜。'土气胜，故其色尚黄，其事则土。及禹之时，天先见草木秋冬不杀。"
>
> 禹曰："'木气胜。'木气胜，故其色尚青，其事则木。及汤之时，天先见金刃生于水。"
>
> 汤曰："'金气胜。'金气胜，故其色尚白，其事则金。及文王之时，天先见火，赤乌衔丹书集于周社。"
>
> 文王曰："'火气胜。'火气胜，故其色尚赤，其事则火。代火者，必将水。天先见水气胜。水气胜，故其色尚黑，其事则水。水气至而不知，数备将徙于土。"

汉武帝刘彻传

以上的文字是说黄帝得土德，颜色尚黄。禹得木德，颜色尚青。木德胜土德，夏朝取代了黄帝；商得金德，颜色尚白。金德胜木德，商朝取代了夏朝；周得火德，颜色尚赤。火德胜金德，周朝取代了商朝。而周朝一定要被属于水德的朝代所取代。

邹衍的"五德终始说"深受各国统治者的推崇。秦始皇根据邹衍的学说，确认秦为"水德"。所以，依照水德之性进行改制。如改正朔，以建亥之月为岁首；颜色尚黑、衣服、旌旗均用黑色；与水德相应的数是六，所以符传长度、法冠高度各为六寸，车轨宽六尺；水德主阴，阴主刑杀，因而尚法严刑。

高祖刘邦出身于下层平民，不懂五德终始之说，加之匆忙建国，来不及制定新制，所以认为也是获水之德。承袭秦制，色尚黑。汉文帝时，汉建国已二十余年，新王朝的统治日益巩固。随着政治、经济、文化的发展，秦朝的旧制已经不适应新形势的需要。

汉文帝前元年，也就是公元前179年，太中大夫贾谊向文帝上奏道："请改正朔、易服色、定官名、兴礼乐、以立汉制，更秦法。"

十余年后，鲁人方士公孙臣根据五德循环的理论，上书汉文帝说："汉朝获得的是土德，应该改用新的元年，根据土德改正朔，易服色。汉获土德，上天一定会示以符瑞，这种符瑞当是黄龙出现。"

汉文帝将这事交给丞相张苍办理。张苍精通乐律和历法，认为公孙臣是胡言乱语，不加理睬。

汉文帝前十五年，也就是公元前165年，黄龙果然在成纪县出现，张苍因为自己的失误而辞职。文帝任命公孙臣为博士，与其他一些饱学之士论证汉得土德的观点，主持草拟改正朔、易服色的方案。这时文帝正宠信方士新垣平，新垣平也积极主张改正朔、易服色、巡狩、封禅等事。

但是没多久因其骗术暴露而被杀。从此，文帝对改正朔、易服色之事再不感兴趣。文帝虽然没有实行改正朔、易服色等改制之事，但却为武帝的改制奠定了思想和舆论的基础。

汉武帝在"改正朔"的同时，根据"五德终始说"，采纳了公孙臣的论断，认为汉获土德而受命。秦为水德，汉以土德克水德而代秦，乃是"应天承运"。这样就为汉代秦、改易秦制找到了理论根据。

汉既为土德，土黄色，所以易秦尚黑之色而尚黄、衣服、旌旗、车马均以黄色为最尊，这就是"易服色"。与土德相应的数是五，因此"数用五"，如官吏的印章刻文都用五个字，丞相之印文为"丞相之印章"，诸卿及郡守、相印文不足五字者，以"之"字补足。

汉武帝在改正朔、易服色之外，还定官名、协音律、定宗庙百官之仪等，作为国家的定制，永垂后世。

置年号自古帝王未有年号，凡记年皆以元、二、三……记数。如周平王元年、周平王二年，周平王五十一年、秦王政元年，秦王政二年……秦始皇帝二十六年、秦始皇帝二十七年等等。

每个新帝王嗣统，要重新纪年，从元年开始，故称为"改元"。每个帝王的纪年，一贯到底，中间不改。汉文帝受方士新垣平的迷惑，中间改元一次，称前元、后元，开帝王记年改元的先河。景帝改元三次，史家称其记年为前元、中元、后元作为区别。武帝即位以后，因袭父、祖记年的方式，仍以元年、二年、三年……为数。

到了第二十七年时，也就是公元前114年，主管记年的官员向武帝建议道："记年应该根据上天赐降的祥瑞现象来命名年号。不应当以一、二、三累数计算。"

天子受命于天，在他统御天下之年，天不断降祥瑞，是对天子政绩的肯定。以祥瑞命名年号，正是"天人感应"的表现。武帝认为非常在理，欣然采纳了这一建议。

因为在武帝二十五年时，也就是公元前116年于汾阴出土了一个大铜鼎，鼎是王权的象征，武帝认为这是天降祥瑞，所以就将出鼎之年定为元鼎元年，第二十七年则为元鼎三年，也就是公元前114年。由后向前追，将即位以来的记年，分别命以年号。因为自古以来帝王没有年号，初建年号，所以第一个年号曰"建"。

建元共六年，也就是公元前140年至公元前135年。建元六年，也就是公元前135年秋八月，长星见于东方，光长竟天。所以第二年改元，二元曰"光"。元光共六年，也就是公元前134年至公元前129年。

当时汉承秦制，从水德，水德之数为六，六数满则周而复始，因没有明显的"祥瑞"，因此三元曰"朔"。

朔者，始也，言更为初始。元朔共六年，也就是公元前128年至公元前123年。次年，也就是公元前122年冬十月，武帝巡幸雍，祭祀五帝，获得了一只独角兽，有人附会为"白麟"。麟为神兽，它的出现被视为天降祥瑞，所以此年改元，四元曰"狩"。

元狩共六年，也就是公元前122年至公元前117年。五元则曰"鼎"。元鼎共六年，也就是公元前116年至公元前111年。次年，也就是公元前100年夏四月，武帝始登封泰山，所以此年改元，六元曰"封"。

汉武帝刘彻传

元封共六年，也就是公元前110年至公元前105年。次年，也就是公元前104年夏五月，武帝改正朔，初用夏正，以正月为岁首，所以此年改元，七元曰"太初"。

太初共四年，也就是公元前104年至公元前101年。次年，也就是公元前100年第八次改元曰"天汉"。时连年大旱。《诗经·大雅》有《云汉》一诗，赞美周宣王遇旱灾修德勤政而能致雨。所以改年号为"天汉"，以祈求甘雨。

天汉共四年，也就是公元前100年至前97年。

次年，也就是公元前96年第九次改元，曰"太始"。言荡涤天下，与民更始。太始共四年，也就是公元前96年至公元前93年。

次年，也就是公元前92年，第十次改元，曰"征和"。言征伐四夷而天下和平。征和共四年，也就是公元前92年至公元前89年。

次年，也就是公元前88年第十一次改元，曰"后"。后元共二年也就是公元前88年至公元前87年，后元二年二月，武帝死。武帝始创年号，为以后历代皇帝所效法。

注重水利工程建设

刘彻非常注意治水工程建设，这体现在两个方面：一是治理水患，二是兴修水利。他对水利建设有比较深刻的理解。他特别强调说：

> 农，天下之本也。泉流灌，所以育五谷也……故为通沟渎，畜陂泽，所以备旱也……令吏民勉农，尽地利，平繇行水，勿使失时。

汉初六十余年中，黄河比较稳定，仅在汉文帝时期决过一次口，旋即堵塞。元光三年，也就是公元前132年三月，黄河自顿丘改道东南流入渤海。五月，在濮阳瓠子决口，然后移道东南注钜野泽通淮河、泗水，泛滥成灾。瓠子是一条河流的名字，它自今河南濮阳分黄河水东出，经山东鄄城、郓城、梁山、阳谷，至阿城、茌平，东入济水。

这年，黄河水格外狂暴不驯，激流冲破了瓠子附近的大堤，经东南注入兖州的钜野泽，再通往淮河、泗水后入海。遭受水灾的有16个郡，无数的良田被淹，庄稼被毁，人或为鱼鳖。

汉武帝得到消息后，立即下旨："汲黯，朕令你前往河南郡抗汛，不得有误。"

"臣遵旨。"

汲黯奔赴河南郡，只见滔滔河水已经淹没了不少良田，到处是难民逃难，尸横遍野。可是雨还在不停地下，河南郡守束手无策，又不敢开仓赈灾。汲黯派士卒筑堤防洪，他汗涔涔地来到郡府，要郡守开仓赈灾。

郡守不敢，说道："这是国库，没有皇上旨令，谁敢开仓，这是要杀头的啊。"

汲黯正色道："看这么多饥民，再不开仓全饿死了怎么办？"

可这郡守还是不肯开仓救人。汲黯万分焦急，于是急中生智，想了个办法，随即朝国仓门口对郡守高呼："圣旨到，河南郡守接旨。"

河南郡守听到"圣旨"两个字立马便下跪接旨。这样一来，郡守只得开仓放粮，灾民们忙排队领取粟米。

汲黯高声说："灾民们，皇上体恤百姓，特开仓放赈。"

灾民们都异口同声地感谢皇上。被施救的灾民们为了感谢皇上的体恤，都参与到了河岸筑堤防洪的队伍当中。然而，大雨愈下愈大，没过多久，好不容易才堵住的河堤，再次被汹涌的浪涛冲毁。眼看河水就要进城，汲黯忙派人连夜进京向皇帝告急。

汉武帝得知后浓眉紧皱，高声说："传朕旨意，升殿议事。"

朝堂之上，汉武帝严肃地说："朕接到急报，河南郡黄河将决口，形势万分险恶，水将进城，万千百姓危在旦夕，朕决定亲率10万士卒奔赴决口处与河水抗争。"

在场的大臣们听到皇上要亲自参与河水治理，忙出来劝阻："圣上，万万不可亲赴河堤，太危险了。"

可是汉武帝坚定不移地说："朕意已决，朕亲率10万将士，明日就出发，朝廷之事由宰相代理。"

这位当时已经47岁的皇帝，顾不上鞍马劳顿，率领着群臣百官来到瓠子决口。面对着浩浩荡荡的黄河水，武帝虔诚地默祷，下令牵来一匹白马，取来一对洁白的玉璧，投入大河的激流之中，表示对河神的敬意。武帝沉吟片刻，写下了著名的《瓠子歌》：

> 瓠子决兮将奈何？浩浩洋洋兮虑殚为河。
>
> 殚为河兮地不得宁，功无已时兮吾山平。
>
> 吾山平兮钜野溢，鱼弗郁兮柏冬日。……
>
> 为我谓河伯兮何不仁，泛滥不止兮愁吾人！……
>
> 河汤汤兮激潺湲，北渡回兮迅流难。
>
> 搴长筊兮湛美玉，河公许兮薪不属。
>
> 薪不属兮卫人罪，烧萧条兮噫乎何以御水！
>
> 颓林竹兮楗石菑，宣防塞兮万福来。

汉武帝刘彻传

汉武帝非常感慨而又虔诚地祷告祈求：河公啊河公，你为何没有仁爱恻隐之心？你不断地泛滥成灾，使我竭尽了思虑而无能为力。他诚挚地请求河神，赶快让黄河水停止咆哮。他告诉河神，我已投玉沉水，杀马祭河，希望河水宽恕这一带居民的罪过，赐予我们万福。

为了堵决成功，为了感动河神，汉武帝命令官自将军以下全部参加堵塞决口的工程。他注意到东郡地区的百姓弋烧柴草，修筑堤坝必需的树木藁草不足取用，令全军砍卫地淇园之竹，作为塞河工程减缓水流速度的"楗"，以连接竹编的"石"、草包实土，逐次增加密实程度，终于堵塞住决口。

这是一场人与大自然的激烈战斗。当地的树干、柴薪很快用完，堵决如救火，汉武帝下令把附近离宫淇园里的竹林全部砍伐，以代树薪。群臣百姓为这一行动所感动，人心大振，更加奋勇地投入了对洪水的斗争。

在武帝亲自指挥下，奔腾咆哮的黄河水终于被制服。经受了20多年水淹之苦的广大地区，消除了水灾。武帝显得非常兴奋，眼望东流而去的黄河水，认为是自己的虔诚感动了河神。

于是下令，在瓠子合垄处的大堤上，建造一座宫殿，赐名为"宣防"。这殿名来自《瓠子歌》中的一句："宣防塞兮万福来"，含有防范洪水、祈求万福之意。也是想用这个水利工程向天下人证明自己确实完成了"复禹旧迹"的使命。

黄河终于恢复故道。武帝又命由瓠子引黄河水北开二渠。这以后，梁、楚之地再不受河灾了。武帝还治理陕西的褒水、斜水，在两水之间作长五百余里的褒斜道。

武帝亲临瓠子治河，有很大的象征意义和号召性，水利灌溉事业因此普遍展开，迅速发展。

司马迁曾在《河渠书》中写道：

> 自是之后，用事者争言之利。朔方、西河、河西、酒泉皆引河及川谷以溉田。而关中灵轵、成国、渠引诸川，汝南、九江引淮，东海引钜定，泰山下引汶水。皆穿渠为溉田，各万余顷。它小渠及陂山通道者，不可胜言也。

因此，武帝兴修水利有明显的经济目的。一是要便利漕运，损漕省卒。二是灌溉民田，增加土地肥力，改善生产条件。三是备旱消灾防灾。

郑当时开渭渠的建议说得很清楚：

> 异时关东漕粟从渭中上，度六月而罢，而漕水道900多里，时有难处。引渭穿渠起长安，并南山下，至河三百余里，径，易漕，度可令三月罢；而渠下民田万余顷，又可得以溉田：此损漕省卒，而益肥关中之地，得谷。

元鼎六年，也就是公元前111年，左内史倪宽奏请穿凿六辅渠，汉武帝说："农，天下之本也。泉流灌，所以育五谷也。左、右内史地，名山川原甚众，细民未知其利，故为通沟渎，畜陂泽，所以备旱也。……令吏民勉农，尽地利，平繇行水，勿使失时。"

汉武帝所说的吏民勉农，事实上是要稳定和巩固小农经济，发展全社会的农业生产，并使小农勤于耕织，安土重迁，不致饥贫破产，卖妻鬻子，成为流民，亡逃山林。

汉武帝之所以很重视治水，除了出于顺行天意的传统观念，更重要的是他对水利所具的国计民生意义的认识。经过这次治理，此后80多年黄河未发生大水灾。这种由政府组织、皇帝亲临工地直接指挥的治理黄河工程，是历史上的第一次，它是武帝一生中的丰功伟绩之一。

汉武帝在关中地区还开凿了许多水渠，运送漕粮，灌溉农田，元光六年，也就是公元前129年，汉武帝批准大司农郑当时的建议，沿秦岭北麓开凿人工运河漕渠，并令水工徐伯主持修建，漕渠与渭河平行，使潼关到长安的水路运输的时间大量缩短。

汉武帝刘彻传

漕渠汉代的起点是从昆明池经昆明渠流经西安北郊河止西、沟上村，穿过灞河，经新筑镇、新丰镇、渭南、华县到华阴市北进入渭河，全长300里。不仅减少了漕运的时间，还可以灌田一万余顷。

在开凿漕渠的同时，有个叫严熊的人，他上书汉武帝，建议修渠引洛水灌溉今陕西蒲城、大荔一带万余顷旱地。汉武帝采用了他的建议，征发民工万余人，修凿龙首渠，自征引洛水经商颜山南行至临晋。因商颜山一带土质疏松，渠岸易崩，水工便在地面每隔一段距离凿一井，深者40余丈，使井下渠道相通、形成一条长达10余里的井渠，使井下相通行水。因为这条渠在开凿时曾挖出了龙骨化石，因此，把它称作为龙首渠。工程历时10余年才完成。

龙首渠的以井通渠，是我国古代水利工程中的一项创举。龙首渠引洛水灌溉重泉以东的田地，改变了因缺水而低产的状况，据估计每亩大约可产谷十石。

元鼎四年，也就是公元前113年，倪宽迁升为"左内史"之职。负责治理京城长安所在的关中地区民政。倪宽在任期间，以儒家道德教化民众，采取了一系列奖励农业的措施并且缓解了刑罚，重新清理了狱讼案件，选用了当时一些仁厚的人，体察民情，做事讲究实事求是，不务虚名。因此，深得关中地区民众拥戴。

关中地区，在秦时修建了郑国渠，两岸农民深得灌溉之利，土地肥沃，田赋是第一等的，是汉朝赋税的重要来源之一。倪宽了解到，郑国渠上游南岸高卯之田仍然十年九旱。汉朝初年，这里"百亩之收，不过百石"，仍有一部分人民衣食不足。倪宽首倡开凿六辅渠。

得到汉武帝的同意后，倪宽征发民工，在郑国渠上修筑了六条渠道，史称"六辅渠"，使两岸高卯之地得到灌溉，原来的郑国渠发挥了更大的效益。为了做到避免纠纷、合理用水、上下游兼顾，又制定和颁布了"水令"，使人民按令用水，上下相安。

很快使关中地区出现农业丰收，经济繁荣的局面。倪宽十分关心民间疾苦，收缴租税的时候，对一些丰歉不同的地区和农户进行适当调整，对一些贫弱户和因故不能及时缴纳的可以延缓和减免，因而赋税征收速度较慢。后来，因军务用粮紧急，朝廷令左内史征收赋税。

于是，大户赶牛套车，小户担挑背负，交粮路上人车连绵不绝。结果，赋税任务不但没有落后，反而成为完成最快最好的。汉武帝愈加惊奇倪宽的才能。

汉武帝为了督促各地官员都重视兴修水利，发展农业生产，特意下诏表彰倪宽。诏令说：

农为天下之本，有泉流灌溉，才能生育五谷。左右内史所辖的地区，名山川原众多，应当予以充分利用，在这里通沟渠，蓄水源，可以预防旱灾。今内史辖区内的水稻，田租太重，要酌量减轻。官吏百姓应当努力务农，发挥土地的潜力，公平地任用共同的来源，千万不要误了农时。

这个诏书，表明了武帝对农业的重视，也道出了他兴修水利工程的目的是在于发展农业生产。

太始二年，也就是公元前95年，时郑国渠竣已逾百年，多年失修，效益大减，长安粮荒严重。于是，赵中大夫白公复奏请穿渠引水。该工程首起谷口，尾入栎阳，长200里，溉田4万余顷。为纪念白公功绩该渠被命名为"白公渠"，后称"郑白渠"，泾阳县百姓习称"白渠"。为当地农业带来了巨大的效益。当地流传的民谚说：

> 田于何所？池阳、谷口。"郑国"在前，"白渠"起后。举为云，决渠为雨。泾水一石，其泥数斗。且溉且粪，长我禾黍。衣食京师，亿万之口。

白公渠使用寿命从公元前95年到公元1106年，是引泾诸渠中使用最久的一条。班固曾经在《西都赋》中说："郑白之沃，衣食之源。"

除此之外，在关中地区的水利工程还有灵轵渠、成国渠、漳渠等等。水渠纵横交错，形成一个广大的灌溉网，对关中地区的农业发展发挥了巨大作用。

汉武帝时期的水利工程并不仅限于关中和关东地区，而且还推广到新疆、宁夏、内蒙、云南等最边远的地区，使当时的人均占有溉田面积约0.4亩。武帝一朝开发并受益的大中型农业灌溉水利工程，大约占秦至两汉400年间全部水利工程总量的50%。

大力兴建土木工程

汉高帝时期，先把秦的离宫兴乐宫改建为长乐宫，后来又在长乐宫以西建筑了未央宫，在未央宫以北草创了北宫，在长乐与未央之间是长安军械大库所在地，称武库。到惠帝时，长安城墙才基本完成修筑，并建立西市。

早期的国都长安，只利用秦时的旧宫加以改造，并以此为基础加以配套工程完善，从东到西，太仓、长乐宫、武库和未央宫，形成一横排的大小建筑群，布局也都是坐西朝东，加上惠帝时期的城墙，基本上形成了早期长安的规模。

当时长安城内，南部和中部除了宫殿外，还有宗庙从中央官署、三辅官署及各种仓库，这样一来，城中所剩余空间就已经很小了。加之诸侯、大臣、官豪的住宅、长安城内就没有什么空地。因此，后来长安的发展，逐渐越出惠帝城墙的界限，开始向外发展，这样一来，早期长安逐步成为广义长安的内城。长安城的扩建，与当时帝国政治经济的恢复、发展是密不可分的。

建章宫是汉武帝时期建造的一个大型宫殿群，性质上虽属于离宫，但日后也都逐步具有政治性办公职能。它位于长安城西，在直城门外的上林苑内，其宫殿楼台之多，远非长乐、未央所能比拟，号称"千门万户"。

据说，汉武帝修建建章宫的理由是源于一场宫廷火灾和一个荒诞不经的南方风俗。太初元年，也就是公元前104年，未央宫附近有名的柏梁台失火被焚。

事后有一个南粤巫师站出来告诉汉武帝，她说："要是在他的老家，失火之后要建一座比失火建筑更大、更华丽的建筑将火魔活活气死后，就可保平安无事。"

汉武帝刘彻传

汉武帝听完这话，便信以为真。于是便在太初元年，也就是公元前104年开始兴建建章宫。由于其设计规模宏大，加之长安故城中用地紧张，因此选址在故城以西。实际上，汉武帝是把建章宫当成他的新皇宫来兴建的。

从建章宫的布局来看，从正门圆阙、玉堂、建章前殿和天梁宫形成一条中轴线，其他宫室分布在左右，全部围以阁道。宫城内北部为太液池，筑有三神山，宫城西面为唐中庭、唐中池。

中轴线上有多重门、阙，正门曰阊阖，也叫璧门，高25丈，是城关式建筑。后为玉堂，建台上。屋顶上有铜凤，高五尺，饰黄金，下有转枢，可随风转动。

在璧门北，其左有别凤阙，其右有井干楼。进圆阙门内200步，最后到达建在高台上的建章前殿，气魄十分雄伟。宫城中还分布众多不同组合的殿堂建筑。

璧门之西有神明台，它是建章宫中最为壮观的建筑物。武帝好神仙求长生，与秦始皇相比，有过之而无不及，在宫殿建筑上当然也时时不忘表达对神仙的向往、仰慕。在虔诚祈祷、顶礼膜拜的同时，他专门建立求仙用的宫殿设施，可谓费尽心机。

神明台高达50丈，台上有铜铸的仙人，仙人手掌有7围之大，至于仙人之巨大可想而知。仙人手托一个直径27丈的大铜盘，盘内有一巨型玉杯，用玉杯承接空中的露水，故名"承露盘"。

汉武帝以为喝了玉杯中的露水就是喝了天赐的"琼浆玉液"，久服益寿成仙。神明台上除"承露盘"外，还设有九室，象征九天。常住道士、巫师百余人。巫师们说，在高入九天的神明台上可和神仙为邻通话。

神明台保持了300多年，魏文帝曹丕在位时，承露盘尚在。文帝想把它搬到洛阳。搬动时因铜盘过大而折断，断声远传数十里。铜盘勉强搬到灞河边，因太重再也无法向前挪动而弃置，后不知所终。

神明台历经2000多年风吹雨打，至今只余千疮百孔的夯土台基，立于台上观赏，仍可遐想"立修基之仙掌，承云表之清露"的古汉风韵。

建章宫北为太液池。在《三辅黄图》卷四中记载：

> 太液池，在长安故城西，建章宫北，未央宫西南。太液者，言其津润所及广也。

太液池位于建章宫前殿西北，象征北海，占地10顷，是渠引昆明池水而形成的一个范围宽广的人工湖。遗址在三桥镇高堡子、低堡子村西北一片洼地处。

池北岸有人工雕刻而成长3丈、高5尺的大石鲸，西岸有6尺长的石鳖3枚，另有各种石雕的鱼龙、奇禽、异兽等。池中建有高达20余丈的渐台。

为了求神祈仙，汉武帝还在池中筑有三座假山，以像东海中的瀛洲、蓬莱、方丈三座神山。

《西京赋》中说："神山峨峨，列瀛洲与方丈，夹蓬莱而骈罗。"

《拾遗记》中说："此山上广中狭下方，皆如工制，犹华山之似削成。"太液池岸边湖中，有各种动植物。

《西京杂记》卷一中记载：

> 太液池边皆是雕胡、紫萚、绿节之类，其间凫雏雁子，布满充积，又多紫龟绿龟；池边多平沙，沙上鹈鹕、鹧鸪、鵁鶄、鸿鹢动辄成群。

《汉书·昭帝纪》中记载，始元元年，也就是公元前86年春二月，有"黄鹄下建章宫太液池中"。汉昭帝为此作歌云：

> 黄鹄飞兮下建章，羽肃肃兮行跄跄，金为衣兮菊为裳；唼喋荷行，出入蒹葭，自顾菲薄，愧尔嘉祥。

汉武帝刘彻传

太液池湖光水色，山水相映，景色宜人，是建章宫中著名的风景区。池中置有鸣鹤舟、容与舟、清旷舟、采菱舟、越女舟等各种游船。汉成帝常在秋高气爽之季与后妃赵飞燕泛舟戏游于湖中。太液池作为一个大的人工湖，为建章宫提供了大量蓄水。

太液池三神山源于神仙传说，据之创作了浮于大海般巨浸的悠悠烟水之上，水光山色，相映成趣；岸边满布水生植物，平沙上禽鸟成群，生意盎然，开后世自然山水宫苑的先河遗憾的是，这座宫殿于西汉末年毁于战火，但至今遗址犹存。

建章宫中的这些建筑，较利用龙首塬建成的长乐、未央二宫更为高大雄伟。在汉武帝看来，这座新皇宫才能与他雄才大略相匹配，才可以作为他丰功伟绩、国家繁荣昌盛的标志。因此建章宫落成后，武帝索性把皇宫搬了进去，他统治后期大部分时光也都是在这里度过的。

在兴建建章宫的同时，对长安故城的修缮、改造工程也在大规模地进行。长安故城南部由于长乐、未央两宫占地已经用尽，连两宫之间都建立了武库，因此，新的工程多半在北部进行。

其中新建明光宫、桂宫及对北工的改建工程最为浩大。汉武帝一代长安风貌之特色也大致体现在这一区域中。汉武帝太初四年，也就是公元前101年秋，在长乐宫北原北宫属地中兴建了明光宫。

明光宫要比长乐宫小，但与未央宫规模相当，甚至较大一些。它的具体地点不清楚，一般认为其地望当年在清明门大街以北，宣平门大街以南，安门大街以东，东城墙以西范围之内。根据班固的《西都赋》和张衡的《西京赋》所说，明光宫与长乐宫、桂宫以及未央宫之间皆有阁道相连。构成一个信息通畅、联系便利的整体。

在修建过程中，明光宫继承和借鉴了以前宫殿雄伟、富丽的特点，同时也在设计上作了大胆突破：殿宇高大，多柱而少墙，采光条件好，空气流动通畅，穿行殿中虽酷暑也不觉热，视野开阔，登殿台可望渭河，西临西市、东市，长安富庶可尽收眼底，是武帝在长安城中消闲避暑的好去处。

明光宫东部与城垣相抵，有宣平门、清明门两大城门与城外相通。宣平门也叫作东都门，是长安故城东北方向的城门，与宣平门相通的大道，即是明光宫的北界。清明门是故城东出第二门，由于此外也设有藉田仓，因此又称藉田门。这里所通大道是明光宫的南界。

而修建的原因，在《三辅黄图》中记载：

武帝求仙起明光宫，发燕赵美女二千人充之。

这说明，明光宫是当时宫中美女的集结地。汉武帝去世以后，明光宫就逐渐变得萧条了。

而桂宫修建于太初四年，也就是公元前101年，又称"四宝宫"。

桂宫位于长安城西部，在未央宫以北偏西，与北宫相邻。南邻直城门大街，东以横门大街与北宫相望。其规模较长乐、未央等宫要小。桂宫宫城平面矩形，东西宽800米，南北长1800米。

宫中主要建筑有龙楼门、鸿宁殿及明光殿、走狗台等。有阁道南通未央宫，西接建章宫神明台。

班固在《西都赋》中记载:

　　自未央而连桂宫,北弥明光而亘长乐,凌隥道而超西墉,挻建章而连外属。

桂宫是汉武帝时期后妃居住生活的宫殿,建筑十分奢华,《西京杂记》卷二记载:

　　武帝为七宝床,杂宝桉,厕宝屏风,列宝帐,设于桂宫,时人谓为四宝宫。

鸿宁殿是桂宫中的正殿,后来逐渐成为后妃的私人居处,汉武帝的傅昭仪就曾长住此殿,到哀帝建平三年正月,鸿宁殿毁于火灾,以后再没恢复过。

北宫最早似应是长安城北部宫殿群的一个泛称。但随着新建各宫范围的逐步确立,北宫的实际范围也渐渐缩小,并最终成为一组固定宫殿的名称。这与西汉其他宫殿均有正名是不一样的。北宫是长安诸宫中唯一以方位命名的宫殿。

北宫位于汉长安城未央宫东北、桂宫以东,在今六村堡乡袁家堡一带。在《三辅黄图》卷二中记载:

　　北宫,在长安城中,近桂宫,俱在未央宫北,周回四十里。高帝时制度草创,孝武增修之。

北宫建筑富丽堂皇,宫中有"珠帘玉户如桂宫"的前殿,还有用以供奉和举行祭祀神仙活动的寿宫与神仙宫,以及皇太子居住的太子宫、甲观、丙殿、画堂等。北宫与未央宫之间,以紫房复道相通。

北宫主要作为后妃的宫殿,大多是居住一些被皇帝废除或是被贬的后妃。西汉初年，吕太后去世之后，诸吕势力被翦，孝惠张皇后被废处北宫。哀帝去世后，王莽贬皇太后赵氏，也徙居于北宫。

汉武帝时期，在大兴土木筹建新宫的过程中对北宫进行了大规模增修。这些增修多半也是侧重于内部装潢、修饰。与桂宫不同，北宫用以供奉、祭祀、求仙的成分更多。

北宫之中建有神仙宫、寿宫，其"张羽旗，设供具，以礼神君"。为使神君到来能让人尽快发现，宫中广布帷帐，可是吹动这些帐幕的却是北边渭河一带的潮湿的空气，而不是武帝所企望的神气仙风。

北宫中还建有专供皇太子所居的宫殿，及其附属建筑丙殿、甲观、画堂等。太子居住、学习、听讲、受诏大都在这个地方。

上林苑是中国秦汉时期的皇家园林，始建于秦始皇时期。据《史记·秦始皇本纪》记载：

> 秦始皇二十六年，也就是公元前221年，秦灭六国后，徙天下富豪于咸阳十二万户。诸庙及章台、上林皆在渭南；十年后，也就是秦始皇三十五年，乃作朝宫渭南上林苑中，先作前殿阿房。

这些记载，为我们提供了上林苑在咸阳渭河之南和阿房宫在上林苑中这两个依据。此后，史籍中便没有新的说法。

而上林苑的扩建，始于汉武帝时期。建元三年，也就是公元前138年，汉武帝命太中大夫吾丘寿王在今三桥镇以南、终南山以北、周至以东、曲江池以西的范围内，开始扩建上林苑，并偿征收这个范围内民间的全部耕地和草地，用以修建苑内的各种景观。

后来，上林苑又进一步向东部和北部扩展：北部扩至渭河北，东部扩至浐、灞以东，形成了前所未有的规模，进入了它的鼎盛时期。

上林苑地跨长安、咸阳、周至、户县、蓝田五县境，纵横300里，南部是由今蓝田的焦岱镇开始，向西经长安的曲江池、樊川，沿终南山北麓西至周至；北部是兴平的渭河北岸，沿渭河向东。有灞、浐、泾、渭、沣、镐、牢、橘八水出入其中。在司马相如的《上林赋》中记载：

> 终始灞浐、出入泾渭。沣镐涝潏，纡馀委蛇，经营乎其内。荡荡乎八川，分流相背而异态。东西南北，驰骛往来。

由此可见，上林苑是依据水系为划定范围的。灞、浐二水自始至终不出上林苑；泾、渭二水从苑外流入又从苑内流出；沣、镐、涝、潏四水迂回曲折，周旋于苑中。

《羽猎赋》中记载：

> 武帝广开上林，东南至宜春、鼎湖、御宿、昆吾；旁南山，西至长杨、五柞；北绕黄山，滨渭而东。周袤数百里。

这里是依据周边宫观的位置为上林苑划的界限，而且范围的界定比《上林赋》中的表述更明晰。究其原因主要是：司马相如与汉武帝虽是同代人，但比武帝年长23岁，在武帝执政中期，也就是公元前118年就已谢世；他写《上林赋》时，上林苑正处在扩展时期，因此依据水系界定自有道理。

而扬雄处于西汉晚期，他的《羽猎赋》比《上林赋》要晚大约100年，而且是在随从汉成帝游猎上林苑、身临其境的情况下写成的，这时上林苑规模早已定型，因而赋中所划界限便更为具体。

按照《羽猎赋》划定的界线，上林苑的南部是由今蓝田的焦岱镇开始，北部是由兴平的渭河北岸，沿渭河之滨向东。

《羽猎赋》对上林苑的划界虽比《上林赋》更为明晰，但却存在两个疑点：一是"北绕黄山，滨渭而东"，东到何处，指向不明；二是"周袤数百里"，数百里是多少，长度不清。所幸的是，这两个疑点却在后来班固的《西都赋》和张衡的《西京赋》里得到了回答。

班固的《西都赋》上说：上林苑"缭以周墙，四百余里"；张衡的《西京赋》上说：

> 上林禁苑，跨谷弥阜。东至鼎湖，邪界细柳。掩长杨而联
> 五柞，绕黄山而款牛首。缭垣绵联，四百余里。

这两段记述，正好解决了上述两个疑点：第一，用"邪界细柳"四个字，划出了黄山宫以东的上林苑的界线，也就是从细柳沿汉长安城南，向东南至鼎湖所划定的一条斜线。第二，所谓"四百余里"，相对于《羽猎赋》来说，上林苑的范围有了一个量的概数，无疑也是一大贡献。

由此观之，上林苑的规模，以现今的区域度量，应是地跨蓝田、长安、户县、周至、兴平五个县和西安、咸阳的两个市区。东起蓝田焦岱镇，西到周至东南19公里的五柞宫遗址，直线长约100公里；南起五柞宫，北到兴平境内的黄山宫，直线长约25公里；总面积约2500平方公里。减去40平方公里的汉长安城面积之后，上林苑的实际面积约为2460平方公里。这样宏大的规模，是中国历代王朝的皇家园林无法逾越的。

上林苑设置，根据《汉书·旧仪》记载：

> 苑中养百兽，天子春秋射猎苑中，取兽无数。其中离宫
> 七十所，容千骑万乘。

由此可见，上林苑仍保存着射猎游乐的传统，汉武帝每次去上林苑，必前呼后拥，如众星捧月一般，场面壮观。打猎时飞鹰走狗，驰马射猎，汉武帝亲自上阵一试身手，甚至赤手抓捣野兽。但主要的设置已是宫室建筑和园池。

根据《关中记》记载，上林苑中有36苑、12宫、35观。36苑中有供游憩的宜春苑，供御人止宿的御宿苑，为太子设置招宾客的思贤苑、博

望苑等。

上林苑中有大型宫城建章宫，还有一些各有用途的宫、观建筑。如演奏音乐和唱曲的宣曲宫；观看赛狗、赛马和观赏鱼鸟的犬台宫、走狗观、走马观、鱼鸟观；饲养和观赏大象的观象观；观赏白鹿的白鹿观；引种西域葡萄的葡萄宫和养南方奇花异木如菖蒲、山姜、桂、龙眼、荔枝、槟榔、橄榄、柑桔之类的扶荔宫；角抵表演场所平乐观；养蚕的茧观；还有承光宫、储元宫、阳禄观、阳德观、鼎郊观、三爵观等。

上林苑中还有许多池沼，见于记载的有昆明池、镐池、祀池、麋池、牛首池、蒯池、积草池、东陂池、当路池、太液池、郎池等。

上林苑地域辽阔，地形复杂，有极为丰富的天然植被和人工种植的树木。近旁豢养百兽，放逐各处。还设大量台观建筑及供应皇室所需的手工作坊。

汉武帝刘彻传

秦汉的上林苑，用太液池所挖土堆成岛，象征东海神山，开创了人为造山的先例。但是，上林苑历经昭、宣二帝之后，到元帝时，因朝廷不堪重负而裁撤了管理上林苑的官员，同时把宜春苑所占的池、田发还给了贫民使用。

成帝时，又将"三垂"的苑地划给了平民。西汉末年，王莽于地皇元年，也就是公元前20年，拆毁了上林苑中的十余处宫馆，取其材瓦，营造了九处宗庙；接踵而来的又是王莽政权与赤眉义军争夺都城的战火，使上林苑遭受了毁灭性的劫难。

《西都赋》中说道："徒观迹于旧墟，闻之乎故老"，说明东汉初期班固在写《西都赋》时，上林苑已是一片废墟了。上林苑自秦至西汉，在中国历史上大约存在了240多年。

在扩建、经营上林苑的过程中，有一件事情或多或少与当时的政治征伐有些关系，这便是昆明池的开凿。昆明池是汉武帝元狩四年，也就是公元前119年所凿，在长安西南，周长40里，列观环之，又造楼船高十余丈，上插旗帜，十分壮观。

据《史记·平准书》和《关中记》，修昆明池是用来训练水军。元

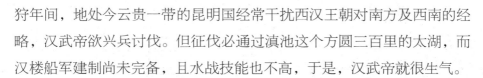

狩年间，地处今云贵一带的昆明国经常干扰西汉王朝对南方及西南的经略，汉武帝欲兴兵讨伐。但征伐必通过滇池这个方圆三百里的太湖，而汉楼船军建制尚未完备，且水战技能也不高，于是，汉武帝就很生气。

于是诏令加紧训练水军，同时又在上林苑中划出一块旧沼地，动工开凿一个模拟滇池的人工湖泊。第一，可以看看究竟是什么天险能够阻挡武帝天兵；第二，则可以通过演习，检验水军的训练成果。

元狩三年，也就是公元前120年昆明池正式开工，地址就选在上林苑内距长安西门30里外。那时，汉武帝听说这个地方是原来周王朝的"灵诏"所在地，这里的地势低洼，水量较小。开凿昆明池所动用的劳役是从陇西北、上郡一带的戍卒中选取一半为主体，另外又征发了被贬谪的官吏，数量很庞大。

工程主要目的在于拓宽加深"灵诏"，并扩其地以像滇池。由其水附近有"上林八水"中的四条：沣河、滈河、潏水、皂水，且其水量丰富，可以通船，这样就保证了昆明池的水源供应，因此不久便建成了一个景色迷人的大型人工湖泊。

据说，汉武帝挖掘昆明池，挖到很深的地方，全是灰墨，不再有泥土。整个朝廷的人都不能解释这种现象，汉武帝就把它拿来询问东方朔。

东方朔说："我笨得很，凭我的见识还不能够知道它是怎么回事。皇上可以去问问西域来的人。"

汉武帝因为东方朔都不知道，所以很难再拿它来问别人了。到东汉明帝的时候，西域的僧人来到洛阳。当时有人回想东方朔的话，就尝试用汉武帝时出现灰墨的事来问他。

那僧人说："佛经上说，'天地在大劫将要结束的时候，就会有毁灭世界的大火燃烧。'这灰墨是那大火烧下来的余烬。"人们才知道东方朔的话是有一定意图的。

在《三辅旧事》中记载着昆明池，说它有332顷，池中有戈船数十艘，楼船一百艘，船上立戈矛，四角皆幡旄葆麾。

《三辅旧图》中提到上林苑中的昆明池，周围40里。还说，昆明池中有豫章台，还有石刻的石鲸。石鲸的长度为3丈，一遇雷雨，石鲸常吼叫，鬐尾皆动。汉代祭这个石鲸以求雨，往往灵验。另有一说，甘泉宫南面有昆明池，池中建有波殿，以桂为殿柱，风一吹来，自己就放香气。又说池中有龙首船，常使宫女在池中泛舟，张凤盖，建华旗，作棹歌，杂以鼓吹奏乐，皇帝亲临豫定观看泛舟，听音乐。

在池的东西两岸立牵牛、织女的石像。上林苑中不仅天然植被丰富，初修时群臣还从远方各献名果异树2000余种。

《三秦记》中记载：昆明池中有灵沼，名为神池，尧帝治水时曾于此停泊船只。池与白鹿原相通。白鹿原有人钓鱼，鱼拉断钓线连钩一同带着逃走了。

汉武帝夜里梦见有条鱼求他把钩摘下去，第二天在池上游玩时看见一条大鱼嘴上挂着钩，连着线，就摘去钩和线，把大鱼放走了。过了三天，汉武帝又在池上游玩，在池边上得到了一对明珠，武帝说这是那条鱼报恩来了吧。镐池在昆明池的北面，该地为周朝的故都。

由于水质清澈，川流不息，昆明池实际上对解决长安城的供水问题起了重大作用。长安城历经汉唐两代繁华，其水资源丰富，昆明池功不可没。因此，当其最早用作水军训练的功能消失后，历代皇帝仍不断对昆明池及其泄水道、引水渠加以疏浚。因此得以水盛不衰。

历时多年兴修茂陵

相传，汉武帝即位不久之后。有一次，他打猎经过茂陵这个地方，被这里的风水吸引。正当他称赞的时候，有一只麒麟状的动物跑过来，他马上拉弓搭箭，利箭呼啸而出。可是，结果却出乎意料，那只麒麟状的动物不见了，更令汉武帝吃惊的是，从那只麒麟状动物消失的地方，长出了一棵长生果树。汉武帝对此更是费解不已。于是，他马上找来当地的风水大师询问。

风水大师来到汉武帝打猎的地方，看到此处土地平旷，绵延不尽，南望秦岭，北依群山，莽山北横，渭水东流，气象开阔，气脉极佳。于是，风水大师立即惊呼："此地气息所集，风水乃千百年来第一吉壤，而且又与渭北诸陵连成一体，则西、北龙脉相连。另外，此地'土'大盛，您名字里的'彻'中间有土，居于此，可居中以震四方。"

汉武帝听后龙颜大悦。于是下令在此修建寿陵。由于此地原属汉时槐里县的茂乡，所以称之为"茂陵"。

事实上，在我国的秦汉时期，厚葬之风便开始盛行。在"侍死如奉生"意识支配下，上自皇帝、诸侯，下至官吏、豪强，对于人生仪礼的这最后一幕都极尽奢华之能事。千古一帝秦始皇陵墓之巨大、规模之惊人自不待言。

秦始皇即位的时候才13岁，就开始穿凿骊山，为自己营建陵墓。当秦始皇统一六国以后，他更是好大喜功，在兴修阿房宫的同时，又令丞相李斯从全国调集了70万的人力，加紧了对陵墓的修建。

到了西汉时期，帝王在陵寝建设上也都各自耗以量资，役使劳工无数。汉武帝时期是西汉国力鼎盛之秋，厚葬之风最炽。对于这位一生求仙不得、乞长生不能的大汉天子来说，怎样确保自己在另外一个世界仍能随享至权威仪、豪奢荣华，始终是最为重要的个人问题。

汉武帝好大喜功的生性，使其陵墓茂陵及附属建筑的规格所耗费的资财、人力都达到了一个惊人的规模，它是汉代帝王陵墓中规模最大、修造时间最长、陪葬品最丰富的一座。因为陵体高大宏伟，形为方锥，有"东方金字塔"之称。

建元二年，也就是公元前139年，汉武帝征募工匠、徭役数万人，在槐里县茂乡开始修建茂陵。动工后不久，为了圈定陵园地域，按照先帝惯例，升寿陵所在地为县制，由中央有关部门直接管辖，以便于工程运营、管理。

汉武帝寿陵选址在当时的槐里县茂乡，因此茂乡就成为中央专区，并升格为县，以其名为茂陵，治所设在主陵区东北，称作"茂陵邑"。与其说是皇帝寿陵的特辖专区，倒不如说是负责建陵工程官员们的临时驻地，这样使得茂陵工程有条不紊地进行着。

但是，由于工程量较大，周期又长，不但经费庞大，那些被征发来的民众苦不堪言，诸多官员及其家属长期居住在这也很辛苦。因此，有关大臣不断上书向汉武帝反映这种情形，希望得到汉武帝的重视及关照。当时的汉武帝却正为日益严重的"地方豪强"势力膨胀而忧心忡忡。而且还有一部分退职返乡的官吏也与地方势力勾结，聚任侠之徒，结党营私，出门前簇后拥就有上千人，气势比地方官都大。

与此形成鲜明对比的却是由于天灾人祸，广大下层农民的大批破产与流亡。政府有关部门三令五申、严刑峻法，又广施赈济，并且多次组织贫民转移到边郡，但贫富分化、豪强坐大的形势仍然没有得到根本性扭转。由豪强横暴而引发的社会矛盾尖锐，已显现出其对武帝统治极为不利的征兆。

这时，一向以善于处置中央与地方关系的中大夫主父偃也认识到问题的严重性，这次他又借修建陵邑的事情向汉武帝进言："茂陵初立，天下豪杰并兼之家，乱众之民，皆可徒茂陵，内实京师，外销奸滑，此所谓不诛而害除。"

一番话，使得汉武帝豁然开朗，既可以为建陵、守陵建立一个稳定而充实的供给基地，又可以不动声色地使那些目中无人的地方豪强们彻底脱离其称王称霸的乐土。于是，汉武帝马上颁布诏书，采纳主父偃的意见，下达了关于强制移居的命令。

汉武帝曾经三次徙民于茂陵邑，所徙居民为全国各地的豪杰，官吏和家产300万以上的家族。茂陵邑中聚集了当时天下一大批富翁。如挚氏"为天下高訾"，袁氏的家僮多达千人，马氏"资产巨亿"。茂陵的特殊地位，吸收了当时一大批社会著名人士，如董仲舒、司马相如、司马迁等都家居茂陵。

对于茂陵的营建，耗资很大。《晋书·索綝传》记载：

> 汉天子即位一年而为陵，天下贡赋三分之一，一供宗庙，
> 一供宾客，一充山陵。

也就是说，汉武帝动用全国赋税总额的三分之一，作为建陵和征集随葬物品的费用。建陵时曾从各地征调建筑工匠、艺术大师3000余人。其规模之大，建筑之豪华，随葬品之丰厚，都大大超过西汉诸陵。

茂陵总体呈方形，是汉兴厚葬的典型。

第一是梓宫，茂陵的梓宫，是五棺二椁，五层棺木，是放在墓穴后部椁室正中的棺床上。墓室后半部是一椁室，它有两层，内层以扁平立木叠成"门"形，南面是缺口；外层是黄肠题凑。其五棺所用木料，是楸、檫和楠木，三种木料，质地坚细，均耐潮湿，防腐朽性强。

第二是黄肠题凑，所谓"黄肠题凑"，"以柏木黄心，致累棺外，故曰黄肠。木头皆内向，故曰题凑"。据史籍载：天子死后，所作黄肠题凑，表面打磨光滑，颇费人工，要由长90厘米，高宽各10厘米的黄肠木15880根堆叠而成。

第三是便房，梓宫的四周，设有四道羡门，设有便房。便房的作用和目的，是"藏中便坐也"。简单地说，便房是模仿活人居住和宴飨之所，将其生前认为最珍贵的物品与死者一起殉葬于墓中，以便在幽冥中享用。

第四是地宫，茂陵这座"金字塔"在高大的夯土封冢之下，是它的核心建筑——地宫，成为"方中"。张汤调任茂陵尉，他亲自抓的一项具体工程就是"方中"建设。方中内部丰富多彩。

在茂陵的墓室四面各设有能通过六匹马所驾车的墓道。各墓道的门都巧设刀剑、伏弩等暗器，以防盗墓。墓室内置梓棺，"柏黄肠题凑"，四周充沙，以防潮湿。

茂陵高46.5米，顶端东西长39.25米，南北宽40.60米。底边长：东边243米，西边238米，南边239米，北边234米。

据《关中记》记载：

汉诸陵皆高十二丈，方百二十步，唯茂陵十四丈，方百四十步。

茂陵的封土，全用夯土打筑，形似覆斗，庄严稳重。经过二千余年的风雨剥蚀，现在陵高还达45.6米，顶部东西长39.5米，南北长35.5米，底部东西长231米，南北长234米。封土堆下的地宫极其广阔。

根据《汉旧仪》记载：

> 地宫占地一顷，深十三丈，墓室高一丈七尺，每边长
> 二丈。

至后元二年，也就是公元前87年，茂陵终于竣工完成，历时53年。由于汉武帝在位50余年，年年都有罕见的珍宝送入。当他死后入葬时，地宫中已塞满宝物，以至于无法再装。当时昭帝年幼，霍光专事，不知礼正，在武帝下葬时，不只是往里填塞了许多金钱财物，还殉葬了鸟兽鱼鳖牛马虎豹等，多达190种，以供汉武帝在幽冥中继续享用。

据说，汉武帝棺椁将入地宫时，梓棺自动发出巨响，放出异香，聚积于墓道之间，状如大雾。墓门闭后，门柱崩坏，月余雾才消散。这些传说从某些方面来讲，足够反映了地宫设计营建的精巧。

在陵冢的周围，建立有富丽堂皇的庙、寝、便殿等宫室。汉武帝的庙叫龙渊宫，龙渊宫建在陵冢之东。有史料记载：

> 武帝庙号龙渊宫，长安西，茂陵东有其处，作铜飞龙，故
> 以冠名。

在陵冢的东南依照汉朝的陵寝制度，"庙"是用来安放武帝的神主，陈列武帝的衣冠和生活用具。每月祭祀一次，供奉新出产的时鲜食品；"寝"是供武帝灵魂处理事务和饮食起居的地方。每天都要进行祭祀。"日祭于寝"，"日上四食"。便殿则是供武帝灵魂游乐之所。"时祭于便殿"，"时"为春夏秋冬四时，即每个季度祭祀一次。

为了保卫陵寝不会遭受侵扰破坏和保证武帝灵魂的享乐，在陵冢的四周，修建有内外两重的城墙，组成了陵园。城墙四周都建有门阙。陵园内又设有陵令、寝庙令、饲官、园长、门吏等官吏，进行管理、侍奉，保卫陵园的官吏、杂役、卫士多达5000余人。

茂陵陪葬墓和其他汉陵的陪葬墓的奇异之处在于都有"象征"的说法和意义，例如霍去病墓、卫青墓、李夫人墓等。

24岁的大司马骠骑将军霍去病去世，谥号景桓侯。汉武帝对霍去病的死非常悲伤，他调来玄甲军，列成阵沿长安一直排到茂陵霍去病墓地。其冢像"祁连山"，以表彰他的不朽功勋。

霍去病墓底部南北长101.50米，东西宽73米。顶部南北长15米，东西宽8米，占地面积5841.33平方米，封土体积62961.24立方米。墓冢上下，墓地周围，乱石嶙峋，苍松翠柏，荫蔽墓身，一派山林幽深景象。墓南、北面东西两角，各有回栏曲径，通向墓顶。

卫青是汉武帝时大司马大将军，七击匈奴，在阴山脚下驰骋，收复了河套地区，立下汗马功劳。卫青虽然战功显赫，权倾朝野，但从不结党。他对士卒体恤较多，能与将士同甘苦。

元封五年，也就是公元前106年，卫青去世，谥号烈侯，陪葬茂陵，紧邻外甥霍去病墓"为冢像庐山"。

卫青墓底部东边边长113.5米，南边边长90米，北边边长67.6米，西边边长62米，高24.72米，占地面积8064.55平方米，体积94412立方米。西北角凹进一部分，而西南角凸出一部分，遥望如一小山，南面坡陡，北面坡长缓，中腰有平台。

李夫人是汉武帝最为恩宠的夫人。大将军霍光按照武帝的心意，以李夫人配食，追上尊号曰孝武皇后。李夫人墓东西50步，南北60步，高8丈，墓冢高大，状如磨盘，上小下大，中间有一道环线，俗称磨子陵。陵墓外形腰部有一环周两层台阶，当地人称其为"磨子陵"，亦名"英陵"。

在距墓顶13米处内收成台，台东西两边各宽3.5米，南北两边各宽4.5米。在陪葬墓中李夫人陵墓最大。《磨子陵的传说》是一个向善而动人的民间故事。李夫人美丽到"倾城倾国"，但她红颜薄命，早逝。汉武帝为其作长赋《伤悼李夫人赋》："呜呼哀哉，想魂灵兮！"

稳定中央政权

　　主父偃跪叩后，向汉武帝奏道："启禀陛下，微臣以为要削减诸侯王的势力，就必须下令诸侯王，把他们的土地分封给他们的支庶子弟，组成侯国。诸侯王的王妃很多，庶子不少，这样一个王国便可分为若干侯国，再把侯国隶属于郡，地位只相当于一个县。这样一来，王国便可缩小，而朝廷所辖的土地却可扩大，天子的势力也就增强了。"

　　"说得好，继续说下去。"汉武帝两眼发着光。

　　"这样，众多的小侯国主们就会万分感激陛下，而诸侯王们也没有反对您的理由。"

　　汉武帝听着不禁拍手称赞，说道："你说得太好了。如此一石三鸟，朕何乐而不为呢。"

削弱诸侯王势力

武帝继位后，大臣们推行前朝抑制、打击诸侯王的政策。经常向武帝汇报和揭发诸侯王的过失和劣迹，有时还叫来诸侯王的部下，迫使他们检举诸侯王的罪过。诸侯王们惶惶不可终日。

建元二年，也就是公元前138年冬十月，代王刘登、长沙王刘发、中山王刘胜、洛川王刘明来京朝见汉武帝。汉武帝设宴加以款待。宴会上刘胜突然大声痛哭，向武帝哭诉了官吏侵夺欺凌诸侯王的种种事情。

刚刚继承皇位的汉武帝，既要限制诸侯王势力的膨胀，防止对帝位造成威胁，又要利用血缘关系维护统治。为了笼络宗室，汉武帝下诏增加优待诸侯王的礼遇，废除有关官吏检举诸侯王不法行为的文书，以示天子对宗室的亲属之情。

受着武帝这个恩惠政策的怂恿和鼓励，有些王的不法活动又嚣张起来，交结公卿，觊觎皇位，在封国不奉汉法，淫佚乱伦，残杀无辜，构成了社会不安、摇动皇权的因素。汉武帝因此对这种情况极为不满，他想要逐步进行改革，目的是削弱相权，强化皇权，最终加强中央集权。

为继续削弱这些封国的权力，武帝采纳了主父偃的建议，于元朔二年，也就是公元前127年颁布"推恩令"，清除分封制。

主父偃是我国西汉时期齐国临淄人。他早年学"长短纵横术"辩士之说，晚年学"《易》《春秋》百家之言"，思想与学术比较驳杂。在故乡齐国，他广泛结交了各个学派、各个领域、各个阶层的人物，遗憾的是他没有得到他们的赏识，甚至还受到了当地儒生的排挤，根本就没有施展自己才华的舞台。

而当时，主父偃所处的家庭条件十分贫寒，又没有人可以依靠，为了生活就到燕、赵、中山等诸侯国游走，可结果却同样遭到了那些人对自己的冷眼相对。事实上是因为他还没能弄清楚形势，时代不同了，此时的燕、赵、中山也不是当年周天子的邦国了，而是汉帝国中央集权体制下的郡国；而与之相承的独立性和权威性也与春秋战国时代的王国相去甚远。

汉朝的封国的国王都是皇帝的亲戚，他们从来都不知道忧愁，没有品尝过惧怕，他们自从来到自己的封国后就不允许自由走动，不允许调动军队，就连本属于自己的行政权力也一点点被剥夺。

他们再也不用为了富国强兵而改革变法；再也不用为了国计民生而殚精竭虑；再也不用为了攻城略地而你征我伐。他们没有属于自己的事业，当然也不再需要主父偃这样的人为他们出谋划策。

事实上，很多诸侯们正是在这种迷茫中走向堕落的，即便有些不甘堕落的也难以在人生和事业中取得有意义的进展。他们要么学富五车；要么纵情享乐；要么大志难舒；要么无所事事；要么骄奢淫逸；要么荒淫无耻；要么衣冠禽兽；要么人面兽心；要么禽兽不如；剩下的耐不住寂寞的，只好图谋造反。

他终于认识到了在诸侯王国很难找到自己施展抱负的机会，只有京师或许有属于自己的一片天空。直到此时，他才真正找到了自己的目标。他挺起胸膛朝着帝国的首都长安进发。

在强烈的出人头地思想的驱使下，元光元年，也就是公元前134年，主父偃来到长安投奔到了大将军卫青门下。这次他总算是找对了门路，卫青很欣赏他的才干，因此，多次向汉武帝举荐他。

但是汉武帝似乎根本就看不上这位学习纵横之术的人才。这可让主父偃伤透了脑筋。眼看着时间一天一天地过去，口袋也越来越空，周围那些宾客给他的脸色也越来越难看。不过，这并没有使他灰心丧气，内心的功名欲再次点燃，主父偃决定再孤注一掷。

元朔二年，也就是公元前127年正月的一天，经过深思熟虑，他鼓起勇气将自己平生所识以及对时政的看法都挥洒在一片一片的竹简上，直接送进了中宫。有史书记载，他"所言九事，其八事为律令，一事谏伐匈奴"。

庆幸的是汉武帝亲自阅览了他的奏疏，其中的某些观点打动了汉武帝，下令："朝奏，暮召入见。"

同时被召见的还有另外两个上书的人，这两个人也是反对对匈奴作战的，汉武帝见到这三个以后说了一句非常有名的话，"公等皆安在，何相见之晚也"。这句话说明汉武帝对这几个人非常器重，当然，同时被召见的三个人中最受器重的还要属主父偃。

主父偃跪叩后，汉武帝说："你的'推恩令'朕看了，说得很好，现在你对众臣说说。"

"遵旨。"主父偃施礼后说道，"启禀圣上，微臣以为，现在，不少诸侯王，拥有地方千里，连城数十，他们骄奢淫逸，违抗命令，一个个像独立王国一样，对朝廷实际已形成对峙，如不及时采取措施，只恐怕难以收拾。然而如要限制他们，又势必遭致反叛……"

说着，主父偃抬头看了看汉武帝，汉武帝抬了抬手，示意他继续说下去，于是，他又说道："古时候，诸侯土地不过百里，天子容易控制，而现在，他们的势力已愈来愈大，如果皇上要削藩，他们就会联合反叛，吴楚七国之乱就是教训。所以……所以，要制服他们就必须有万全之计，不过……不过……"主父偃犹豫了一下。

宰相公孙弘说道："主父偃，你怎么吞吞吐吐的，莫非怕遭到同晁错一样的命运，其实当今天子英明圣贤，你大可不必有什么顾虑。"

这时，汉武帝明白了主父偃的意思，于是说："要是有什么不便那就到御书房谈吧！"

于是，主父偃跟汉武帝来到了御书房详谈"推恩令"。这时，主父偃便奏道："启禀陛下，微臣以为要削减诸侯王的势力，就必须下令诸侯王，把他们的土地分封给他们的支庶子弟，组成侯国。诸侯王的王妃很多，庶子不少，这样一个王国便可分为若干侯国，再把侯国隶属于郡，地位只相当于一个县。如此，王国便可缩小，而朝廷所辖的土地却可扩大，天子的势力也就增强了。"

"说得好，继续说下去。"武帝两眼发着光。

"这样，众多的小侯国主们就会万分感激陛下，而诸侯王们也没有反对您的理由。"

汉武帝听着主父偃的话，情不自禁地拍手称赞："你说得太好了。如此一石三鸟，朕何乐而不为呢？"然后又问同时被召见的徐乐、严助，说，"徐乐、严助，你们对于主父偃的'推恩令'有什么看法呢？"

徐乐禀道："圣上，主父偃的推恩令确实是强干弱枝的绝招，微臣也以为可行。"

严助也在一旁应声说道："这和贾谊提出的'众逮诸侯而少其力'是一样的，确实可行。"

主父偃又说："圣上，微臣还建议修建京都附近的茂陵，把各地豪强迁来，如此，便可内实京师，外灭奸猾。"

"这真是个妙计啊！把天下豪强都集中到一起，这样好对他们加以限制，免得他们在当地横行。这个办法好，朕也采纳。"汉武帝说道。

汉武帝兴奋地看着眼前这几个年轻的才子，激动地说："你们的主张真是太完美了，朕与你们相识恨晚啊！"

主父偃从此尝到了上奏章的甜头，每隔几天就会向汉武帝上奏，而且每次奏章一上来就中汉武帝的心思，一年之中竟然被汉武帝破例提拔了四次，所以主父偃迅速地飞黄腾达了，成为汉武帝身边的重要谋臣。

主父偃奏书中，最打动汉武帝心的，是这样一段内容：

> 古者诸侯不过百里，强弱之形易制。今诸侯或连城数十，地方千里，缓则骄奢易为淫乱，急则阻其强而合从以逆京师。今以法割削之，则逆节萌起，前日晁错是也。今诸侯子弟或十数，而适嗣代立，余虽骨肉，无尺寸之地封，则仁孝之道不宣。愿陛下令诸侯推恩分子弟，以地侯之。彼人人喜得所愿，上以德施，实分其国，不削而稍弱矣。

汉武帝刘彻传

汉武帝想不到主父偃竟想出了这样一个高明、简便而又不牵动汉家天下的好办法，帮自己解决了悬在心头多年的一个大问题。从汉高祖刘邦以来，诸侯王的问题一直是个大问题。

开国之初，刘邦为了西汉政权的巩固，大封宗族子弟为王，结果形成了数量巨大的同姓诸侯王。这埋下了后来中央集权与诸侯王之间矛盾的伏笔。为了顺利地解决中央与诸侯王之间的矛盾，许多思想家积极想方设法，出谋划策。

虽说刘邦费了九牛二虎之力，解决了异姓诸侯王的问题。汉文帝时，贾谊上疏"莫如众建诸侯而少其力"。景帝时，晁错认为与其晚痛，不如早痛，积极主张大规模削藩。可惜的是，诸侯未削，晁错却被景帝冤杀，以"内杜忠臣之口，外为诸侯报仇"。汉景帝平定七国之乱后，诸侯王的权力虽有所削弱，但诸侯王的问题并没有根本解决。

汉武帝做太子时，就对诸侯王的所作所为时有所闻。他们大多是荒淫暴戾、无所事事的。做了皇帝以后，汉武帝眼见大量租税为诸侯王分食，削弱了中央的财政经济力量，许多事都办不成，心中十分不满。无奈分封刘氏为王，是高祖刘邦的遗训，不可违抗。

汉武帝苦思冥想，也找不到一个好办法。想不到主父偃的一封奏书，出了个"推恩"的好点子，使他茅塞顿开。他自然全盘接受了主父偃的建议，把"推恩"定为固定制度，并且，暗示梁王刘襄、城阳王刘延先做出个表率。

元朔二年，也就是公元前127年正月，梁王刘襄、城阳王刘延共同上书，上奏请愿将部分属邑分与其弟。武帝马上批准，并下诏说："诸侯王中有人想推广自己所享受的恩惠，分封领地给众子弟者，可一一奏报，朕将亲自给他们确定封邑的名号。"

于是，各诸侯王纷纷报呈，请求推恩。按照推恩制度，他们的子弟必须由皇帝用"推恩"的名义受封，封土是从诸侯王的领地中分割出去的，而并非朝廷直接掌握的县邑。如此推恩，推到后来，封地自然越分越小，诸侯的势力自然日益削弱，再也不足与朝廷抗衡，而只有心甘情愿地接受朝廷的控制和支配，才能生存下去。

从元朔二年，也就是公元前127年至征和二年，也就是公元前91年，汉武帝共"推恩"分封王侯178人。有的诸侯王国最多分封为33个侯国，一般的也都是分封为10多个侯国。

"推恩令"是汉武帝29岁时采取的政治措施。这项措施对加强中央集权起了重大作用，可是汉武帝并没有掉以轻心。因为从"推恩令"开始推行，到诸侯王最后自行消失，要经过几代人时间。好大喜功、急于求成的武帝，是等不及的，他要在他这一代就看到成绩。因此，他念念不忘早点解决诸侯王国的问题。而对于公然反抗"推恩令"、图谋不轨的诸侯王，武帝早已准备好了武力重拳，待机而发，一击置之于死地。

淮南王刘安对于"推恩令"采取消极抵制的态度，他正在加紧阴谋叛乱。刘安与刘赐是亲兄弟，他们的父亲刘长是高祖刘邦的幼子，封淮南王，比武帝还长一辈。刘安有两个儿子，太子刘迁，庶长子刘不害。

刘迁是法定的王国继承人，而刘不害与儿子刘建却得不到尺寸之封地，心中十分不满。刘安不推恩自然有他保存势力的打算。早在七国之乱时，刘安就想要发兵响应，只是由于操作失误才侥幸没能卷入。汉景帝去世之后，他以汉武帝长辈自居，以好读诗、善鼓琴、礼贤下士来收拢人心，求取名声，广致四方亲杰宾客几千人，并积极著书立说，编成《淮南鸿烈》一书，大谈道家神仙、修身养性之术，这与尊儒的武帝大有唱"对台戏"之嫌。

起初，对于这位博学善文的堂叔，汉武帝非常谨慎。朝见宴会，恩礼有加；凡发往淮南诏令赐书，多由司马相如过目审读后再发以免出纰漏。而刘安一直有夺位之心。加之宾客妄言吹捧，便暗地修治战具，联络四方，并派女儿刘陵入长安，争取汉宫内应，日夜与其谋士加紧策划、布置。

刘安的同胞兄弟衡山王刘赐也与刘安串通，企图借支持刘安夺取皇位来为自己谋求江淮一带的分裂割据。他们甚至都刻制了登基用的天子玉玺和文武百官的印绶。但这次叛乱还来不及发动就被人向武帝告发了，而告发人正是刘安拒绝推恩而怀恨在心的孙子刘建。

元狩元年，也就是公元前122年，淮南、衡山二王谋反活动彻底暴露，汉武帝下其事于群臣，大臣们一致认为谋反者应该伏法。结果，二王畏罪自杀，二国被除，封土改郡，收归朝廷。当时卷入叛乱阴谋的株连人达数万。

第二年江都王刘建也被卷入，同样遭到灭顶之灾。经历过这一场空前株连大狱，诸侯有谋逆迹象的全部被肃清了。在审查淮南、衡山二王谋反案之后，武帝颁布了"阿党""左官""附益"之法，用以限制和打击王国势力。

在"左官"三法的限制下，诸侯王国的经济势力越来越弱了，人才资源趋向枯竭，诸侯王国对中央的威胁彻底解除了。对于众多侯国在汉朝境内的星罗棋布，汉王朝也没有等闲视之，采取了进一步削弱的措施。

元鼎五年，也就是公元前112年，南越发生叛乱，卜式门上书武帝，愿父子从军，效死疆场，全国几百列侯却无一人要求从军。汉武帝下诏表扬，号召天下向他学习。这里面已经含着相当的不满之意。同年九月，武帝在进行年度祭祀时，又抓住"酎金事件"，把业已无权的诸侯王狠狠整了一下。

汉
武
帝
刘
彻
传

按照汉朝制度，皇帝每年八月要到宗庙主持大祭，叫作"饮酹"。"酹"是一种在正月开始酿造、到八月饮用的醇酒。饮酹时，所有参加祭祀的诸侯王，都要奉献助祭的黄金，称为"酹金"。

酹金要有一定的分量和成色，数量以百姓人口数计算，每千口奉金四两，人口越多，酹金量越大。这对诸侯王是一种沉重的负担。他们想，这笔财产最后总是落到国库中去，分不出是谁献的，因此就来个偷工减料，以少充多，以次充好。这种偷工减料，以前也曾经发生过，只是没有当作大事来抓，所以也就混过去了。

元鼎五年，也就是公元前112年八月的祭祀中，诸侯王又如法炮制。想不到早有准备的武帝，已在等着他们，立即抓住作为口实。在汉以"孝治天下"的时代，对祖宗祭祀不诚，是最大的不孝。

汉武帝叫少府官吏测定每个王侯酹金的成色和应奉献的分重，这下子原形毕露，王侯们大惊失色。武帝抓住真凭实据，很快在九月里宣布：夺去"献黄金酹祭宗庙不如法"的106位王侯的爵位，收其封国归于汉郡。

另外，列侯因犯罪或无嗣而除国的也很多。建元二年，也就是公元前139年，济川王刘明以杀太傅、中傅罪被废除，除其封国。

元朔二年，也就是公元前127年，燕王刘定国有罪自杀，除其国。元狩元年，也就是公元前122年，淮南王刘安谋反，除其国，以其地为九江郡；同年，衡山王刘赐反，除其国，以其地为衡山郡。元狩二年，也就是公元前121年，江都王刘建自杀，除其国，以其地为广陵郡。

元鼎三年，也就是公元前114年，常山王刘勃有罪，除其国。元鼎五年，也就是公元前112年，济北王刘宽有罪自杀，除其国，以其地为北安县，属泰山郡。

此外，因无嗣而除国的，有清河王刘乘、山阳王刘定、胶西王刘端等。侯国越来越少，到武帝太初年间，刘邦当年封一百余名列侯已寥寥无几。这样一来，延续近一个世纪的诸侯王问题，到武帝时期终于得到了彻底解决。

皇权与相权的较量

汉武帝在对付诸侯王割据势力的同时，对怎样独揽中央大权也考虑了很多。在封建统治的政治生活中，官制改革始终是与整个政权的机构变动、职能转化直接联系。皇帝为了使自己的政治意愿得以有效地贯彻，就需要依靠国家政权机构的运作。对于政权机构的调整，必然直接从官吏制度的变化、改革入手，从而达到终极的目的。

这时，丞相这个官衔在汉武帝的脑海里浮现。因为汉朝丞相的权力太大了，在一人之下，万人之上。要是不对他们采取一定的措施，皇帝手中的大权将无法施展。

丞相是秦代官制，设有左右丞相，右丞相居上，左丞相居下。丞相的官印是金印，印纽上系着紫色绶带，职责是"助理万机"。表面上，丞相要秉承皇帝旨意办事，实际上是整个政权的负责人。

皇帝在宫廷内接见大臣，处理国政，称为"内廷"；宫廷之外的事，都由丞相掌握，称为"外廷"。所有国家大事的决定，法令的制订，百官的管理，丞相无不参加，甚至有权斩杀其他官吏。

汉景帝以前的丞相，大多都是开国的功臣，例如萧何、曹参、陈平等等都是这样，因此，皇帝十分敬重他们，百官更是恭谨从命。当时的丞相，实际上是朝廷掌握实权的总理大臣。丞相终身在位，必然导致分散皇帝的权力。

汉武帝想起了曾经一个关于汉文帝的故事：文帝有个宠臣邓通，有一次，他和文帝开玩笑，文帝不以为然。丞相申屠嘉知道了，要处邓通对皇帝不恭敬之罪。

文帝说："我很欢喜他，不用当真！"

可是，申屠嘉回到自己的相府后，派人把邓通叫来，斥责他说："你这个贱臣，竟敢和皇帝寻开心，大不敬，按律当斩！"这话吓得邓通跪下连连叩头。后来，还是文帝出面讲情，才免了邓通一死。

汉武帝即位后，窦太后要免卫绾相，他也就顺水推舟了。接着，他在建元二年，也就是公元前139年和六年，也就是公元前135年，相继免去魏其侯窦婴和功臣后代柏至侯许昌的相职。六年之中，轻免三相。

建元六年六月，汉武帝任命武安侯田蚡为丞相。田蚡有王太后为政治和权力背景，又结交诸侯来扩大他的权力基础，所以权势得以渐长，百官都对他趋迎奉承。田蚡身材短小，相貌丑陋，为人奸诈贪鄙，本属缺德少才无功之徒，仅仅因为是王太后的弟弟而受封为侯，窃据相位。他所进言的政事，都是出于他豢养的宾客之谋。田蚡自恃有太后为靠山，非常骄横奢侈。

他建有最豪华的宅第，占有最肥沃的田园，每天去各郡县购买物品的车辆，络绎不绝。大量接受公卿百官、诸侯、郡县的贿赂，家中的金玉、美女、狗马、古玩器物，不可胜数。

每次进宫奏事，总是夸夸其谈，一说就是大半天，所奏的事不准不罢休，因而他的奏请，武帝不得已只好一一采纳。田蚡还独揽任官除吏的大权，根本不把年轻的皇帝放在眼里，他所推荐的人，有的甚至从平民一下子便做到二千石的高官。

有一次，田蚡又拿来一大串任官的名单，武帝终于忍无可忍，问道："你要任官的人有没有个完？朕也想要任命几个呢！"

窦婴在窦太皇太后在世时，官居大将军，封魏其侯，权倾朝野。当时，田蚡只是一个郎官，对窦婴极力巴结，说话、敬酒时总是跪着，恭敬如父。为此，窦婴对他也全力栽培。

窦太皇太后死后，窦婴失势，以侯爵闲居在家。朝中的官吏、士人都转而去趋附新任丞相田蚡，窦婴门可罗雀，只有一个曾任过中郎将和燕国之相的灌夫仍然和他要好。

田蚡为相后，再不把窦婴放在眼里，反过来还要夺窦婴的田地。灌夫是一个军功卓著、性格耿直、疾恶如仇的老将军。他见田蚡如此忘恩负义，以势欺人，心中愤愤不平。

在一次宴会上，灌夫借着酒劲，指桑骂槐地把田蚡大骂了一番。田蚡怀恨在心，便捏造罪名，串通太后。逼迫武帝于元光四年，也就是公元前131年冬，将灌夫和救护他的窦婴处死。田蚡以诛杀公卿进一步树立了自己的淫威。

田蚡害死这两位汉朝的大臣，不久，他也死了。田蚡死得很奇怪。据说他是害死了窦婴和灌夫，这两个屈死的冤魂，不屈服田蚡，他们在阴曹地府，仍和他作对，直到把他也拉到阎王爷那里。

一天，田蚡突然说浑身疼，身上如鞭子抽一般。他疼得叫唤不已。侍从请来大夫，结果许多名医检查，连病情也诊断不清。急得他一百多个美人哭哭啼啼，宅府大院哭声一片。

王太后听说弟弟患病，许多名医诊治又不见效，觉着病得奇怪，头一天还好人一个，突然之间病到气息奄奄？汉武帝问舅舅怎么疼痛法，田蚡说只觉浑身如人用鞭抽一般。于是汉武帝和王太后请来一位方士，让给摆弄一下。

方士请下神来，神灵附了方士的身体说："丞相曾杀害了两位大臣，是这两位大臣用鞭在他身上狠抽，报他们的一腔怨气。"

丞相一听，十分害怕。他又怀疑方士胡说，查其是否窦、灌二人的奸党。结果，没有几天，他身上果如鞭抽一般地红肿起来。一天，田蚡已奄奄一息，昏迷之中，连喊几声："饶命！饶命！"便一命呜呼了。

窦婴和田蚡双双死去，对汉武帝来说，是一件好事。窦、田的斗争，其实也是窦氏势力和王氏势力的最后一次冲突。对汉武帝来说，不论窦氏掌权还是田蚡掌权，都会成为他独裁的绊脚石。田蚡在位时，依靠其姐姐王太后，已表现出为所欲为的样子。以后任用丞相，汉武帝便吸取教训，为削弱相权做了心理准备。

田蚡死于相位，继田蚡为相的是薛泽。薛泽是高祖功臣广平侯薛欧的孙子，景帝时封平棘侯，当然不好对他颐指气使。于是，武帝说要用"文德"而改任公孙弘。

公孙弘出身贫苦，是放猪出身的读书人，60多岁才征为博士。这种老儒生升任丞相，对皇帝自然是感恩不尽，唯命是从。

有一天，公孙弘奉汉武帝之命去赴宴。进宫后，一眼就发现武帝穿着不整，而且还没有戴冠冕，他明白，自己还远没有和天子亲切到这种程度。这一定是对方在嘲讽和鄙视自己。宴会开始后，他坐了一会儿便给武帝敬酒，武帝却假装没看见，只和别的官员谈笑。武帝谈笑完，又命宫廷内的乐手奏乐，舞女们也出来献舞。

汉武帝沉浸在声色中，忘了丞相公孙弘的存在。待到月上中天，汉武帝这才明白过来说："丞相，你怎么还在这里作陪？"

公孙弘听后，马上磕头告退。回到他自己府中，当即气得口吐鲜血。却仍是哑巴吃黄连，有苦说不出。公孙弘躺在床上，难以入眠，因为他已明显感到自己命运正如皇帝手中随意操纵的玩物，什么时候，天子厌烦了，就会把他摔碎到地上，再踏上一只脚。

第二天，有下属的郡国到丞相府汇报工作，丞相公孙弘看完之后，叹息道："你们先回去吧，过几天我批后就给你们消息。"

来人一走，他马上就穿上朝服，坐轿直奔皇宫。他要把上书亲自交给汉武帝。这时的公孙弘，已失去了以往由丞相直接控制地方长官的职权。他觉得此时的自己已经毫无价值。他的仕途是轻飘的，他的前途是轻飘的。他想称病辞职落到地上，过一段安安稳稳的生活。

但是，见了皇帝后，他就不再说出自己心里的半句真话，仍叩着首说："卑臣愿在有生之年为皇帝效犬马之劳。"

汉武帝对他说："我看你脸色不太好，是不是想养病了？"

"臣没有一点点疾病，只是为国事担忧。"

"难得你一片忠心，为奖赏你的功劳，以后有什么重大的文书，就直接送我这里好了。"

"臣遵旨。"

"你可以回去了。但要牢记住，你的丞相之位是谁封的。"

"当然是万岁封的。"

汉武帝听后哈哈大笑。公孙丞相返回家中，身子便软成一团。不久，公孙弘便忧劳成疾，一命归西。后来，御史大夫李蔡为相。汉武帝觉得李蔡符合自己的标准。可惜这位丞相没把握住自己，只利用权势多取了一点，被武帝得知后，定罪入狱，受尽了刑罚，终因抵挡不住酷刑而自杀。

后来又有赵周为丞相。因列侯献酎金成色不足，分量不够，汉武帝便以不敬罪夺爵106人，再迁怒于丞相赵周，冤枉赵周说知道列侯所献酎金不合规定，故意不奏皇帝处理，包庇列侯不重视宗庙祭祠，将其下狱治罪，赵周被迫在狱中自杀，落得和李蔡一样的命运。

公元前103年，公孙贺做了丞相。公孙贺是将门之子，与武帝有旧交，汉武帝为太子时，公孙贺为太子舍人，经常从侍左右，汉武帝即位，提升他为太仆。

公孙贺开始时不愿意接受丞相印绶，因为几位丞相已经留下了前车之鉴。于是，他向武帝叩头流涕说："臣本是边地骑马射箭的粗人，才能低下，不足以承担丞相重任，陛下免了吧！"

公孙贺他讲得如此诚恳，哭得这样伤心，武帝和左右的官员也被感动得伤心落泪。武帝说："把丞相扶起来吧！"公孙贺听说是扶丞相起来，跪在地上死也不肯起身。武帝令出必行，不管他涕泣，起驾回宫

汉武帝刘彻传

了，公孙贺这才不得已当了丞相。

出宫时，左右侍从问他为什么不肯当丞相？公孙贺说："当今皇帝贤明，贱臣不能称职。从今以后，我的身家性命危险了！"果然，公孙贺一家，后来在"巫蛊"之祸中被灭族。

汉武帝后期唯一免于一死、得以善终的丞相是石庆。石庆任丞相职期间，汉朝正南征两越，东出朝鲜，北逐匈奴，西伐大宛，汉武帝又大兴礼乐，巡狩封禅，治国大事都没有人向石庆汇报。形同虚设的石庆丞相哪敢计较，只是俯首听命而保全自己性命。

公元前107年，关东出现大批的流民拥进长安，众官商议如何解决。汉武帝认为石庆年老而又胆小怕事，特令丞相告归。如此重大的国事，竟不让石庆参与，石庆深感惭愧，上书自责说："臣已年老，不能理事，愿交出丞相印绶，告老还乡，为贤士让路。"

汉武帝不放石庆还乡，便降旨说："最近河水滔天，冲毁十多个郡的堤防，动员官民全力救险，至今未能堵塞险段。朕内心十分忧虑，亲随天下，问百姓疾苦，都说是官吏贪婪，赋敛无度，逼得百姓流亡道路，因而制定'流民法'，禁止重赋。但是官吏渎职，百姓忧愁，盗贼公行，现流民越来越多，郡国上计的户口数字，弄虚作假，照旧不改。丞相不依法追究地方官的责任，反而请求徙边四十万口，惊扰百姓，朕很是失望。你明知百姓贫困，而请求增加税收，扰乱民心，且又打算辞官不管，想把这个烂摊子交给谁？"

石庆任丞相，惟有谨慎过人，别无方略，从来不管事，汉武帝也不准他管。可一旦他表示辞职不干，皇帝却又把一切问题推到他头上，他不能不吓得失魂落魄，只好又老老实实地呆下来。汉武帝见他又老实了，也只好原谅了他。

汉武帝通过削弱相权，巩固了自己大权独揽的神圣地位。改变了汉室政权原来屈君伸臣、君弱臣强的权力结构，从而使得他摆脱了相权对他的抑制，完成了他走向皇权专制统治的头一步。

设置内廷秘书机构

　　皇帝在治国决策中，必须有一个稳定而精干的辅助性、顾问性团体来为他服务。汉初承袭秦制，朝廷中丞相直接辅佐皇帝，总领朝政事务。由于丞相多由开国功臣出任，威重权大，地位极显。不仅对百官有统领的责任，更有任免、考课的权力。他们直接参与决策，制定法律政令，一定情况下，即使对于皇帝的决定，也可保留执行。

　　武帝即位不久，旧日的功臣，大都衰败凋零。但当时按照旧日惯例，承相依然据有极大的权力。丞相田蚡自己以皇帝的至亲身份为丞相，独断专行。

　　当时，他所提的意见皇上一概接受，他所推举的人，有的一起家就到两千石的职位。权力几乎超过了皇上。因此，对于相权的剥夺已不可避免。

　　为了使自己能够直接掌握行政大权，汉武帝必须建立一个完全由自己控制运作的亲信机构。后人为区别其与外廷因而称作"中朝"。

"中朝"就是内廷，是由侍从皇帝左石的一批"尚书""内侍"组成。尚书本是少府之属宫，汉初之尚书主要职掌文书，传达诏令。武帝时开始利用其为内廷办事人员，并一度用宦者充任，尚书令改称"中书遏者令"，又设置仆射为尚书令之副职。后因国事日重，尚书机构亦随之扩展，分事四曹各司其职。《汉归仪》记载其执掌为：

> 常侍曹尚书，主丞相、御史事；二千石尚书主刺史、二千石事；民曹主庶人上书事；主客曹尚书，主外国四事。

由于武帝对尚书的重视，其职权渐渐扩大，地位也日益重要。此外，汉武帝又通过贤良对策、官员荐举及自荐等方式，集中选拔一批近持之臣。他们由庶僚加衔侍中、诸曹、诸吏、散骑、小常侍、给事中，从而以加官之资入侍，成为皇帝亲信内臣。

据《汉书·百育公卿表》称：侍中、中常侍可以出入禁中，诸曹受尚书事，诸吏得举法，散骑骑并乘舆车，给事中掌顾问应对诸事。名义上是侍从之臣，实际上参与朝政谋划、决策，甚至执行个朝的政令决策，成为权势渐大的中朝宫。

中朝官秩位虽然不显赫，但其身份特殊，尤其侍中作用更为重要。他们不仅参与军国大事之谋议，还可奉命与朝廷公卿大臣论辩，甚至面折廷争而数诎持不同意见者。其中像严助、朱买臣、吾丘寿王、主父堰等人，都是左右一时政令的实权派代表人物。

武帝即位不久，在吴于子刘驹的挑唆下，闽越发兵围攻东欧，东欧向汉廷告急，武帝遂征求大臣田蚡的意见，田蚡认为二越相攻汉廷不必出兵干预。

大臣严助据理力争，武帝授其持节发兵之特权，会稽郡守以无兵符为由不发兵，严助怒持节斩杀一司马，以明天子旨意，所以发兵渡海救东瓯。

又如汉武帝为御匈奴，曾下令北筑朔方之郡。当时的御史大夫公孙弘以为这是既耗费民力、财富又得不偿失之举，数进诛请罢之。朱买臣秉承武帝意旨，历数利害10条，驳斥得公孙弘无言以对，只好承认自己认识鄙薄。不足言事。

汉武帝将已形成的内朝制度化，这就是设置脱离正常官制系统的加官，使之参与政治决策。诸大夫和诸郎既为郎中令的属员，则虽常在天子左右，却还不曾正式脱离正常官制的列卿系统而得以完全摆脱宰相的管治和影响，至少在官员们的观念和心理上是这样。

所谓加官，是本官外再加官职，本职外再兼差。从称谓上即可推知，受加官者其初以本官为主职，加官为辅职。武帝对秦加官制作了很大修议和发展。他所设置的事实上是新加官制。

所谓新加官制，就是把这些《百官公卿表》提到的原先多属内臣的官职特别提出来，或者新置官职，使之脱离或不属正常的公卿系统，然后再作为特殊的职称，由他个人直接赐授亲信的官员。

这些亲信的官员一受"加官"，即以"加官"为主，调入武帝左右，直接承旨，不再受宰相约束。通过他们，武帝增加了对政治的直接发言权、决定权和施行权。

这些"加官"，原都官卑职小，如其中位次最前的侍中的地位也不过是皇帝家奴，为天子分掌乘舆服物的宫廷贱臣，有捧唾壶的，有管溲器的，随从左右服役。

《通典》卷二十一记载：

> 汉侍中为加官……直侍左右，分掌乘舆服物，下至亵器虎子之属。武帝时孔安国为侍中，以其儒者，特听掌御唾壶，朝廷荣之。

《初学记》卷一引《孔臧与子琳书》中记载：

> 侍中安国，群臣近侍，特见崇礼，不共亵事。侍中悉执虎

汉武帝刘彻传

子，惟安国事唾壶，朝廷之士，莫不荣之。

侍中加官，使一部分资历浅、品位低的官员成为武帝内臣，享有特权。以中朝臣身份越权而治，这使原来品位森严的朝廷，又树立起一支直承帝旨的新生力量。

汉武帝充分利用近侍中朝，预闻政事左右政局，从而掌握朝政大权，垄断决策程序。这样就把以丞相为代表的"外朝"逐步降为完全伏首听命、忠实贯彻皇帝意志的单纯性"执行机关"。

中朝的设置，实质上就是中央集权在帝国政府组织形式上的反映。

汉武帝又设置中、尚书官署，总揽政务，使内朝制度臻于健全。尚书原先也是卑微之职，属少府，秦始置。在《汉官仪》中记载：

初，秦代，少府遣吏四；一在殿中主发书，故号尚书。尚犹主也。汉因秦置之。

在赵翼的《陔余丛考》卷二十六中记载：

尚书，本秦官少府之属，在内掌文书者，汉因之。

由此可见，内朝只不过是天子的"收发吏"。

尚书的设置与加官制紧密联在一起。景帝时尚书仍不过负收藏诏书的职责。武帝授尚书加官，加重尚书的职权。尚书受加官，就从少府中分离出来，不再受公卿的管束。

参与议政，又分曹理事，显然在武帝近侧有了专门的参政、办事机构。而尚书一旦成为天子近侧的专门机构，官员就不必再受加官就脱离了列卿系统。但尚书既为加官所加之官，则尚书官署之独立当与加官制之设同时。则内外朝一分，尚书官署就独立了。二者合之，其时似应在建元中。尚书官署的长官称尚书令，次官为丞。

自尚书官署独立，皇权强化，吏民一切章奏事都可不经过政府，而直接通过尚书上达天子，皇帝旨意由原经御史改由尚书下达丞相。丞相九卿，亦必由尚书入奏。

天下上书、章奏由公车司马令直送尚书，尚书处理后趋走丹墀奏事。武帝也不自理，由随侍左右的加官代为批阅，顾问应对，审议平议，献可替否，盖玺称制，关通内外。

可是，汉武帝游宴后庭，特别到晚年，精力衰退，懒得去平日正式听政处受由加官所平的尚书奏事，而侍中、尚书令诸官其初都由士人担任，不能随入后宫；更重要的是，士人虽担任内臣但生活仍在宫外，仍旧很容易与外廷公卿交结，而且尚书视事一旦长久，又能获得客观性，并从天子处取得一定的独立性，武帝也不能放心。

于是，他在内廷另立与尚书平行的机构，选用可以出入后宫且生活在宫中的宦官执行尚书职务，称为中书。主署长官为中书谒者令，省称中书令。

汉武帝刘彻传

中书与尚书职任相同，完全是武帝由于生活和心理上的需要而构筑的叠床架屋的官职，不过中书比尚书更近天子且用阉臣罢了。

中书、尚书权力很大，基本上总揽政务，进而足以擅断朝政。当时规定所有上书都写成正副两本，领尚书者先开启副本，并有权屏弃不奏。武帝不加官丞相，使之不得入禁中，于是丞相及其统领的外廷被撇在一边，有名无实，形同虚设。

《续汉志》中记载：

> 尚书令一人，千石。……承秦所置。武帝用宦者，更为中书谒者令。

《初学记·职官部》有同样记载：

> 中书令，汉武所置，出纳帝命，掌尚书奏事，盖《周官》

内史之任。初，汉武游宴后庭，公卿不得入，始用宦者典尚书，通掌图书章奏之事。

《宋书·百官志》也记载：

> 汉武帝游宴后庭，始使宦者署理尚书事，谓之中书谒者，置令、仆射。

中书、尚书机构的建立，内朝制度的形成健全，在中国政治制度史上具有重大的意义。它使汉代国家权力机构明确分为两大系统。这两大权力系统构成了封建专制主义的基本权力框架。

其中，宰相制是骨干，中书、尚书制是中枢；外朝是形式，是较机械、被动的，内朝是精髓，是较灵活、主动的。内外形神结合，核心是皇权，武帝是中枢神经的总司令、权力来源。而以巩固、维护、伸张、强化皇权为中心为主题的皇权与相权、内朝与外朝的矛盾和斗争，演化成了武帝一代封建政治斗争史的主要场面。

与外廷相比，内朝是比较容易控制的。构成内朝的官职原多卑微，加重职权后秩仍低于公卿，中、尚书令、丞、仆射不过千石、六百石。又在天子周围，中书更与天子日常生活接近，若有问题亦较易发现。天子宾客式的幕僚，似乎还带有临时性、权宜性，全凭天子一时之召用。

加官则系于天子一身，也具有不稳定性。而中书，到元帝时，萧望之还不承认它的合法性，提出："武帝游宴后庭，故用宦者，非古制也。宜罢中书宦官，应古不近刑人。"

可见内朝完全是皇权的附着物、衍生物。以武帝的雄才大略，自然能召之即来，挥之即去，玩弄于股掌之中。

内朝制度是武帝在后庭总揽政治，进一步削弱外朝侵夺相权的工具。但丞相及外廷，名义上终究是合法的政府，仍可行政。内外廷的意见不一致，皇权与相权的矛盾是不可避免的。

于是，汉武帝每令严助、吾丘寿王、朱买臣、主父偃等内朝臣诘难讪丞相大臣，内臣也经常利用亲近机要的地位打击外廷大臣以谋权利，丞相刘屈就是遭到内者令郭穰的告发而陷杀身之祸的。

自内朝制度形成和健全后，武帝再也不需要如对田蚡那样亲自出面与宰相争权了。皇权与相权的冲突完全可以采取隐蔽的非正式的形式。武帝可以在后庭君临内外，导演外朝与内朝的倾轧斗争，操纵政治，伸张皇帝意志。也就是说，皇权在对相权的斗争中，有了绝对的主动权，有了制度上的保证。

宰相政府系统受到很大的牵制和削弱，不但不能充分正常地发挥行政效能，而且常处在内朝的巨大压迫之下，处在皇权威胁的阴影之下。

于是外朝日益减少其独立性，增加了对皇权的依附性。丞相要想成为真宰相，必须入侍禁中，进入内朝，这就养成了宰相内惧皇权奴仆一面的复杂性格。武帝将处理政务的实权由外朝转移到自己直接控制的内朝，加强了皇权专制统治。

汉武帝刘彻传

建立察举制度

西汉建立后，统治者看到了秦朝法治绝对化的种种弊端之后，为了更好地巩固封建政权，尚贤思想再度受到重视。这就为察举制的创立奠定了思想基础。

高祖刘邦于十一年，公元前196年，刘邦下诏说：上古时代称王称霸有所作为者如周文王、齐桓公等，都是依赖了贤能之士的帮助。现在我们汉朝建立不久，需要大批人才帮忙治国安邦，而且到处都有贤能。大家踊跃地站出来为我们出力吧，国家不会亏待大家的。

这个诏令说明刘邦颇有求贤若渴的心理，更说明汉初急需人才的情况。于是，为了适应国家统治的需要，刘邦建立了一整套选拔官吏的制度，名为察举制。察举是自下而上推选人才的制度，也叫选举。

汉文帝时期，察举制度大体形成。文帝于二年，也就是公元前178年下诏："举贤良方正能直言极谏者。"于十五年，也就是公元前165年又下诏："诸侯王、公卿、郡守举贤良能直言极谏者。"并且定下了考试和等第。

直到汉武帝时期，察举制达到完备，各种规定相继推出。其后，各种科目不断充实，特别是有了统一的选才标准和考试办法。考试是汉代察举制度的重要环节。被举者经考试后，由政府量才录用，这样既保证了选才标准能贯彻实行，选出真正的人才，还能保证竞争的相对公平，令下层人士有进入国家管理层的可能。

建元元年，也就是公元前140年十月，汉武帝下令"丞相、御史、列侯、中二千石、二千石、诸侯相举贤良方正直言极谏之士"，并依照丞相卫绾之奏、尽罢"治申、商、韩非、苏秦、张仪之言"的贤良，为察举制确定了以儒术取士的方向。

但由于窦太皇太后的干预，无法得以推行。元光元年，也就是公元前134年十一月，即窦太皇太后死后的六个月，武帝根据董仲舒举贤良对策中"使列侯、郡守二千石，各自选择其吏民之贤者，岁贡二人，以给宿卫"的建议，下诏"令郡国举孝、廉各一人"。

汉武帝刘彻传

察举制是由周代的乡举里选"秀士"和诸侯每岁"贡士于天子"的制度演绎而来的。它在汉代的确立，有一个发展过程。察举制度在推行过程中，遇到了来自郡国方面的阻力。有的郡、国每年甚至一人也不举。对此，汉武帝非常恼怒。

元朔元年，也就是公元前138年十一月，特下一道严厉诏书：

> 朕殷切嘱告官吏，奖励廉吏举荐孝子，是为了形成美好的风气，以继承古代圣人的美德宏业。孔子曾说："十室之邑必有忠信，三人同行必有我师。"现在有的郡、国竟然连一个贤人也不向朝廷荐举，这说明政令教化没有贯彻下去，是阻塞、埋没人才，是蒙蔽天子。郡国的长官，是管理人伦教化的，这样做，岂能协助朕教化百姓，提倡良好的社会风气呢？何况，自古以来就是荐贤者受重赏，蔽贤者受严惩。今责令公卿、礼官、博士议定不举贤的罪名。

一些部门的官员见诏奏报："不举孝，是不遵从皇帝的命令，应当以不敬治罪；不察廉，是不胜任本职，应当罢免。""不敬"罪，在汉朝为重罪，轻则弃市处死，重则族诛。

汉武帝当即批准执行。从此以后，各郡国再也不敢懈怠，察举制度终于可以顺利推行。以法律的形式规定官员不荐贤有罪，荐贤有赏。这样，使察举制度进一步完善，渐渐成为汉代选拔官吏的主要途径。被举的孝廉，多在郎署供职，由郎迁为尚书、侍中、侍御史，或外迁任县的令、长、丞、尉，再迁为刺史、太守等。

汉武帝时代，大体上完成了由"功臣政治"向"贤臣政治"或"能臣政治"的转变。汉武帝开创了献策上书为郎的选官途径，在一定限度内欢迎批评政治的意见。

一时间四方人士上书言得失者多达千人，其中有些因此而取得了相当高的职位。田千秋原任高寝郎这样的低级职官，就是因为上书言事被武帝看中，很快被任命为列为九卿之一的大鸿胪，不过数月又升迁为丞相。

正是在汉武帝时代，察举制得以基本成为正式的选官制度。这一历史事实，标志着选官制度重要的进步，意义十分深远。所以董仲舒指出，官吏大多数出于郎中、中郎。但吏二千石子弟，不一定是有才能的人。随着社会经济的发展，封建地主阶级队伍的扩大，他们要求参加各级政权。

汉武帝为了适应地主阶级各阶层的要求，巩固和加强中央集权，于是改革了选官制度。他用察举、征辟等方式在博士子弟中考选人才，授以各级各类官职。武帝时期的公孙弘、司马相如、东方朔、枚皋、终军等都是从这种途径进身而被重用的。

创建察举制的优点就是：

第一，在察举制下，个人的社会背景、家庭出身不再是选士任官的唯一依据。地方士人只要有真才实学，有一定的社会威望，或有值得称颂的道德品质，就有可能成为察举对象，从而登上仕途。许多出身卑微的人才像主父偃、东方朔、司马相如在汉武帝时得到重用，而这在世卿世禄制下是根本不可能的。

在世卿世禄制下，官职由贵族垄断并世袭，一般人根本没有条件成为官吏。而世袭的贵族往往奢侈腐化，无所用心，于国于民都为害不浅。军功制起初，只要有军功，不管他出身如何都能授以爵位，如若没有军功，哪怕他出身再高贵也不能获得爵位，所谓"有功者荣显，无功者虽富贵无所芬华"就是这个道理。

但到两汉时，有了高爵低爵的区分之后，一般人不可能获得高爵，换句话说，家庭出身此时使得爵位越来越无实际意义，百姓对是否拥有爵位也毫不挂心了。

第二，察举制有利于招徕各类人才。察举科目很多，有孝廉、秀才、明经、明法、贤良方正、直言极谏、孝悌力田等不下十几种，而且又让熟悉地方情况的州郡长官亲任察举官，这就能把各类人才作为察举对象，选仕任官，这无疑有利于封建国家的统治。

而军功制不利于按才能来选拔官吏。在军功制下，授爵仅以其军功为依据，如此便剥夺了许多非身强体壮的士人之权利。韩非子有言："今治官者智能也，今斩首者勇力之所加也。以勇力之所加而治智能之官，是以斩首之功为医匠也。"说得很有道理。秦朝又实行"计首授爵"制，多次发生杀良冒功之事。

在军功制的蛊惑刺激下，将士疯狂屠杀，几乎每次战争都要死许多人，给社会造成极大破坏。世卿世禄制不利人才选拔之弊则更明显了。在世卿世禄制下，官职由贵族垄断并世袭，出身的小贵族即使是昏庸之辈，甚至是白痴，也可继承父兄的职位。如此弊病大矣哉！

第三，察举制有利于中央集权，这与军功制相比更加明显。在察举制下，察举权虽下放到地方，但官吏任免权最终由中央掌握，中央仍可自由委派官吏。

而在军功制下，极易出现地方诸侯"功高盖主"的现象，对皇权造成威胁。西汉初，分封的异姓王几乎全是军功制的受益者，结果造成地

汉武帝刘彻传

128

方王国势力强大，中央无法驾驭。地方王国问题遂成为西汉中央集权的最大威胁，这很能说明军功制是不利于中央集权的。

第四，察举制在其实行之初一般能保证被察举者的"质量"。被察举者有一年任期，只有胜任者才能转为正式官员。若不胜任，就要被撤换，而且推荐者也会因此受罚，这使得察举人不敢随便乱推荐士人。还用策问形式直接考察士人，其益处自不待言。

而察举制也会产生弊端：

第一，在察举制下，虽然察举科目很多，但天下之大，贤人之众，不可能把所有贤人都推荐给朝廷，仍有许多不为人知的贤才被埋没在乡村野氓中，终身未得任用，造成了人才的流失和浪费。

汉朝由察举而成为官吏的士人只占总官吏人数的极少部分，而且有许多小人利用察举机会，或贿赂或靠关系千方百计使自己成为被察举对象。还有，被察举者因察举人而走上仕途，必对察举者感恩戴德，并为之效命，这样极易产生宗派行为，形成地方集团。

第二，对士人道德品质的考察是察举制的前提，但这不易作好，因为很难对人的道德品质作出中肯的评价。人的道德品质须通过对他言行的长期考察才能得出较客观的评价，而且这种言行还可能是假的，抑或他以后发生蜕变。

第三，察举制广泛推行，地方乡闾因之有了评议之风，"清议"名士好品评臧否人物，不重实际，空发议论。这种恶劣风气还遗留给了后世，在魏晋时尤为明显。"清议"名士中有许多是"刻情修容，依倚道艺，以就声价"者，清议成了这些伪君子攫取名利、捞取政治好处的资本。

察举制是在汉代集权制国家中产生的，它为汉王朝选拔了一大批德才兼备的人才，有效充实和加强了中央和地方的封建统治机构，对当时社会政治、经济、文化的发展起了一定的推动作用。

设立十三部刺史

在封建君主专制下建立的中央集权，目的在于对国土、民众加强控制。而皇帝个人意志只有通过参与政权的官吏集团才能最终实现，因此，强化集权往往与强化帝权、加强对从中央到地方的各级官吏的控制相联系。

这种控制的强化，主要依靠各级监察机构职能的发挥。从某种意义上讲，监察制度的完善与否是衡量一个政权是否成熟，统治是否严密、有效的重要标准，也是其控驭国家全局、掌握统治工具能力高低强弱的体现。

秦王朝统一后，在中央设置御史大夫，下设御史中丞及侍御史等属官，受公卿奏事，行使监督、检查、弹劾权力；在地方各郡，则设置监御史一职，负责监察其所辖一郡之官吏士民。这样，由御史大夫、监御史组成的全国自上而下的监察网建立起来，虽不尽完备，但业已初具规模。

汉承秦制，仍然设置御史大夫这一职位，但却基本废除了地方监察机构。地方监察职掌改由丞相便宜斟酌，不定期派员深入各地随机调查，而不再设置专门的机构负责。汉初社会几近凋敝，收缩机构也在情理之中；地方平静，无为而治，郡国并行，全面监察似乎既不必要，也不现实。

汉武帝连年兴兵，工程兴作，财政窘困，在推行新财政政策的同时，承袭前代"入粟拜爵、免罪"的做法，又兴置"武功爵"，从而将免役权和司法权部分变相出卖，后更发展为公开卖官鬻爵，从官吏选拔制度上为下层职官滥选及相关的司法混乱提供了条件。

而地方豪强也乘机投机钻营，兴风作浪，通过经济手段堂而皇之进入政治领域，谋求双重特权，营私舞弊，鱼肉一方，成为当时社会不安定的主要因素。

例如酷吏杨仆，史称以千夫为吏，即以买爵而入补为吏并由此发迹，官至主爵都尉，拜楼船将军，封将梁侯。就是这位凭投机而发家的领导人物，在奉诏讨伐南越过程中，公然在战场上弄虚作假，捕降者为俘，掘死尸为获，谎报战功拥兵不前，希望趁乱浑水摸鱼。

其在对卫氏朝鲜的作战中更是首鼠两端，久不力战，一心想借调停局势而从中捞取好处，结果多次贻误战机。杨仆为高官极受中央重视尚且如此，而那些与他情形相似的下层官吏素质之低下更是可想而知。

吏治败坏，官商勾结，甚至连中央派出的巡回调查的监察人员也被牵扯进权钱交易，他们目无法纪，拼命聚敛，使许多地方民不聊生，怨声载道。人祸加天灾，部分地方农民破产严重，流民千万计，阶级矛盾日益尖锐。

鉴于这种情形，朝廷不得不重新布置吏治监察。汉武帝元封五年，也就是公元前106年，为了加强中央对地方的控制，除京师附近七郡外，把全国分为13个监察区域。每区由朝廷派遣刺史一人，专门负责巡察该区境内的吏政，检举不法的郡国官吏和强宗豪右，其管区称为刺史部。

地方区域的划分，汉遵古制，于郡县之上有州，州也称部。据《汉书·地理志》序介绍：

> 至武帝攘却胡越，开地斥境，南置交趾，北置朔方之州，兼徐、梁、呦、并夏、商之制，改雍曰凉，改凉曰益，几十二部。

这种提法显然是不够全面的，后人经考订研究认为：武帝一代，应有司隶校尉和十三州刺史凡十四部，其中司隶校尉部辖七郡多在京师附近，其余十三州大体为：

汉武帝刘彻传

> 第一，豫州刺史部，辖三郡一国；
>
> 第二，冀州刺史部，辖四郡六国；
>
> 第三，兖州刺史部，辖五郡一国；
>
> 第四，徐州刺史部，辖三郡四国；
>
> 第五，青州刺史部，辖六郡一国；
>
> 第六，荆州刺史部，辖六郡一国；
>
> 第七，扬州刺史部，辖五郡一国；
>
> 第八，益州刺史部，辖八郡；
>
> 第九，凉州刺史部，辖十郡；
>
> 第十，并州刺史部，辖六郡；
>
> 第十一，幽州刺史部，辖九郡一国；
>
> 第十二，朔方刺史部，辖四郡；
>
> 第十三，交趾刺史部，辖七郡。

这年秋天，13部刺史整理好行装，带着不多的随从，从京城长安分头出发。他们带着武帝的诏书，通过一个又一个驿站，不远万里奔赴十三州。

路途上所经过的州郡，当地的官吏早都已经派人在辖境线上迎接。到达目的地，各部刺史捧着皇帝的诏书，向当地长官宣布"六条问事"。所谓"六条问事"，是指在规定的六条范围内，刺史有权监察、询问有关事项。"六条"内容是：

第一，地方上的强宗豪右所占田地、住宅超过规定，以强凌弱，借众欺寡者，可问；

第二，二千石大官如果不遵照皇帝诏书和国家典章制度，损害民众利益以满足自己私利，侵犯百姓，聚敛作奸者，可问；

第三，身为二千石大官，不认真审理有疑问的案件，草菅人命，专凭自己喜怒滥施刑罚，害得百姓活不下去，发生了灾害却谎报吉祥的，可问；

第四，二千石大官在选拔人才时营私舞弊，把自己喜欢的坏人捧上来，把自己讨厌的有才能的人压下去的，可问；

第五，二千石大官的子弟凭借老子的权势，在地方上横行不法，犯了罪又包庇下来的，可问；

第六，二千石官员不尽心公职，反而和当地豪强勾结，收取贿赂，贪赃枉法的，可问。

部刺史在宣布"六条"前还说明："本刺史这次来到郡国，是为了考察地方治绩，黜陟好坏，断治冤狱。在六条范围内，本刺史有权监察询问；非六条范围，即不省察。"

刺史宣布"六条"后，平时那些趾高气扬、凶神恶煞的地方官吏还有那些纨绔子弟都惴惴不安，因为他们知道汉武帝的厉害，丞相都可以腰斩，何况他们这些人！

确实如此，"六条问事"主要是督察郡国守、俸禄二千石大官乃至诸侯王的，它的矛头同时也指向不法豪强地主。各部刺史主要任务是监察，但也可以断治冤狱。

他们搜集到那些不法官吏作奸犯科的真凭实据之后，就在年底返回京师报告。汉武帝任用一批执法苛严的官吏，依靠他们狠狠打击不法官吏和豪强地主。

十三部刺史的设置和六条问事，是同汉王朝社会矛盾的发展相联系的。汉初七十多年的相对平稳，发展了社会经济，也培植了一大批豪强地主和官僚地主。地主对农民的土地兼并日趋发展，到武帝初年，那些兼并豪强之徒已在农村里横行霸道。

官僚和地主沆瀣一气，结为一体，侵犯农民，对抗中央法令。在农村和城市造成无数田宅逾制、以强凌弱、以众暴寡、风厉杀人、蔽贤宠顽、子弟恃怙荣势、依附豪强、通行贿赂的罪恶，直接影响到社会的安定和中央的统治。

从董仲舒的对策开始，就已经有不少人向汉武帝陈述过社会矛盾的尖锐性和严重性。汉武帝知道，打击这些豪强地主以及同他们沆瀣一气的地方官僚，对稳定社会秩序十分重要，也有助于加强中央集权。因此，他果断地采取了这一重大的政治措施，严惩了各地横行不法的地方官僚和豪强地主，暂时缓和了社会矛盾。

汉武帝刘彻传

汉武帝设置十三部刺史，是对秦代监察制度的发展。这种监察制度，在当时能够实行和实际起到作用，是同中国封建社会还处在上升、发展阶段分不开来的。

汉武帝时期，虽然以地主和农民为主的各种社会矛盾已经在发展，但是，封建制度仍然具备有强盛的生命力，封建国家能够运用自身的力量，在一定的范围和一定的程度上，荡涤损害封建经济基础和危害封建中央集权的腐朽的社会势力，巩固封建统治。

当然，这种制度最后还是落实到汉朝整个封建统治阶级对农民的控制和剥削上面。汉武帝的伟大之处，在于他能看到打击局部腐朽势力对巩固整个封建统治的积极意义，并能把这种正确认识转化为实际行动。

改革实施严刑峻法

法律在中国古代社会发展中始终扮演着十分重要的角色，它既像高悬于被统治者头上的利剑，时刻准备以强力镇压他们的反抗；又充当整个社会的利益杠杆，不断调整各种社会关系使之维持平衡与稳定。而封建统治下的国家法律的发展以及运用，必然与帝制社会的进步与停滞、王朝的兴盛衰亡密切联系。

周朝在统治天下的时候重视的是以德治国，对旧贵族的利益和特权是非常维护的，所以《礼记·曲礼上》说："礼不下庶人，刑不上大夫。"因此，可以说明在周朝时期礼包含着法。春秋战国时期随着法家的出现，因而便提出了以法治国的思想。

先秦法家的法治思想有两个十分显著的特点：第一，用法"不别亲疏，不殊贵贱，一断于法。""刑过不避大臣，赏善不遗匹夫。"第二，必须公正执法，这就要求"言无二贵，法不两适。故言行而不轨于法令者，必禁。"因此，在依法治国的条件下，任何人在法律面前都是平等的。

汉武帝即位后，他继承了先秦时期和汉初执法公平"不别亲疏，不殊贵贱"的法治思想，以法治国自然是比较突出的。元鼎元年，也就是公元前116年，汉武帝的妹妹隆虑公主的丈夫陈蟜在为母亲长公主服丧其间"奸，禽兽行，当死"，事发后便自杀了，陈蟜的隆虑侯也因此被废除。

作为母亲，隆虑公主对于顽劣的儿子昭平君，是深感忧虑的。不久，隆虑公主患了重病，虽然经宫中名医治疗，但却已病入膏肓，但她依然念念不忘儿子的前程，总想为儿子谋个万全之策，以免自己死后，儿子会遭到杀身之祸。

于是她把汉武帝找去，伤心地说："哥哥，我只有一个儿子，可是，他平素又不学好，我们现在也没办法管好他了，我害怕我死之后，他会触犯国法，判成死罪。现在，我以黄金千斤，钱一千万，为他预赎死罪，请你答应我，这样我死也瞑目了。"

汉武帝答应了。可惜她的这一举动，仍然没有保住自己的独子。昭平君在母亲死后越发骄奢，在一次醉酒后将隆虑公主的保姆杀死。因为是人命官司，廷尉立即派兵把昭平君抓了起来，把他关押在内宫的监狱里。

按照汉朝法律，无故杀人者，必须偿命；但由于昭平君是汉武帝的亲外甥，廷尉不敢专断，便上奏汉武帝，请汉武帝论断其罪。汉武帝是个执法很严的人，但这件事却使他左右为难。

按照法律，昭平君无故杀人行凶，理应判死罪。可是，汉武帝想到妹妹病危时向自己预赎昭平君死罪的情景，又觉得心不忍，禁不住落泪，说道："我妹妹年纪很大才生了这么个儿子，病危时又向我预赎了他的死罪，现在他真的犯了死罪，叫我怎么办才好呢？"

左右大臣看到这种情况，也纷纷上前说情，劝谏道："既然公主生前已向陛下预赎了昭平君的死罪，陛下就赦免了他吧。"

但是，汉武帝毕竟是个注重法律的君主，在他沉默许久之后，终于抬起头来，望着群臣缓缓地说："法令是朝廷制定的，如果我庇护外甥，而破坏了法令，岂不是有负于民？这样一来，我还有什么脸面进高祖庙呢？"说完，他毅然忍痛判斩昭平君。下诏令时，汉武帝已经泪流满面，悲伤不已。众大臣也都默默无言。

昭平君被押在监狱里，根本没有意识到会有大祸临头，因为他从来都不相信汉武帝会判自己死刑，认为顶多不过罚点钱完事。可是等到听了宣读诏令，他才知道什么叫国法，但是已经晚了。

汉武帝执法非常严明，如方士栾大，在乐成侯丁义的极力推荐下来到了武帝身边。栾大，是胶东王的宫人，以前曾与文成将军少翁同师学习方术，后来做了胶东王的尚方。而乐成侯的姐姐是康王的王后，没有生子。

康王死后，其他姬妾的儿子继承了王位。康王后作风淫乱，与新王合不来，相互之间明争暗斗。康后听说文成将军已经死了，就想对皇上谄媚，进而派栾大通过乐成侯求见皇帝讲述自己的法术。皇上既已杀掉文成将军，后悔他死得太早，惋惜他的法术没有全部使用出来，因此，他见到栾大后很是高兴。

栾大这个人身材高大俊美，言谈中有许多机巧，而又敢于说大话，说得就像真的一样。他曾向皇上自吹说："臣经常往来于海中，会见安期生、羡门高这些仙人。他们因为臣的地位低贱，不相信臣的话。又以为康王仅仅是一个诸侯，不足以把神仙方术交给他。臣曾经多次向康王说，但是康王又不采用臣说的话。臣的师父说过，'黄金可以炼成，河水的决口可以堵塞，长生不死药可以得到，仙人可以招致而来。'但是臣恐怕再走文成的老路，被诛而死，就会使方士人人掩口不言，怎么还敢再谈方术？"

汉武帝听到之后，说："文成是吃马肝死的，不是朕杀了他。先生倘若真有修成神仙的方术，我对爵禄等赏赐又怎么会吝惜呢？"

栾大又接着说："臣的师父不是有求于人，而是人们有求于他。陛下要是一定让他来，那么派遣邀请他的使者的地位一定要更加尊贵，使他做天子的亲属，以客礼对待他，不要鄙视他，让他佩带各种印信，才可使他传话给神人。即便这样，神人来与不来，尚在二可。总之，只有尊敬神人的使者，然后才有可能招致神人降临。"

于是，汉武帝就要栾大现场表演小方术，看看到底有没有应验。结果在他演示斗棋的时候，棋子果真能自相撞击。那时汉武帝正为河水决口而忧虑，于是就封栾大为五利将军。过了一月多，他得到四颗官印，五利将军印之外，还佩有天士将军、地士将军、大通将军印。

皇帝下诏书给御史说："以前大禹能够疏导九江，决通四渎。近些日子河水泛滥于大陆，筑堤的徭役久不能息。朕在帝位二十八年，如果天委派士人辅佐我而栾大就是其中之一。《乾》封称，'飞龙'，又有所谓'鸿渐于般'，朕以为栾大的境遇接近于这个样子。你们给办理一下，以二千户的租税封地士将军栾大为乐通侯。"

赐给列侯的宅第一区，僮仆上千人。从皇帝的乘骑用物中分出车马帷帐器物布置他的新家。而后把卫长公主嫁给他做妻子，送他黄金万斤，又把卫长公主的汤沐邑改名为当利邑。汉武帝还亲自到五利家里作客。而到他家里慰问、赏赐物品的人从此便络绎不绝。自大长公主、将相以下，都在他家摆酒庆贺，献给物品。

汉武帝又刻了一颗"天道将军"的玉印，命使者穿着羽衣，夜间站在白茅草的上面，把印赐给五利将军，五利将军也穿着羽衣，夜间站在白茅上受印，以此表示不是天子的臣子。

而佩戴"天道"将军印，只是为了与天子引导天神。于是五利时常夜间在家中祭祀，想要请神仙下降。神仙没有降临，各种鬼却聚集而来，然而五利善能驱使诸鬼。

此后他治理行装上路，东行到海中，说是要寻找他的师父。栾大见皇帝后几个月的时间里，佩戴六颗大印，他这般尊贵的样子，使得天下都为之震动，而海上的燕齐众方士，都以手扼腕表示振奋，并自言有祝禁的方术，能够修炼成神仙。

元鼎五年，也就是公元前112年秋天，为了讨伐南越，向太一神祷告祈求福祐。以荆为幡竿，幡上画日月、北斗、升龙等图案，以象征太一座的三星，作为太一锋旗，命名为"灵旗"。

在出兵祷告时，由太史官手捧灵旗指向被伐的国家。五利将军作为使者不敢入海求神，却来到泰山祭祷。皇上派人尾随着他察看他的行踪，知道他实际上什么也没见到。可是，五利却妄言说见到他师父了。汉武帝发现了他的诈骗活动后，毫不留情地处死了他，并且对推荐他的乐成侯丁义也判处弃市。

从上面所记叙的文字来看，我们不难看出汉武帝不分亲疏贵贱、严明公正执法。可以说，汉武帝的法治思想是在吸收先秦法家思想的基础上而形成的。事实上，汉武帝重法治也是当时客观形势的需要。

汉武帝即位后不久，西汉统治集团彻底改变了"无为而治"的方针。"外事四夷，内兴功利，役费并兴"，在强化中央集权，加强统治力度的目的驱动下，新一轮帝国法制的建设、完善已势在必行。而这一时期的尊儒活动也为汉廷最终形成"礼制为体，法制为用，出礼入刑，礼刑结合"的法律体系提供了必要的理论支持。

汉武帝时期在立法上的主要贡献在于把早期汉律偏重刑法、民法的格局加以改变，并且加入了大量的关于帝国政治关系、政治生活、官吏制度方面的条款。这些法律有一些是以增补形式出现的，有的则是以单行法形式出现的。因此在数量上，当时《汉律》的增加是很惊人的。

元光五年，也就是公元前130年七月，汉武帝任命主持法律修订的官吏是两个令人谈之变色的铁腕人物：张汤与赵禹。这次制定的律令特点是法令文深而且严酷。在《汉书·刑法志》中记载：

> 张汤、赵禹之属，条定法令，作见知故纵、监临部主之法，缓深故之罪，急纵出之诛。其后奸猾巧法，转相比况，或罪同而论异。奸吏因缘为市，所欲活则傅生议，所欲陷则予死比。

从这一记载中可以看出所谓律令文深、严酷。法令不但条文繁多而且严密。《汉书·刑法志》说汉武帝时法网渐密：

> 律令凡三百五十九章；大辟四百零九条，一千八百八十二事；死罪决事比一万三千四百七十二事。文书盈于几阁，典者不能遍睹。

这段历史记载充分说明了汉朝的律、令、科、比四种法律的基本形式，其中律、令是两种最基本的形式。

律是汉朝最基本、最重要的法律形式，既包括以《九章律》为核心的成文法典，也包括《越宫律》《傍章律》《朝律》以及《左官律》《酎金律》《上计律》《田租税律》等各方面的单行法律。

令是皇帝发布的诏令，也是汉朝的一种重要法律形式。其内容相当广泛，是处理各项国家事务和解决具体纠纷的重要依据。由于令是皇帝直接发布的命令，因而法律效力最高，往往可以取代律。

科是律以外规定犯罪与刑罚的一种单行禁条，也称"事条"或"科条"。如武帝时有《重首匿之科》，东汉也颁布大量种类繁多的科条。

比是指律无正条规定时，比照相近律令条文或同类判例处断，相当于秦律中的"廷行事"。

法律条文的明显增加，使"文书盈于几阁，典者不能遍睹"。汉武帝对于汉律的增补，目的就在于加强中央控制，进一步强化皇权与专制体系。但盲目地依靠法律借以树立特权，势必会造成国家法典层出不穷，过于繁杂。最终的结果，一个是"法令滋章，盗贼多有"；再则是酷吏秉承皇帝个人意愿随意运用、解释判例，使所有的法律都成为专为皇权服务的暴力工具。

法律总是反映统治者的意志，并且是必须具有强制性的。无论多么严密的法典，倘若要是没有执行的人，那么这只能被视为无用的文字而已，不可能成为约束全社会的具有普遍性的规范。

汉武帝刘彻传

汉武帝时期，朝廷在大力增加汉律的同时，还选拔除了一大批的铁腕人物来运用、执行法律，在文书中他们被称为"酷吏"。用严刑峻法打击诸侯王叛乱、豪强、商人、农民起义。

公孙弘为相的元朔年间，军旅数发，年岁欠收，东郡农民揭竿而起，声势渐大，如同波涛轰响，震动整个朝廷。汉武帝豢养的"文学应对"之士中，吾丘寿王是比较突出的一个。

吾丘寿王，复姓吾丘，双名寿王，他是赵国人。从小就很聪明，少年时期，他就以擅长下棋出名，后来追随董仲舒学习《春秋》，才华横溢，肚子装满了圣人的名言，有"天下少双海内寡"之誉。

吾丘寿王向往高贵，追求自由，他才思敏捷，不畏权贵，他大胆创新，不落俗套，他从来不人云亦云，也从来不会低三下四地委曲求全。而汉武帝也认为自己不可一世。

起初，汉武帝让吾丘寿王陪自己下棋，吾丘寿王屡战屡胜，汉武帝一怒之下就把他罢免了。这让他感到了前途渺茫，于是，自己请求黄门养马，没有得到许可，然后又请求驻防边塞，还是没有得到许可，最后干脆要求出击匈奴，还是没有得到许可。

直到后来，东郡发生农民起义，汉武帝任命吾丘寿王为东郡都尉，而不置太守，故号"四千石"，负责镇压敢于起义的农民。但是吾丘寿王这人相当仁慈，不愿意大砍大杀。到任之后，他看到农民主要是因为赋税繁重，官逼民反，他就减轻赋税，安定民心，同时招揽流民发展生产。

但是，他这种标本兼治的方法最终没有得到汉武帝的认同，气得汉武帝诏赐玺书责问他："你怎么这样窝囊？为什么你的表现与你的名声相差这么远？"

东郡农民起义，是汉武帝执政期内最早的一次农民起义。至汉武帝的晚年，声势十分浩大的农民起义终于爆发了。天汉二年，也就是公元前99年，南阳、楚、燕赵、泰山纷纷爆发起义。

起义队伍多者有上千人，小的队伍也有几百人。他们攻城克邑，夺取武器，活捉和杀掉各地的郡守、都尉，全国为之震动。各地农民互相配合，活动在乡间的小股起义队伍此起彼伏。

刘彻下令对"乱民"采取铁血镇压的政策，并派遣使者暴胜之等赴各地镇压。他身穿绣衣，手持斧头，追捕盗贼，威震州郡。绣衣御史暴胜之根据地方官上交朝廷以供军用的多寡进行处置，诛杀两千石以下不听从命令的官吏。

而王贺奉命巡查魏郡，监督地方官追捕"盗贼"。他行事平和厚道，遇畏葸不前、临阵脱逃者往往纵而不杀。而别处御史如暴胜之等人，诛杀二千石以下官吏及连带处死者不下万人。王贺以奉使不称职被免官。

天汉二年，也就是公元前99年十一月，汉武帝在《诏关都尉》中下令严防关东"群盗"："今豪杰多远交，依东方群盗，其谨察出入者。"汉武帝相继派御史中丞、丞相长史到各郡县严加督察，又派光禄大夫范昆、诸部都尉及原九卿张德等，以虎符发兵分头围剿。

这些钦差大臣，持节符，手里掌握专杀的权力，所到郡县，立即处死剿杀"暴民"不力的州、郡、县官吏，曾经供应过起义军饮食的群众也大批被杀。

因为长期对外用兵和维持腐朽奢靡的帝王生活，汉武帝大肆挥霍民脂民膏，远远超过了国力所能承受的限度。封建统治阶级大搞土地兼并，愈演愈烈，没有从根本上得到控制。

宁成，是汉武帝最早任用的酷吏之一。这个人盛气凌人，傲慢异常。对下属则怒目施威，十分专横，治下的百姓对他更是重足而立，敢怒而不敢言。汉景帝十分欣赏宁成的严酷作风，因为在当时，长安左右宗室多违法乱纪，便起用宁成为中尉，巡查京师。他既辱下又傲上，将宗室豪杰收拾得人人惴恐，手足无措。

像宁成这样的严厉苛责的人才，汉武帝求之不得，即位之初即召宁成为内史，负责治理京师。然而没过多长时间，外戚们便纷纷要求武帝惩办宁成。

汉武帝刘彻传

当时的吏治尚有修谨之风，武帝的羽翼还显得很单薄，只好判宁成"髡钳"之罪，剃光了他的头发，戴上刑具，还去做了苦力。后来，宁成竟然弄开了束颈的铁圈，又伪造了一个出关之符，伺机逃回老家。

宁成扬言道："做官做不到二千石，做买卖赚不到千千万，活着也没意思！"几年的时间，他竟然创下了一个良田千顷、雇农千家、产业数以万计的大家业。在乡里照样吆五喝六，持吏长短。对贫苦农民的压迫，比郡守还要厉害。

当时还有一个做郡守的周阳由和宁成一样孤傲自恃、生杀恣意，在地方上的两千石级别的官吏中最称暴酷骄恣。亲信之人犯法，周阳由必枉法徇私，不予惩处；对所憎恶之人，必加之罪名，欲杀之而后快；地方豪强大族也被他夷灭者很多。性格极其刚烈的汲黯和他同车出行之时，也不敢稳坐正中，而在偏侧相陪。

像宁成、周阳由这样非常狠毒的官员，当时和后来的人都称他们为酷吏。太史公说："自宁成、周阳由之后，事益多，民巧法，大抵吏之治类多成、由等矣。"酷吏政治开始在社会上逐渐推广开来。

宁成与周阳由两人的所作所为，基本上体现了酷吏的外在特征及政治内涵：他们严峻深刻、爱行苛法、嗜杀成癖，敢于凌辱上司，称得上是维护专制主义统治的爪牙。他们所打击的对象，是贫苦百姓、宗室贵族以及地方上的豪强大族。因他们行动残酷迅捷，手段残忍毒辣，的确比"循吏"更易受到雄杰之主的青睐。

这些人以皇权做后盾，以酷杀而著称。他们的活动，对于抑制豪强地主的气焰，加强专制皇权，起了显著的作用。但是有一些酷吏也绝对不是清官廉吏。

他们往往以酷行贪，以酷掩贪，这既是他们聚敛财富的主要方式，也是这一时期贪官的重要特点。因此，一批豪强地主被打下去了，一批酷吏贪官却滋生起来，这却是汉武帝始料所未及的。

张汤就是酷吏的代表人物之一。他是杜陵人，他的父亲曾经担任长安丞，出外，张汤作为儿子守护家舍。父亲回来后，发现家中的肉被老鼠偷吃了，父亲大怒、鞭笞张汤。张汤掘开老鼠洞，抓住了偷肉的老鼠，并找到了吃剩下的肉，然后立案拷掠审讯这只老鼠，传布文书再审，彻底追查，并把老鼠和吃剩下的肉都取来，罪名确定，将老鼠在堂下处以磔刑。

他的父亲看见后，把他审问老鼠的文辞取来看过，如同办案多年的老狱吏，非常惊奇，于是让他书写治狱的文书。父亲死后，张汤做长安小吏，曾为守城内吏府的下属，由宁成介绍给丞相府，为丞相史，后来又由丞相田蚡的推荐，补侍御史。

元光五年，也就是公元前130年，汉武帝命张汤治陈皇后巫蛊案。所谓的"巫蛊"，就是埋木偶人于地下，诅咒害人的一种巫术。迷信的武帝，疑心陈皇后要诅咒他。

张汤接了这个案子，不敢不用心。他见武帝气愤不同寻常，便明白皇上不仅是在疑心陈皇后，同时也因为陈皇后年老色衰了。从皇宫里出来，明白武帝要利用自己，利用这一事件，趁机铲除陈皇后。

汉武帝刘彻传

张汤不由心中暗喜，只要自己肯下得去手，不仅能讨皇上欢心，而且还能加官进爵。第二天，张汤升堂。他不惜用尽所有的刑罚，陈皇后终因抵挡不了酷刑，便屈打成招。

张汤捧着带血的口供，连夜奔到皇宫交差。汉武帝看后，点头赞许，马上下令把陈皇后的亲属等一并擒获。这一案件，共判处死刑300多人。张汤也因此受到了汉武帝赏识，升为太中大夫。

张汤为了讨取皇帝的欢心，更加精心揣摸皇帝的意图，以皇上的好恶看作是非准绳，玩弄刀笔，随意解释法律条文。凡是遇到疑难案情，他必定奏上不同的处理意见，任汉武帝随意选择。经汉武帝批准意见，再正式确定。他说："这是天子之意，不是臣下的高明。"

元朔三年，也就是公元前126年，汉武帝拜张汤为廷尉，掌司法平狱，审断郡国议定报请的疑罪。汉武帝正醉心缘饰儒术，一心提倡经学。

当时董仲舒已致仕，汉武帝曾经多次派遣张汤亲自到董仲舒的家，来咨询天下的得失。董仲舒以万能的《春秋》为审案的依据，作《春秋决狱》二百三十二事，然后提供给廷尉作决狱的标准。张汤由此受到启发，奏请武帝以博士弟子补廷尉史，附会《尚书》《春秋》经义治狱量刑。

所谓经义，就是集中体现了统治者的道德观念和统治意志，以此为标准而治狱，就是说可以抛开一切法律束缚，随心所欲地镇压臣民。对汉武帝来说，这真是一个颇有新意的发明，马上将其制度化。文雅的历史学家又称之为"以礼入法"。

所以，"阳儒阴法"的汉武帝没有将先秦法家"不别亲疏、不殊贵贱、一断于法"的精神接过来，发扬光大，而是将儒家的"亲亲、尊尊"的血缘宗法观念同法家的以严刑峻法治民的思想结合起来，形成了一个巨大的社会怪胎。

张汤是善于揣测皇上心意的高手，他看汉武帝有意想宽释某人，张汤就交给平和的监吏审理；汉武帝要是有意重罪某人，就交给苛酷的监吏审理。遇有疑难案件，一定事先向武帝报告，并为之理清头绪原由，等到汉武帝得到允许后，再书于法令谳法挈令，以之为日后量刑的标准。

在审理淮南、衡山、江都三大谋反案中，又是张汤穷究党羽，任意肆杀。他最痛恨的是地方豪强，必舞文巧诋；对赢弱之民往往呵护有加。拜访诸公卿大僚不避寒暑，对那些故人子弟为吏者及其"穷兄弟"，也给予很多照应。因此，张汤虽然用法深酷，仁义之声却传于朝野，与"阳儒阴法"的精神完全一致。

张汤越来越得汉武帝赏识，这个人将儒、法这一软一硬的两把刀子挥舞得非常娴熟，忠心耿耿、绞尽脑汁地为君王剪除异己，镇压黎民，在君上的周围架起了一道密不透风的刀山。

元狩二年，也就是公元前121年，汉武帝提拔张汤做了御史大夫。其时，北部边塞，长城内外，农业文明的保护者汉军，正同游牧文明的代表匈奴连年大战。

在汉军的沉重打击下，游牧文明的前沿开始崩溃，浑邪王率数万兵将投降汉朝。正赶上山东水、旱连年，人民背井离乡，兴兵、安降、赈灾，要粮、要款、要车马，奏章像潮水一样，源源不断地涌到京师。汉武帝急得好像热锅上的蚂蚁，就是想不出到哪儿搜刮这些钱去。

张汤不愧是股肱之臣，给汉武帝出了一连串的好办法：请造白金及五铢钱，垄断盐铁，出告缗令，钮豪强兼并之家，巧诋助法以行之。

汉武帝在张汤的帮助之下，广开财路，大发利市。但是，这条"黄道"并不是一帆风顺。富商大贾、豪强大族纷纷反对，许多奸吏乘此机会枉法贪赃，侵渔获利。

因此，汉武帝授意张汤严厉镇压。大司农颜异对造实际价值和名义价值相差很大的皮币持反对意见，汉武帝非常不高兴。颜异的宾客曾对颜异非议过汉武帝的这些措施，而颜异身为九卿，见措施中有不当之处，却不入朝当面阐述自己的意见，反而加以"腹诽"。张汤察觉了汉武帝的脸色，就以这个罪名论定了颜异的死罪。

颜异被判处死刑后震惊朝野。这时，白发苍苍的汲黯质问张汤："你身为朝廷九卿之一，却上不能继先帝的功业，下不能化天下之邪心，让你这样的人来当政，百姓们真是没法过日子了。"

张汤不理他，径自走了。后来，有人启禀汉武帝，问大司农位居九卿被张汤判为腹诽罪处死的原因是什么时，汉武帝便请张汤自己回答。

这时，张汤说道："皇上，腹诽罪就是论心定罪，臣问大司农颜异对皇上颁布的农桑法令有何意见，臣见他嘴唇动了动，虽然话未出口，但臣可以断定他心里对朝廷不满，所以判他死罪。"在此之后，就出现了"腹诽之法"。办案量刑，根本不用证据，只需要说你"腹诽"君主就足够横尸东市了。

一时间朝野上下，到处都布满了血腥之气，百姓有冤无处申、无处诉。而在酷吏中还有一个叫杜周的人，他是被张汤欣赏举荐为廷尉的南阳酷吏。

他在一年办理的上千个案件中，大的案子能同时逮捕株连几百人，小的案子也要牵连几十人，远者几千里，近者数百里，被拘捕到廷尉府的人，凡是不服的，都要加以黥笞刑讯，按事先规定的罪状认供，大部分被诬告为"不道"以上的罪名，判以死刑。

丞相公孙弘多次称赞张汤，对汉武帝更是俯首帖耳，唯命是从。只有敢作敢为、刚直誉满朝野的汲黯，仍然对朝政横挑鼻子竖挑眼。虽然早就被张汤和公孙弘排挤出朝，他还公开宣言：御史大夫张汤，对皇帝极尽溜须拍马之能事。

汉武帝的宏图伟业，就是依靠张汤这样的酷吏才得以开创的；那一大片一大片耀眼的猩红，是由他撑着酷吏们的腰涂抹上去的，在专制的阳光下，倒也显得非常壮丽。

张汤奏事，喋喋不休，汉武帝听得入迷，竟然连饭都忘记吃了。丞相名存实废；汉武帝处理内政外交，只听张汤一个人的。酷吏政治完全形成，君主专制稳若磐石，安如泰山。汉武帝那五花八门的欲望，也接连不断地实现着。他的伟业雄图上，闪闪烁烁的欲望之星更多了。

但转眼发生突变，张汤媚上欺下，得罪公卿大臣者甚众。尤其以朱买臣为首的一些大臣。朱买臣，原是吴人，大器晚成的布衣大臣，出身贫寒，年轻时靠打柴为生，他边打柴边读书，后被同乡好友严助举荐给武帝。武帝见他精通《春秋》《楚辞》很是喜欢，就任命他为中大夫。因奉旨破东越，被武帝升为主爵都尉，现任丞相长史。

因张汤处理淮南王谋反一案时，张汤诬告朱买臣的好友严助与淮南王刘安谋反有关，因此，汉武帝下令将严助斩首。朱买臣因此怨恨张汤。

等到朱买臣为丞相长史，张汤多次执行办理丞相事务，就故意欺侮凌辱丞相府里三名长史。朱买臣、王朝、边通去拜见张汤的时候，张汤就坐在床上，不以礼相待。因此，三长史对张汤心怀怨恨，待机报复，朱买臣常想舍命害死张汤。

于是他邀约曾经被张汤怠慢的边通和王朝去狩猎，三个长史骑着马在山林路上边走边商议。

朱买臣说："张汤的权势愈来愈大，连丞相都怕他三分，他想除掉谁就除掉谁，也许下一个就该轮到我们了。"

王朝和边通都是曾经当过二千石大臣的人，因为有冒犯，被贬官，现在当朝宰相庄青翟手下任长史。因为曾被张汤羞辱过，所以也对张汤恨之入骨，三人一拍即合。

王朝愤愤地说："难道我们都像李文一样死在他的屠刀下？"

边通冷笑了一声："哼，没那么容易，我看他得势不了多久，因为他杀的人、灭的族太多太多了，我看他自己也不得好死。"

在野山上打了几只兔子，然后找了个空旷地坐下，他们用刀割下了野兔的皮，去掉内脏，点起篝火烤肉。朱买臣从马背皮囊内取下酒，三人就对饮起来。

"唔，烤肉真香。"王朝咬了一口边嚼边说。

"这酒也不错。"边通喝了一口酒赞道。

三杯酒下肚，三人都兴奋起来，朱买臣说："我们是不是坐等张汤来一个个把我们收拾掉？"

王朝放下酒杯，大声说："我们当然不能等死。"

边通问："张汤有权有势，皇上又那么宠他，我们能有什么办法？"

朱买臣说："办法是人想的嘛，他能冤死李文，我们难道不能效尤？"

"明白了。"头脑灵活的王朝立马点头。

边通也恍然大悟，说道："朱兄的办法是……"

"把田信抓起来审问，指控张汤勾结商人受贿致富。"

"……那田信要是不招呢？"

"把张汤发明的三十七种刑法都用上，不就行了嘛。"

"逼他招供……好办法。"王朝点头叫好。

朱买臣把酒樽一甩，高声叫道："就来他个物证、人证俱全。"

汉武帝刘彻传

"好主意。"

"满上干杯！"三人又高兴地饮了起来。

真是屋漏又遭连阴雨，庄青翟宰相因霸陵被盗一事也憎恨张汤，于是，也趁机指使朱买臣、边通、王朝三长史弹劾张汤，这样揭发控诉张汤的奏本顿时像雪片飞到武帝处。张汤听说鲁谒居病重就去探视，家人见是张汤忙通报进去。

"还不快请。"鲁谒居躺在床上说。

张汤进到屋里，见鲁谒居气色不好，就在他的床上坐下问候。

"您老哪儿不舒服？"

"心慌气喘，肿得厉害。"

张汤就起身掀开了他的被子，一看腿脚肿得很厉害，就卷起袖子为他按摩腿脚。

鲁谒居说："张大人，看来，人不能做坏事，自从李文死后我就天天晚上做噩梦……"

"鲁兄！"张汤打断他的话，"你不要胡思乱想，有我呢，你怕什么？"张汤边按摩，边鼓励他。

"张大人，听说皇上对李文之死也有怀疑了，可能已经有人去告发了，张大人，我……我怕呀！"

"鲁谒居，你后悔了，你若是这样，也开脱不了你的诬告罪！"张汤一字一句地说。

"你威胁我吗？"鲁谒居惶恐地说。

"你自己三思。"

张汤没有想到他们两人的言行，已被鲁谒居的弟弟偷听了去。

鲁谒君受到张汤威胁，没几天病情加重，不治身亡。

朱买臣等三人对田信严刑拷打后，田信只得招供，于是三人便上书状告张汤受贿致富。

武帝看了三人的告状正在烦恼，杨得意来报："皇上，赵王求见。"

"宣。"

赵王进来禀道："皇上，李文之死有冤。"

"有证据吗？"武帝问。

赵王便说："皇上，我带来了证人，是鲁谒居的弟弟。"

这赵王名叫刘彭祖，他受封的赵国在北部，因其经营的冶铁铸造业遭到了执行官营冶铁政策的张汤的无情打击，从而与张汤势不两立。鲁谒居死后，鲁文居要为兄长报仇，就去求助赵王，赵王当然乐意，当即带他面见皇上。

"带进来。"

鲁文居进来叩道："小民叩见皇上，皇上万岁，万万岁！"

"你说李文之死有冤，有何证据？"

"禀皇上，我兄长病重，张汤来探视，我亲耳听见他们的密谈，我兄长悔恨作了诬告李文的伪证。我也听见张汤威胁我兄长，所以我怀疑我兄长是被张汤吓死的。"

"带张汤！"武帝大怒，立即升殿要惩处张汤。

"皇上……"

"张汤，你看看，这些都是弹劾你的参本，李文是怎样死的？你跟田信有什么干系？"

"皇上，张汤冤枉。"

"你为何威胁鲁谒居？"武帝愤怒地质问他。

"皇上……"张汤欲分辩。

武帝一挥手，表示不愿听，令道："御史中丞咸宣。"

"臣在。"

"张汤交由你审处。"

"遵旨。"

"张大人，请吧。"

"皇上，冤枉啊。"张汤被两狱卒带走了。

这个咸宣其实也是一个与张汤有隙的酷吏，张汤的案子交给他办，他自然不能手软。这时，同情李文憎恨张汤的大臣们纷纷上书，要求严惩张汤。

这时的张汤在狱中沮丧着脸，披散着头发，背靠墙坐着发呆。栅门口一狱吏说："张汤，赵大人来了，起来迎接。"

张汤想，昔日你们这些下属见了我腰弓得屁股快顶着天，现在却这德行，真是些势利眼狗。

赵禹进来了，他是张汤一手提拔起来的人，也是与张汤共同定酷刑、酷律的人，对张汤虽然同情，但皇帝的旨意岂敢违抗，他一摆手，狱卒端上了好酒、好菜。

赵禹斟了一杯酒说："来，张大人，喝酒。"

"是来为我送行的吧？"张汤没有接酒盅。

赵禹把酒杯放下，为难地说："大哥对我不错，赵某自是感恩难忘，只是……只是皇帝的旨意，为弟岂敢违抗啊？"

"皇上什么旨意，你就直说吧，大不了一个死字，何必吞吞吐吐的？"

赵禹只得说："张兄，你处理的案件也太多了，你想想，你这一生一共诛杀了多少人，灭了多少族。也是，难免没有冤死的，皇上要我转告你，你的罪过已到了犯众怒的程度，皇上也救不了你啦。皇上念你过去有功于朝廷，不忍加诛，为保全你的家族，你就自己决定吧！"

张汤明白了，这个硬汉子脸上滚下了一串泪。说道："我是杀了不少人，也灭了不少族，可这……这都是按皇上的旨意办的呀。唉，我张汤呀，我有何罪？我犯何错？我不过是头替罪羊呀……"

说完之后，张汤用颤颤的声音说："给我笔墨。"于是写道：

　　汤无尺寸之功，起刀笔吏，陛下幸致位三公，无以塞责，然谋陷汤者，三长史也。

赵禹拿起来看，还没有看完，只听"砰"的一声巨响，回头一看，见张汤已撞墙而死。张汤被迫自杀，他的家产总共不到500金。张母用牛车载着儿子的棺木去安葬，棺无外椁。

汉武帝知道了这件事，觉得自己亏待了张汤，就将朱买臣等三丞相长史杀掉。丞相庄青翟也被锁拿入狱、自杀。张汤一死，汉武帝顿觉断一臂膊。

在此吏治皆以惨刻相尚的年月，汉武帝就像白昼间的一轮毒日，正以火辣辣的光芒照遍每一个可能反抗他的角落。而酷吏们则仿佛一轮寒冷的冰月，依靠太阳照亮自己，又代替它用冰冷阴森的月光搜寻着无边的暗夜。

这时，汉武帝找遍了当今酷吏，盘算着由谁来填补张汤死后的空缺。曾经与张汤共定苛法的少府赵禹，现在年纪稍微大了些，为吏却务求宽厚起来。

汉武帝刘彻传

汉武帝让他做了几年廷尉，终于没有得到武帝的赏识，把他贬到燕国做相去了。其他一些酷吏如王温舒、减宣、尹齐等人嗜血如命，做廷尉还嫌不太老道。

元封二年，也就是公元前109年，汉武帝任命杜周为廷尉，希望利用他铲除天下的不法臣子。杜周是南阳郡杜衍县人，出身小吏，甚有能名。义纵任南阳太守时，"以为爪牙"，推荐他为廷尉史。他为张汤服务，得到了张汤的赞许，官至御史。受命查办沿边郡县因匈奴侵扰而损失的人畜、甲兵、仓廪问题。他在查办过程中，严格追究造成损失的责任，很多人因此被判死罪。由于他执法严峻，奏事称旨，因而得到武帝的赏识，加以重用。

杜周果然不负武帝殷切期望，上台后大兴诏狱，二千石官系狱者，不下百余人。地方上报来的章疏，一年中多达千余件。案子大的牵连几百人，小的也有几十人。到庭审理时，狱吏严令被告服罪如所刻之本章，如果不服，即捶楚交下，迫其服罪。

于是，吏民闻有逮证者全都亡命江湖。酷吏们大兴诬蔑奸告的风气，诏狱逮捕者达7万人之众，此外，又以深文苛法罗织罪名，抓捕10

万多人。朝中尚且指鹿为马、恣意杀戮，地方上更可想而知了。

汉武帝对宁成的贪酷之才非常欣赏，在他发财之后重新起用他做关都尉。只一年多的时间，出入关口的吏民皆云"宁叫面对带崽的母老虎，也不愿碰上发怒的宁成"。定襄吏民难以支应军需，纷纷"乱败"，汉武帝立刻起用另一个著名酷吏义纵为定襄太守。

义纵深知汉武帝的意思，把定襄狱中的200多名轻罪犯人和私人郡邸狱探监200多人同时捕杀，罪名是为死刑犯解脱桎梏。合郡之人不寒而栗，毛骨悚然。

类似这样的惨案在全国已经不计其数。法律本身已经非常苛刻了，酷吏们还要法外施刑，任意而为。事实上，专制统治的巩固要依赖于这样的人治。皇帝的意志、诏令就是法律。张汤、杜周等人看武帝的脸色办案，从这个角度看，正是遵法守纪的表现。

君主所制定的任何诏令以及成文法，都只是大小不一样的行星，要围绕光芒四射的恒星旋转。所以说，"法治"只治臣民不治君主，是绝对的。

这一年，还有另外一个上任的酷吏名叫王温舒。八月时，王温舒已经听说他将要调任河内太守。他对河内调查了一下，听说河内郡有不少"豪奸"之家。他决定，只要是他上任，就要来一次大屠杀。

调令果真来了。王温舒计算着日子，现在已是九月了，按正常的规矩，这个时候上任后，抓捕"豪奸"再报给朝廷，只怕返回消息时，要等到明年的立春。

而春天是不能杀人的，一切都要在秋季结束之前完成。于是，为了赶时间，王温舒命令河内郡派出五十匹快马，从河内到长安沿途设驿站，用快马传递消息，奏报不到两日，郡里就收到了朝廷的批文，河内郡的人对此惊叹万分。

一时间，河内郡到处都是刑场和捕快，刀斧手每日举着明晃晃的鬼头大刀，斩头好像切菜般令人生畏。郡中之人，互相牵连的有一千多家，大者灭族，小者致死，没收全部家产，还要交纳罚金。

到十二月底，郡内已是血流成河，十里之内，不见净水。夜间，街上没有行人，各家锁门闭户，鸡犬之声也淹没在空前的黑暗里。

立春这一天终于到了，王温舒来到长安，叩见汉武帝说："皇上如果再给我一个月时间，我定能使河内歌舞升平，百姓欢呼万岁。"

汉武帝听完，觉得王温舒办事得力，应该把他牢牢掌握住并加以利用。便把此人升迁为中尉，负责长安京城的治安。王温舒在中尉任内，专用一些好杀人的恶吏为爪牙，鼓励告密，百姓对他的爪牙畏之如虎，逃避恐怕是来不及了，凡入狱的人大部分都被折磨致死。

汉武帝曾想起用家居的宁成为郡守，当时任御史大夫的公孙弘进谏说："臣居山东任小吏的时候，宁成为济南都尉，他治理地方如同以狼牧羊，诚然不可使他治民。"

汉武帝刘彻传

这样，汉武帝便让宁成出任函谷关都尉。这一年多时间，吏民出入关的，都传说宁愿撞见老虎，也不愿看到宁成发怒。酷吏以苛法为治，以杀人邀功，杀人多的升官。

重任酷吏，必然伴随着重法。按照法家的原则，法律一经制定，不管亲疏贵贱，一断于法，君主也不能随个人好恶随意破坏。法令一经宣布，君主应与庶民一律遵行，不得随意曲解、改订，才能取信于民。有法可依，犯法必纠，使人民知道怎样避免犯法，封建社会的秩序才能维持。

可是，汉武帝滥用皇权，本人不再遵守已有的律条，法律的尊严成了他自己的尊严。他对汉律的大肆修订，是随心所欲的。招进张汤、赵禹这帮酷吏，恢复汉初已经废除的连坐法、族诛法、诽谤妖言法等苛法，作"见知故纵"之法，对于执法较宽的官吏，以纵容犯罪的罪名处死。而对枉法杀人的酷吏，却给予奖励。

高度加强军事力量

　　军队是历代王朝用以巩固和加强其统治政权的必要手段。"天生五材，民并用之，废一不可，谁能去兵？"统治者在标榜鼓吹文德治国平天下的同时，军队的建设，军兵种多样化更大程度上是在不断加强。

　　封建专制主义的发展，同时为帝国国家机器中的重要组成军队的发展也提供了不断的延伸空间。"鞭扑不可弛于家，罚不可废于国，征伐不可堰于天下。"

　　当封建专制主意的对内对外矛盾日益尖锐时，当中央集权的深化需要强力保障时，那么军队的改革、兵制的变化就会不可避免地摆上议事日程。

　　对军队问题处理的后果，将直接作用于其他国家职能的行使。从某种意义上讲，军队就是一面镜子，它总是客观地反映着一个国家的政治态势及其发展趋向。

秦统一天下后，便出现了全国规模的征兵制。征兵以郡县为单位，郡守有征发一郡壮丁作战的权力。当时农民既是主要生产力，也是兵员的主要来源。秦朝兵役和劳役极为繁重：当时全国大约有2000多万人口，而经常被征发服兵役、劳役的就有二三百万人。

汉代的军制是在继承秦朝军制的基础上发展起来的。而且，汉代已经有了很完备的募兵制度和兵役制度。明文规定，23岁就必须担负国家徭役兵役。

但是，西汉主要采取的征兵制度还是以自愿报名，这样招募的士兵，家属受到优待，吸引力非常，一旦当事人招募成为士兵，他的全家就可以长期免除地方上各式各样的徭役和赋税。

其活动一般多在农闲时进行，所有被征发者必须无条件到指定地方集结，装备大多是由国家供给。地方常驻军队数量很少，但更番入卫长安的士卒则多由这些地方军队中选拔，统归卫尉或中尉来掌握。

汉武帝刘彻传

汉武帝时期，以"内朝"驭"外朝"，削弱王国诸侯，加强对军权控制；在频繁用兵过程中，军队结构、兵员征集等不断变化，骑兵上升为重要兵种。募兵制逐渐施行。

汉初以来仍然继续履行秦代"征兵"的制度，具体划分士卒为三类：材官，车骑，楼船，大体相当于步兵，骑兵与车兵、水军。所征士兵一般依照地域划分，由郡尉等官吏进行召集、训练。

军队的体制分为地方军和中央军二种。地方军分散在各个郡、国，由郡的都尉或王国的中尉统领。各郡、国的地方军，根据所在地的具体情况，组建不同的兵种，由都尉或中尉组织进行军事训练。

每年的秋天，郡太守、各封国之王或丞相举行"都试"，检阅"正卒"。各郡、国的地方军，不得擅自调动。皇帝调发郡国兵时，用铜虎符为验，无符合的就不得发兵。发生战争，调兵集中，由皇帝临时委派将帅，率军出征作战。战事毕，将回朝，兵归各郡、国。

汉代军队，在武帝时期数量得到扩大、军种也较为完备，尤其是改革了保卫京师的军队建制，使中央所控制的军力大大加强。汉代沿袭秦代为南、北二军。

南军由卫尉率领守卫京师。属下有公车司马令、卫士令、旅贲三令丞。又诸屯卫侯司马二十二官之属焉。公车司马掌宫殿中司马门的警卫和接待工作。卫士令掌征调入宫的卫卒；旅贲令掌膂力之士。

南军的主要职责是守卫皇宫，西汉一代，未央宫基本上保持着皇宫的地位，是保护的重点区域。东央宫处长安城南部，守军因此得名。

除未央宫外，南军也承担保卫其他宫殿安全的任务。当皇帝外出时，南军充当扈从。因此严格地讲，南军主要是指宫殿区卫戍军，这与其得名已有一定差距，毕竟长安城中宫殿区的面积是越来越大了。

汉初以来，宫廷禁卫军，除了守卫宫城的南军外，还有一批皇帝的贴身侍卫，称为"郎"。郎官宿卫宫闱、给事近署，多是由官僚和贵族子弟充任。

汉初郎官无员额限制，郎官之长为郎中令，其属官主要是郎中将、署长、郎中；中郎将、署长、中郎；外郎将、署长、外郎。武帝在增加郎官数量的同时，又在建元三年，也就是公元前138年设立了期门军。

期门军"掌执兵送从"，即执兵器迎送、随行皇帝。期门军无定员，有时多至千人。大都是选自天水、陇西、安定、北地、上郡、西河六郡的"良家子"。

所谓的"良家子"，就是非医、巫、商贾、百工之家的子弟。六郡地处边境，人多勇猛善战，所以主要从这里选拔禁卫军。由于这支禁卫军，在武帝出猎、出巡时，总是先期待于诸殿门，因此以"期门"为名。期门军之长为期门仆射。

太初元年，也就是公元前104年，汉武帝又选六郡"良家子"，组建羽林军。羽林军原称建章营骑，由宿卫建章宫而得名，后更名"羽林骑"，取"如羽之疾，如林之多"的寓意。羽林军大约有700人，由羽林令统领；汉武帝又选取战争中战死者的子孙养于羽林营里面，教他们骑射，被称作"羽林孤儿"。羽林孤儿无员额限制。

而汉武帝创建的"期门军"和"羽林军"主要就是为了加强南军的

力量。与此相对的北军是由中尉所掌卫士驻长乐。北军主要用以保卫城防，负责把守各城门及城内外的防务。皇帝车驾出行，先导清道，布列仪仗。因为其营垒在未央宫之北，所以称为北军。属下有两丞、侯、司马、千人等。

为了防范中尉权重专断，出现危害中央的反叛，武帝于元鼎四年，也就是公元前113年，在京师周围的内史所辖地区设京辅都尉、左辅都尉、右辅都尉三都尉，分管京师地区的保卫。又设城门校尉，掌京城的城门警卫。

太初元年，也就是公元前104年，武帝将内史所辖区分为京兆尹、左冯翊、右扶风三个辖区，称为"三辅"，级别相当于郡。京兆尹境内的军事保卫由驻扎在华阴县的京辅都尉负责；右扶风境内的军事保卫由驻扎在县的右辅都尉负责；左冯翊境内的军事保卫由驻扎在高陵县的左辅都尉负责。

汉武帝刘彻传

与此同时，武帝将中尉改称为执金吾。虽然他仍然是三辅地区的最高军事长官，但其职权被分割了。三都尉与城门校尉之间也互相牵制。

长从军的八校尉与北军中的番上的卫士既互相辅助又互相牵制。这样既充分发挥了北军保卫京师的作用，又防止了可能发生的反叛。中央军队的稳定，有力地控制了地方。

北军驻扎范围应较南军更广，人数也多。与南军战士相同，北车士兵也是每年轮流调充的，年初来，年终归，称为"番上"。

但不同之处在于北军士兵多由三辅地区现役战士充任。三辅地区邻近京师，乡土、宗族、亲族的观念使其民与京师联系紧密、休戚相关，守土抗敌之情甚浓。以子弟兵组成首都卫戍军来保卫京城，其中防微杜渐之意亦深。

北军兵力强盛，装备精良、有很强的战斗力。吕后死后，陈平、周勃就是依靠北军之力制服诸吕的。

而且北、南二军互不统属，军权直属皇帝，虽太尉也不得涉足。北、南二军的兵力超过任何郡国，皇帝足可居重驭轻；北、南二军内外相辅相制，足以保证皇帝的安全；北、南二军不单保卫京师和宫城，有时还被皇帝派遣出征作战，是皇帝用来制御四方的两把利剑。

武帝长期用兵四夷，经常调用北、南军将士远征。为了防止"内无重兵，或致生变"，必须建立一支可以由中央随时调遣的"长从"军，而不是一年一更换的"番"军。

为了加强保卫京师的军事力量，元鼎六年，也就是公元前111年，汉武帝在中垒校尉的基础上又创建了由7个校尉而分领的7支军队，即屯骑校尉，掌骑士；步兵校尉，掌上林苑门所屯步兵；越骑校尉，掌由越人组成的骑兵；长水校尉，掌长水、宣曲胡人组成的骑兵；胡骑校尉，掌池阳胡人组成的骑兵；射声校尉，掌待诏射声士，就是优秀射手部队；虎贲校尉，掌轻车部队。

每个校尉所统领的军队约为数百人至上千余人。七校尉都归中垒校尉总领。各校尉军的来源很多，有汉人，还有匈奴、越等少数民族，有的是经过特别选拔的，如射声士等。八校尉军在建制上归北军统辖，但与北军的番上卫士不同，也是以兵为职的长从军，长期屯驻于京师各城门内外。

汉武帝加强军事力量的另一个举措就是扩大兵源。由于长期对外战争，旧的征兵制已满足不了频繁战争的需要。于是征发刑徒兵、蛮族兵、奴隶兵和募兵应运而生。

经过武帝的改革和实施，汉代的军制在发展中巩固了。这个发展的最主要一点是使皇权与军权合一，使汉代军制的性质皇权专制化了。汉武帝是全国各军最高的、也是仅有的统帅。他紧握宫廷禁卫军，牢牢控制天下之兵，所以得运筹于帷幄之中，决策于千里之外，如身之使臂，臂之使手，显威扬灵，以巩固强化他的专制统治，建立文治武功，建立大一统的汉帝国。

加强中央财政举措

汉武帝即位后，凭借西汉前期60多年的积蓄，国家财政本来非常富裕，但由于汉武帝对外战争的耗费巨大，兼之大兴功业和救灾以及朝廷上下的奢靡，仅仅过了20年，国家财政就开始频频出现亏空，国家财政面临着崩溃的危机。

在财政困难面前，汉武帝采取了一些应急措施。元朔六年，也就是公元前123年六月，汉武帝颁布诏书，准许百姓出钱买爵位和赎回被监禁的人，也可以交钱免除罪行。又特设"赏官"，称为"武功爵"，共17级，共值3000余万金。

一级称为造士，二级称为闲舆卫，三级称为良士，四级称为元戎士，五级称为官首，六级称为秉铎，七级称为千夫，八级称为乐卿，九级称为执戎，十级称为政戾庶长，十一级称为军卫。以下各级爵位名称失佚。第一级定价铜钱十七万钱，往上每级增加二万钱。至十七级合成三十余万钱。只要购买武功爵至第七级"千夫"的人，可以优先出任下级官吏，免除本人徭役，有罪可减刑二等。

汉武帝卖官职，主要目的就是为了敛财。但买爵后能够免役，那么，就使国家失去了相当数量的徭役权。卖爵的收入，没有用来营业，大部分用在军费、官俸和皇帝自身消费上。那些买得起官爵的人，多是豪富之人，这些人入官府，造成官员素质降低，官场风气腐败，实在是弊大于利的办法。

汉武帝还专门树立了一个献财典型，那就是卜式。他原本是河南郡人，是孔子的门生。自幼家境贫寒，上不起学，以种田和畜牧为生。父母去世之后，家中只有个幼小的弟弟，等到弟弟成人后，卜式便把田地房屋财产都给了弟弟，而自己只带走了100多只羊，上山放牧。

在他上山放牧的十多年间，他的羊达到1000多只，又自己买了田地房屋。而他弟弟由于只是玩乐而坐吃山空，家产耗尽，于是卜式又把自己积攒的家产分给弟弟，它的举动受到邻里的一致称赞。

当时汉朝正在和匈奴作战，国库很紧张。于是，卜式又上书表示愿意把财产的一半拿出来支援边境战事。汉武帝听说后，立刻派使者询问他："你这样做，是不是想做官呢？"

他则答道："我从小就放羊，没学过做官的学问，不习惯过官吏的生活，我不愿意做官。"

使者接着问，"那家中是不是有冤屈打算上告？"

他又回答，"小人生下来就从不和人争执什么，对我的家乡人，生活困难的我就借他们钱粮，对行为不端正的人，我就开导教诲他。我住的那里，人们都依赖我，对我都很友好。我能有什么冤屈呢？"

使者觉得有些不可思议，便问，"既然是这样，那你拿一半财产出来是想做什么？"

卜式老实地回答道："天子讨伐匈奴，我认为有能力的人应该到前线拼死作战，有钱财的人就应该捐献出来，资助军队。这样我们大汉就能把匈奴消灭了。"

当使者把卜式的话汇报给汉武帝后，皇上便把这些话说给丞相公孙弘听，公孙弘说道："这可不符合人的本性。对那些图谋不轨的人，不能为了利益而破坏法纪。请陛下不要答应。"于是皇帝一直没回复卜式。

又过了一年多，汉朝又碰到汉军屡次出战，匈奴的浑邪王等投降，朝廷费用很大，仓储府库也空了。到了第二年，大量贫困民众流离迁徙，都靠朝廷供给其吃住，朝廷不能全部供养。

这是，卜式便拿出20万钱给河南的郡守，分给迁徙来的百姓。河南郡守向上报了当地富人资助贫民的名册，汉武帝看见卜式的名字，记起了他，说："这就是从前想捐出家财一半助边的那人么？"于是，武帝赏赐卜式，把400戍边人的12万给养钱归他，卜式又把这些钱通通还给朝廷。

此时，富豪都争着藏匿钱财，只有卜式拿出钱来助边。汉武帝于是以卜式为长者，因此特别尊重他，以他做榜样教化百姓，便征召他，拜为中郎，赐爵左庶长，又赐予他良田十顷。

汉武帝想用这样的方式号召百姓，带动其他人向国家捐献钱财。这些方法确实取得了一定的成效，但总体上仍是杯水车薪，而且还造成了吏治败坏等弊端。

汉武帝日夜思索，又反复和大臣商议，想找条出路，以摆脱财政上的困难。经过一段时间的酝酿，终于想出了办法，制定出一系列增加财政收入的政策。

这些政策，主要是通过加强封建国家的专制主义的经济力量，以富有的大商人为对象，将他们过去所得的利益转归汉朝政府。一场整理财政、增加国家收入的斗争，在汉武帝和大商人之间展开了。

盐和铁，是古代社会维持和发展生产力的重要原料。盐是生活必需品，每天不消耗一定分量的盐，人就没有气力进行生产。铁在中国封建时代，除了用来制作兵器外，主要用作制造农具，对农业生产的发展有重大作用。

汉代是铁制农具大发展、大推广、大普及的时代，铁的生产和买

汉武帝刘彻传

卖，对国计民生有极大意义。掌握了盐和铁，也就在很大程度上控制了社会生产的发展和财政经济的收入。因此，谁掌握了盐铁的生产和流通，谁就可获大利、致大富。

元狩三年，也就是公元前120年，大农令郑当时向武帝推荐盐商东郭咸阳和孔仅二人。东郭咸阳是齐国人，他是资产累千金的大盐商。

孔仅是梁国睢阳人，他是大冶铁商人。

汉武帝采纳郑当时的建议，下令实施盐铁官营政策，将原属少府管辖的盐铁划归大农令，由国家垄断盐铁的生产，并任命大盐商东郭咸阳、大冶铁商孔仅为大农丞专门负责此事。

桑弘羊由于善于计算经济问题，参与盐铁官营规划，负责"计算"和"言利"之事。桑弘羊出身于洛阳一个商人家庭，据说在百日抓周的时候，就抓的是官印而非金银。但商业给了他十分深远的影响，童年时代的桑弘羊整天游戏于喧闹的市场和店铺，周围人谈的都是生意经。

那时商人计算数字用筹码，七八岁的桑弘羊已把6寸长的筹码摆弄得非常熟练了。13岁的时候，他已有超人的计算水平，且不用筹码，只用"心计"就行了。

桑弘羊的父兄非常开明，有远见，他们一改商人不让子弟做官，只让经商的习惯传统，在桑弘羊13岁的时候，他便以心算的特长，被召选到宫廷任侍中。

汉武帝有了这三个人，一个理财家，两个精通业务的专家，就委托他们全权办理盐、铁专卖。

专卖政策规定：煮盐、冶铁及其贩卖，全部收归官府，不许私人经营。盐民不准自置煮盐锅，煮盐锅由国家发给。私自煮盐的，没收生产用的器物，还要处以斩去左脚趾的刑罚。盐民产盐自负盈亏，国家按官价收购。收购到的盐，基本上是就地出售，或由官家、商贾运销各地。盐价由国家规定，如要变动，须经皇帝批准。

铁的专卖，包括矿山开掘、钢铁冶炼和铁器铸作三个环节。凡是矿山所在郡县，都设铁官，统管三个环节。没有矿山的地方，设小铁官，只掌管铁器的铸作和销售。

冶铁和铁器制作由卒徒和工匠担任。铁官对铁的质量、规格、产量、产值，定出一定的标准。铁官使用大批官徒，从事艰苦繁重的冶铁、铸铁劳动。全国设置盐官的有27个郡，36县，另加一个东平国；设置铁官的有个39郡，48个县。

盐官和铁官都归大农管，直属中央政府。盐铁专卖政策完备详尽，汉武帝对孔仅和东郭咸阳制定的专卖计划和细则，非常满意。为了拉拢盐铁商人，并防止他们捣乱、破坏，汉武帝下令任用盐铁商人中的大户，充当各地盐铁官府属吏。这样，既能用其所长，又以法律约束，如果他们知法犯法，那就是自讨苦吃。这一策略有效地保证了盐铁专卖政策的执行。

孔仅推行盐铁专卖政策，并在铸造农具方面做出了成绩，促进了农业生产的发展。汉武帝很是高兴，于是在元鼎二年，也就是公元前115年拜他为大农，列于九卿之位。桑弘羊也因管理财政有功，被拜为大农丞，管理全国的会计事务。

汉武帝刘彻传

盐铁专卖有效地解决了当时严重的财政经济困难，为汉武帝"外事四夷，内事兴作"，提供了可靠的经济保证。这对汉代社会经济的发展和多民族统一国家的形成，是有贡献的。但也不免带有封建官营事业共有的弊病，如不少铁器质量低劣，规格不合要求，价格昂贵，还有强迫人民购买及强征人民作役的弊病。

但对于武帝来说，是他整理财政的成功措施之一。他善于用人，善于采纳合理的建议，并加以实行，这就保证了他的成功。

统一铸钱它成为汉武帝整理财政、统一币制的重要标志。货币是商品流通的中介物。货币混乱，严重影响商品经济的发展和国家的稳定统一。自由铸钱，不仅使国家经济遭受到了严重的破坏，并且助长了封国、豪强割据势力的发展。

到了汉武帝即位之后，关于钱币不一、通货膨胀等头疼问题奏呈上来时，汉武帝马上意识到严重性，为此茶饭不思，非常忧愁。于是武帝决定采取币制改革。

元狩三年，也就是公元前120年末，汉武帝便在未央宫前殿召集有关大臣商讨此事。改革的目的性十分明确，"更钱造币以赡用，而摧浮淫并兼之徒。"一是靠发行新币来解决当前财政困难，二是从富豪手中要钱。

事实上，这两者是一回事。此时，深受汉武帝重用而参与决策的，是御史大夫张汤，张汤拿出了一个方案：

张汤奏议：第一种是白金币，由银、锡铸成。白金币用银锡合金铸成，分为三品：上品重八两，圆形，龙纹，面值3000万钱；中品重六两，方形，马纹，面值500万钱；下品重四两，椭圆形，龟纹，面值300万钱。

第二种是铜币，取消半两钱，改铸为三铢钱；

第三种是皮币，用御苑中的白鹿皮制成。每个皮币长宽1尺，缘上绣五彩花纹，面值40万钱。

元狩四年，也就是公元前119年初，皮币、白金币和三铢钱正式同时发行。白金币和三铢钱在市场上流通，这使得朝廷大发"横财"。但"盗铸"不久也随之出现了。

尽管在发行三币的时候，武帝曾经下过禁止私人仿造的命令，但是皮币、白金币的面值超过实际价值不知多少倍，巨额利润诱使一些人铤而走险。

白金币的原材料是银和锡，少府有大量的银和锡，民间也很多。于是，盗铸白金币的难以计数，其中不乏达官贵人，甚至王侯。武帝下令杀了一批人，也没能制止。

皮币的原材料是白鹿皮，白鹿只有皇上的禁苑中才有，民间无法盗作。但大农令颜异又对皮币的等值问题提出异议。他说："今王侯朝贺以苍璧，直数千，而其皮币仅40万，本末不相称。"

他这话虽然迂腐至极。武帝造皮币，目的就是强取王侯们的金钱以解决眼下的财政危机，哪里管什么"本末相称"与否。当元狩四年令初下时，有人告诉颜异发行皮币有许多不妥之处，"异不应，微反唇"。造皮币是张汤提议的，而张汤又与颜异素来有隙。

于是，张汤奏劾颜异身为九卿，见令不便，不明言而腹非，论死。此后始有腹非之法。这个事件恐怕事出有因。王侯们深受皮币之"害"，有苦难言。颜异的态度和言论，无论其主观动机如何，在客观上都是为诸侯王们张目的。颜异被杀后，再也没人敢对皮币提出异议了。

而三铢钱又太轻，周边又是平的，没有廓，盗铸者经常从三铢钱的背面磨下铜屑，再用来铸钱。三铢钱只发行了一年的时间，到元狩五年，也就是公元前118年就无法再维持了。

元鼎二年，也就是公元前115年，在一些大臣的建议下，武帝又颁下诏令铸造"赤仄钱"。赤仄钱又名"赤侧钱"，其廓是用赤铜铸的。一枚赤仄钱当五铢钱五枚。凡是交纳算赋、口赋，必须得用赤仄钱。汉武帝希望靠铸造难度大的赤仄钱来杜绝伪钱。同时，这无疑又是敛钱的方法之一。

赤仄钱发行后，逐渐取代了白金币，人们非常喜欢储存赤仄钱。为了维护白金币的信誉，官府曾经采取一些强硬措施，可是收效非常小。第二年，武帝不得不宣布废止白金币。

不仅如此，如果赤仄钱大量发行，必然贬值。按规定一枚赤仄钱当五枚五铢钱，但发行不久就兑换不了五枚，有时兑换四枚，有时仅能兑换三枚。而且各地区、各时期的兑换比值也完全不一样。赤仄钱的发行造成了币制的更大混乱。

这样就迫使汉武帝不得不采取新的行动，以遏制混乱。否则，币制改革不但不能解决财政危机，还将使眼下危机进一步加深。

于是，武帝总结百余年货币改制的经验教训，终于认识到，如果要真正禁止盗铸货币，保证货币的质量，确保货币的正常流通，就必须完全由中央垄断货币的铸造和发行。

元鼎四年，也就是公元前113年，汉武帝采用大农丞桑弘羊的建

汉武帝刘彻传

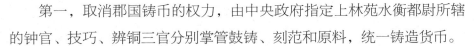

议，下令：

第一，取消郡国铸币的权力，由中央政府指定上林苑水衡都尉所辖的钟官、技巧、辨铜三官分别掌管鼓铸、刻范和原料，统一铸造货币。

第二，新铸造的货币重五铢，文曰五铢，"重如其文"。因为五铢钱是由上林三官所铸，故而称为"上林钱"或"三官钱"。三官钱是全国唯一合法流通的货币。非三官钱不得流通。

第三，郡国所有的旧币一律作废销毁，将铸钱的铜输入三官。

此次币制的改革，是中国有史以来第一次将铸币权完全集中到中央。这样做的结果，一是政府把全国各地的铜材收归中央，堵塞了盗铸的材料来源；二是三官钱的名义重量与实际重量完全一致，盗铸无厚利可图；三是制作技术高，质量好，私人没有能力盗铸。从此以后，盗铸的风气大为减少，朝廷基本上能够控制货币的铸造与发行。

所以，这次币制改革获得了成功，终于取得了对富商大贾、豪强等私铸钱币斗争的胜利。货币的统一、货币的稳定，加强了国家的经济力量，增强了中央集权。武帝所铸的五铢钱，一直流通到隋王朝，700年不废。

据史书记载，从汉武帝统一币制起到西汉末年，西汉政府总共铸造280亿枚五铢钱，五铢钱制大体上是稳定和巩固的，这种方孔圆廓的五铢钱在七百多年时间内，成为中国大地上的主要流通货币，也为帝王提出了许多看得见、摸得着的经验和教训。

汉武帝所进行的统一货币、盐铁专卖等经济改革措施都已经初见成效，有的措施正在深化完善，财政形势大有好转。武帝颇感欣慰。

元封元年，也就是公元前110年，已经升为御史大夫的卜式，听到种种反映：官府卖出的盐，不是咸的，而是苦的；官府统售的铁工具，脆弱不牢，一下地就断裂，而价钱却很贵。老百姓不欢迎这种产品，官吏却强迫非买不可，还有，征收商人的船税太多了，以致经商的人减少，日用货物也少了，物价上涨。

这些问题关系到了国计民生。于是，他便找大司农孔仅商量，孔仅也感到是个问题。经过反复磋商，他们决定向汉武帝反映盐铁专卖中的这些问题。

汉武帝听后，觉得十分不高兴，一怒之下便把卜式贬为太子太傅，并且撤了孔仅的职位，继而任命桑弘羊为治粟都尉，统管大农官的事。

事实上，桑弘羊也早已看到盐铁专卖中存在的问题。他还知道，主管盐、铁的官吏，为了卖出质量差价格高的盐、铁，往往互相争市，影响了盐、铁的价格稳定。但是，桑弘羊没有采取提意见的方式，而是经过深入调查、反复思考，认为对郡国送京贡物的运输和京师市场的供销应该进行改革。

汉初，各郡国都向中央政府贡献输送当地的土特产品，假若产于其他郡中的，还得派人到远方采购，然后雇人转运到京师。其实这样做，给商人提供了很好的从中渔利的机会，他们乘机抬高物价，大发其财。而且贡献的物品几经周折，长途运输，肯定会损耗和破坏，有时贡献的价值还抵不上运输费用。劳民伤财，既增加了人民的负担，又使政府蒙受损失。

鉴于这种情况，桑弘羊认为，应该由中央政府统一进行控制和管理，收权于中央，收财于中央。他奏请汉武帝行"均输""平准"之法。其具体做法是：

第一，在各郡国设置均输官，主持运输各郡国的贡纳物品；在长安设平准官，掌握运到京师的货物和物价。各地的均输机关与京师的平准机关互通信息、互相配合。

第二，各郡国向中央贡纳的物品，全部按当地市价，购买成当地出产的物品，交纳国家后，由均输官负责将它运输到缺乏这类物品的地区出售。然后在这里购买当地出产的物品，输送到其他缺乏这类物品的地区出售。这样辗转运输、销售，国家利用地区存在的差价，从中获取巨大经济利益。最后根据平准官提供的信息，在最适宜的地区购买京师所需要的货物，运到京师。

第三，在京师的平准官，将各地运到长安的货物，在京师市场上卖掉，利润上缴国家。并且要遵从"贵则卖之，贱则买之"的标准，平抑市场物价。这样既确保了对京师人民的供应，又打击了投机倒把的商人。

这样，果然得到汉武帝的赞许。"均输""平准"的实行，使物价相对地稳定下来，政府的支出大大减少，还可以获得很大的经济利益。这项政策又能再次抑制大商人，完全符合汉武帝重农抑商的方针政策。

统一货币、盐铁专营、均输平准等，是桑弘羊改革经济、理财兴利最得力的措施。他能在不太多地增加农民赋税负担的情况下，满足国家浩繁的财政需求，确实立下了很大的功劳。所以，一直受到武帝的信任和器重。

为了打击积货逐利的商贾。他颁布算缗、告缗令。元狩四年，也就是公元前119年，山东发生了水灾，70余万饥民无以为生，到处流亡，阶级矛盾大有一触即发的势态。

而一些富商大贾拥有大量资财，过着奢侈无度的豪华生活。他们不但"不佐国家之急"，而且还趁火打劫，大发国难财，严重地破坏了地主经济的基础。这就使汉朝地主政权面临着危机四伏的局面。

汉武帝看到了这一问题的严重性。为了解决财政危机，巩固封建统治，他开始重用"兴利之臣"，并决定首先向商人开刀。这就是元狩四年，武帝根据御史大夫张汤和侍中桑弘羊的建议，颁布了打击富商大贾的算缗令和告缗令。

据《史记·平准书》的记载，这两项法令包括了四个方面的内容：

第一，凡属工商业主、高利贷者、囤积商等，不论有无市籍，都要据实向政府呈报自己的财产数字，并规定凡二缗抽取一算，即一百二十文。而一般小手工业者，则每四缗抽取一算。这叫作"算缗"。

第二，除官吏、三老和北边骑士外，凡有轺车的，一乘抽取一算；贩运商的轺车，一乘抽取二算；船五丈以上的抽取一算。

第三，隐瞒不报，或呈报不实的人，罚戍边一年，并没收他们的财产。有敢于告发的人，政府赏给他没收财产的一半，这叫作"告缗"。

第四，禁止有市籍的商人及其家属占有土地和奴婢，敢于违抗法令的，即没收其全部财产。

由以上规定可以看出，算缗主要是针对商贾的。元鼎三年，也就是公元前114年，汉武帝下令规定，百姓告缗，可以得到被告发者的一半资财。重赏之下，必有勇夫，于是杨可立了头功。

一个商人，只要被人告发并经查实，立刻被拘入狱。商贾中家以上几乎都被告发。武帝派遣御史和廷尉正、监等分批前往郡国清理处置告缗所没收的资产，得民财物以亿计，奴婢以千万数，田地大县达数百顷，小县也有百余顷。

商贾中家以上都因此破产，武帝将没收的缗钱分配给各个部门。水衡、少府、太仆、大农等机构设置农官，分别经营没收的郡县土地。没收的奴婢则主要用于饲养狗马禽兽和在官府担任杂役。

告缗延续近十年，使西汉政府的财政状况有了明显的好转，这才停止了告缗。

告缗以及盐铁官营等政策，为武帝的内外功业提供了物质上的保证，起到了加强专制主义中央集权制度的作用。但商人势力在经受严重打击后并没有销声匿迹，西汉后期，商人与官僚、地主逐渐合流，加剧了土地兼并的发展，直接导致了当时严重的社会危机。

实施土地兼并措施

春秋末期，诸侯国君占有的称之为公田，地主占有的称之为私田。到了两汉时期，国家直接控制的土地称之为公田，其中包括为提供军粮而设的屯田，国家赋或假给农民的土地；私人占有的称之为民田。

而除了公田以外，法典化的也就是在全国具有普遍性、持久性和稳定性的土地制度是名田制。名田制就是占田制，也可以说是合法的占田制。

汉代的名田制是从秦名田制直接继承而来的。最早是在《史记·商君列传》中提出来的，它是商鞅变法在秦国确立，然后向关东六国地区逐渐推行的土地制度。《商君列传》说，商鞅变法，令"明尊卑爵秩等级，各以差次名田宅，臣妾衣服以家次"。

司马贞也在《索隐》中有记载：

谓贾人有市籍，不许以名占田也。

这表明确立名田制是商鞅田制改革的内容。这个名田制规定：凡吏民占有土地、奴婢都严格规定占有量，这个量必须与其家的爵秩即社会身份的品位等级相符，不得有超额。这是严格规定定额的品位，或称品级占田制，也可以说是有限制的占田制。

所谓的爵秩，就是品级，说得具体一些，就是"以赏功劳"的封建二十等爵。功劳指耕战的功劳，就是斩甲首与力本业。

在《商君列传》中记载：

> 力本业，耕织致粟帛多者复其身；事末利及怠而贫者，举
> 以为收孥。宗室非有军功论，不得为属籍。

汉武帝刘彻传

这段文字说明，耕战有功才能获爵，而获爵才得占田臣妾。也就是说，获爵是名田宅的必要条件，它的途径是斩甲首或力本业。这种按爵秩占田、不使逾等的严格规定，使得土地永远处于按品级占有而不越位逾制的位置。

名田制也可称之为赏田、赐田或者授田制。其中在秦律的《田律》中有"授田"的说法，可以为证。秦之吏民是由国家赏赐、授配给他们土地的。"只有在没有土地私有制的时代，土地方可以授。"

属于国家的土地，经过授配，它的国有性质在根本上没有发生变化。因为第一次授田后，在耕战中还可能再次、多次发生爵秩的升降，占田量也必然会随着增加或者减小，名田的田界也不得不再次或者多次地厘定，而这一切依然是由国家依名田法进行的。

而且在新立的名田田界不是在国家允许的情况下是不能随意移动的，也就是说占田量不得私自扩大。在秦律的《法律答问》中说："盗徙封，赎耐。"私自动田界的，还有私自扩大占田量的，就要惩罚其剃胡须。所谓"盗"，就是指未经国家准许的非法逾制行为。

因此，田界的变动，名田量的增减都必须都是在国家的主持或干预下进行，国家掌握着名田量与田界的变动权，说明授田即名田的所有权

归国家。也就是说，土地的所有权是归属于国家。

商鞅变法"决裂阡陌，教民耕战"，也就是"夺淫民之田，以食有功"，用合法甚或暴力的手段夺取非有军功的旧贵族的土地，收归国有，然后再由国家按爵秩授配给耕战有功的吏民，结果在秦国确立了普遍的土地国有制。

大秦兼并六国之后，把这个土地国有制进一步用封建法度推广开来、固定下来。秦始皇二十八年，也就是公元前219年，在举行了神圣的封禅典礼后，刻石颂德，作制明法，在《琅琊台刻石》对国家即皇帝的土地所有权作了明确规定："六合之内，皇帝之土。""人迹所至，无不臣者。"

秦始皇三十一年，也就是公元前216年，令天下黔首自实田，是土地国有法令在全国范围内执行情况的一次总检查，是第一次全国性的法律措施。

秦始皇把土地国有制向"六合之内"推行，也就是把还没有国有化的原六国的土地及吏民编入户籍，正式确立秦王朝对这些土地的所有权，使秦名田制发展为全国性的土地制度。

由于秦名田的品级规定的严格性，土地买卖与土地兼并就不易发生；这种严格性使秦的土地国有制具有静滞性，也具有很强的稳固性。因此，自商鞅至秦末，未见土地兼并的记载。

秦朝灭亡之后，汉朝兴起，大丞相萧何接收了秦丞相、御史府所藏的律令，从而制作了《户律》。直到汉高祖五年，也就是公元前202年，颁布了两个关于土地的法令，从而恢复了名田制。

一个是"复故爵田宅"令，主要文字是："民前或相聚保山泽，不书名数，今天下已定，令各归其县，复故爵田宅。"另外一个是"以有功劳行田宅"令，表明承认封建二十等爵制的合法性，并根据这个向获爵的军功吏卒赐授土地。

这两个法令说明：

第一，与秦名田一样，汉名田与授田、赐田、赏田都是异名同义；

第二，汉名田也是按爵秩名田的品位或品级定格占田制；

第三，实施根据仍是封建二十等爵；

第四，名田也必须首先"名数"，取得国家编户齐民的身份。

可是汉名田制在实施中发生了某些改变，这在高帝的两个法令中也得到了反映。

第一，秦制，列侯才得"食邑"；汉法却规定七级大夫、八级公乘为"高爵""皆令食邑"。

第二，实际上，秦爵一级赐田一顷，二级二顷，十分明确；汉则名田量有多有少，如《居延汉简考释释文》名籍类公乘礼忠和徐宗两户，"入籍"的土地，礼忠有"田五顷"，徐宗仅"田五十亩"，名田量都大大少于同级秦爵。

第三，秦代没有军功即使贵族也不封爵，须夺"淫田"；汉代则从军的小吏也自占"多满"。

可以看出，汉代吏民豪富自占田为数势必不少。这些改变，说明西汉兴起的时候名田制出现了松动，已经远远没有秦时期那样严格坚硬了。

汉初名田制的松动、弹性主要表现在：

第一，高后惠帝文帝的"弛山泽之禁"的较自由的经济政策。

第二，汉文帝"不为民田及奴婢为限"，事实上，这就使品级占田制变成了一般的占田制，吏民占田因此不再受爵秩的限制，真正"任其所耕，不限多少"了。

第三，吏民名田具有了某种持久性和可继承性。

秦是在同六国争雄与战争中确立严格的品级占田制的，在战争中，由于战功的扩大或战败，必然引起爵秩的升降和土地占有量的增减，以及"身死田夺"，这种升降增减死夺的情况的周期不会太长，可以说，经常在发生。

汉初时期结束了长期的残酷战争，这让天下得以几十年相安无事。而且上面说的两项相关的经济政策，国家在一般情况下也就不再需要收

汉武帝刘彻传

回吏民名田，另行授配。这种持久性和可继承性，有可能使吏民名田的所有权深化，也就是从占有权向私有权发展。它使汉初的土地国有制逐渐发展与表现出软性。

也可以说，它使封建土地国有制减少了稳固性和静滞性。由此可见，如果说汉代的土地制度属于亚细亚形态，那也带有不纯粹性，至少汉初肯定是这样的。

汉代土地制度的松动、弹性和软性，显然还没有发展到名田的所有权性质的转变。可是，它正在为土地兼并与土地买卖提供可能。汉高帝时，相国萧何曾买民田数千，但这是出于为解除刘邦的疑忌而自污的政治原因，还不能作为具备典型的经济上的土地兼并意义。文帝中，贾谊、晁错都曾上疏揭说农人背本趋末，富人兼并农人，说法律贱商人，而商人已富贵矣。

但有一定程度的夸大，因此不能就此说明土地兼并已是一个普遍的现象。文帝轻徭薄赋、贵粟募边等措施，也有使小农经济维持基本稳定的一面，尽管这一面也许有短期性。

直到文帝末年，土地兼并的现象才逐渐增多。《汉书·文帝纪》中记载后元元年，也就是公元前163年春，下诏说："百姓之从事未以害农者蕃。"农民弃农经商，是土地兼并的间接反映。可是，景帝即位后，三十税一，屡敕有司以农为务，又暂时减弱了农民破产、土地兼并的趋势，民复乐业。

荀悦是以文景后土地兼并的发展，追溯源头要归结到文帝十二年，也就是公元前168年的免租措施，所以也不能把占田逾侈看成是汉文景时期的一种普遍的现象。而且"百一之税"并不是汉文景时期的税制。

汉武帝改行新亩制时在征和四年，也就是公元前89年，由此可见，荀悦"占田逾侈"云云，实际上还应是武帝时的事。

汉武帝即位之后，土地兼并终于从小到大，迅速发展。正如《汉书·食货志上》所说："网疏而民富，役财骄溢，或至并兼、豪党之徒以武断于乡曲。宗室有土，公卿大夫以下争于奢侈，室庐车服僭上亡限。"家食厚禄的贵官们，利用他们富厚的势力，与民争利。结果促成，"众其奴婢，多其牛羊，广其田宅，博其产业，畜其积委"，财产愈积愈多，土地大为增加。

元光年（公元前134年）以后，土地兼并更加严重。贵族显宦、豪强富人都热衷"广其田宅，博其产业"。武安侯田"治甲宅诸第，田园极膏腴"。淮南王后和太子夺民田宅。

骠骑将军霍去病为父亲霍仲孺大买田宅奴婢。卜式为平民时，营业致富，购买田宅。官做到将军、太仆的灌夫侵夺细民，广占陂池田园，家产累积数千万。

就连位居丞相的李蔡也积极投入土地买卖与土地兼并的活动，他曾非法盗取土地三顷，转手卖出，得20万钱。像这样的记载，不计其数。

土地兼并造成两极分化，贫富悬殊：一面是"富者田连阡陌"，地主阶级占有的土地量不断扩大；另一面是"贫者无立锥之地"，小农接二连三地破产。

自耕农是土地兼并的主要对象。很显然，小农从文景之治中得了点好处，但这并未能改变他们在国家经济生活中的实际地位。他们是国家赋税的主要承担者。

西汉的民赋，大致可分为土地税和人口税两种。因为自耕农是在名田即国家授配给他们的国有土地上耕种的份地小农，所以他们向国家缴纳的土地税，同时兼有地租与赋税两种性质。

汉初的田赋或田租征收措施，是根据各农业户自报的收获量，经官吏评定核实，然后按十五税一或三十税一确定征收量，这就是马端临所说的"随所占之田以制赋"的变额税制。具体的征收额，若按晁错的说法，汉初每亩年产量一石，三十税一就是3.33升；若按李悝的计算，常年亩产一石半，则赋额为每亩五升。李悝似乎更接近事实。

算赋和口赋都是汉代的人口税。算赋是向15岁以上的青年和成年人征收的人口税，人岁钱百二十为一算，无论男女。

如淳说："《汉仪注》记载'民年十五以上至五十六出赋钱，人百二十为一算。为治库兵车马。'"

汉高帝四年，也就是公元前203年，初为算赋。惠帝六年，也就是公元前189年，又规定女子年15以上至30不嫁，五算。就是把女子从15岁到30岁分为五个年龄等级，很可能是三年一级，不嫁者，一级一算，逐级递加，到30岁还不嫁就要加到五算。

在《汉书·严朱吾丘主父徐严终王贾传》中有记载，孝文皇帝民赋四十，丁男三年而一事。

如淳说："常赋岁百二十，岁一事。时天下民多，故出赋四十，三岁而一事。"

直到什么时候恢复的常赋岁百二十，在文献中都没有明确的记载。算赋既为治库兵车马的军事开支所需，武帝又大兴武功，因此可以推知，武帝虽然"独于田租，不敢增益"，但算赋税率必已恢复钱百二十。人岁钱百二十，这是有汉一代的算赋常制。

元光六年（公元前134年）以后，汉武帝为了筹集军费，因此，他在原有的基础上又增加了口赋。口赋，又称作是口钱，是以15岁以下的少年和儿童为征收对象的人口税。

汉元帝时期，贡禹检讨武帝的财政经济政策时说："古民亡赋算口钱，起武帝征伐四夷，重赋于民，产子三岁则出口钱，故民重困，至于生子辄杀。"口赋钱，人岁二十三。更赋即不论男女，人钱三百的过更钱，另有刍税，即按田亩征收禾秆、草料的实物税。

汉文景时期，小农生活仍很艰苦，政治学家晁错对当时的状况有这样的一段描述：

> 今农夫五口之家，其服役者不下二人，其能耕者不过百亩。百亩之收，不过百石。春耕夏耘，秋获冬藏，伐薪樵，治官府，给徭役。春不得避风尘，夏不得避暑热，秋不得避阴雨，冬不得避寒冻。四时之间，无日休息。又私自送往迎来，吊死问疾，养孤长幼在其中。勤苦如此。

尽管如此勤苦，但倘不遇水旱之灾，加上社会安定，朝廷又有多次减租免赋的举措，五口之家要是省吃俭用，还能勉强保持收支平衡，守住田宅，维持史称"民人给家足"的局面。

汉武帝将剥削量增加了九石半，剥削率提高了百分之六，而且，"武帝时，赋敛繁多，律外而取"，小农勉强的收支平衡就很难维持了。农民感到负担最重的是无节制的劳役。汉武帝又军旅数发，连续不断内兴功作，打破汉初正常的更役制度，无节制无限期地征发徭役。

《盐铁论·徭役篇》中对这样的举措做过批评：

> 今中国为一统，而方内不安，徭役远而外内烦也。古者无过年之徭，无逾时之役。今近者数千里，远者过万里；历二期。长子不还，父母忧愁，妻子咏叹。愤懑之恨，发动于心；暮思之积，痛于骨髓。

再加上官僚贵族自有种种手段和特权逃役免役，这无节制无限期的徭役便大多落在中下民户，落在自耕农头上，致使吏夺民时，田园荒芜。更可怕的是专制主义政策有很大的随意性，随意改变，"急征暴赋，赋敛不时，朝令而暮改"。

那些受尽折磨的贫苦百姓只好忍痛割爱，堕胎杀婴，卖妻鬻子，卖田破产，被土地兼并势力所鲸吞。残酷的封建剥削和压迫是农民破产的根本原因。

小农的破产助长了土地兼并运动的发展，二者互相作用，成正比例增减。土地兼并的发展加速小农的破产，造成土地品级占有状况的不稳定性、社会经济的不稳定性。而大量小农依附于豪强大家，也就是不书名数，脱籍逃籍，这就直接影响了国家赋税的收入。而且，"民贫，则奸邪生"，朝廷因此产生经济危机感和社会危机感。

土地兼并的迅速发展已经成了武帝时代必须解决的社会经济问题。名田制的松动，土地兼并的迅速发展，豪族豪强对朝廷和皇权的威胁，这诸多问题集中表现为豪族问题。

对豪族问题，汉代君臣早有所认识。汉兴，娄敬就对刘邦说："夫诸侯俱初起时，非齐诸田、楚昭、屈、景莫兴。今陛下虽都关中，实少人，北近胡寇，东有六国强族，一旦有变，陛下亦未得安枕而卧也。"

高帝时，新贵族还没有发展为新豪强，所以当时对朝廷和皇权的主要威胁来自六国强族。随着豪族豪强构成的变化，汉代君臣的认识也深化了。武帝对新兴的豪族豪强表现出特别的痛恨。

《汉书·游侠传》说："自魏其、武安，淮南之后，天子切齿，卫、霍改节。"

《卫青霍去病传》说："武安之厚宾客，天子常切齿。"布衣之侠也被视为"大逆无道"的人物。这些都反映了朝廷对豪族豪强认识的变化。

汉兴，豪族豪强的构成复杂了，与汉朝的关系也复杂了。六国强族多参加反秦起义，新兴的豪强更与朝廷有着千丝万缕的联系，朝廷不便把他们当作贱民、迁虏，随意处置，转而采取政策性较强的措施，区别对象，作不同地对待。

大体上，对老豪强、首恶、游侠，一切奸法犯禁发展到公开威胁或对抗朝廷的，偏重于严厉打击，直接镇压。如济南郡大豪族目间氏有宗人三百余家，豪猾不法，二千石都制不住他们。于是景帝就拜郅都为济南太守。郅都到任，"诛目间氏首恶，余皆股栗"。但汉武帝所任用的酷吏，几乎都是族灭豪强的能手。

高帝九年，也就是公元前198年十一月，刘邦采用娄敬的建议，"徙齐、楚大族昭氏、屈氏、景氏、怀氏、田氏五姓于关中"；迁徙后，"与利田宅"。

这一次所徙计十余万口。这个措施不仅具有"弱末"即打击地方豪强势力的意义，而且包含着"强本"的意义，也就是充实关中，以为朝廷基础，防胡备变。

对这"强本弱末"的双重意义，娄敬说得很明白："愿陛下徙齐诸田，楚昭、屈、景、燕、赵、韩、魏后，及豪杰名家，且实关中。无事，可以备胡；诸侯有变，亦足率以东伐。此强本弱末之术也。"刘邦的这个措施，后来就沿为西汉一代的传统政策。

"汉兴，立都长安，徙齐诸田、楚昭、屈、景及诸功臣家于长陵。后世徙吏二千石、高訾富人及豪杰并兼之家于诸陵。盖亦以强干弱支，非独为奉山园也。"

建元二年，也就是公元前139年二月，在槐里县茂乡筑茂陵，并作邑置县。接着，徙民茂陵。次年春，赐徙茂陵者户钱二十万，田二顷。茂陵徙民为豪族豪强。

元朔二年，也就是公元前127年，主父偃向武帝建议道："茂陵初立，天下豪杰兼并之家，乱众之民，皆可徙茂陵；内实京师，外销奸猾，此所谓不诛而害除。"

汉武帝从计，这年夏徙郡国吏民豪杰及资三百万以上到茂陵。又募民徙朔方10万口，据《汉书·蒯伍江息夫传》伍被言："朔方之郡土地广美，民徙者不足以实其地。可为丞相、御史请书，徙郡国豪杰及耐罪以上，以赦令除，家产五十万以上者，皆徙其家属朔方之郡"，由此可推知其中必不少郡国豪杰。

元狩五年，也就是公元前118年三月，徙天下奸猾吏民于边。太始元年，也就是公元前96年正月，又徙郡国吏民豪杰于茂陵、云阳。

武帝处理豪族问题，与他的先辈相比，有两点不同：一是把恩威并重变为威重于恩，也就是以削弱、打击为主；二是进一步制定削弱、限制、打击豪族豪强的法令，充实和发展了汉初处置豪族的政策和措施。

《盐铁论·轻重》说："张廷尉论定律令，明法以绳天下，诛奸猾，绝并兼之徒。"张汤的苛法，还有六条刺史法，就是以逾制不法的强宗豪右为重点对象。

法令是全国性的，这也表明了汉武帝对被强徙诸陵边地的豪族也没有一徙了之，更没有一味优恤和扶植，而是仍旧严加限制和控制。通过朝廷一系列的法律活动，削弱、限制、打击豪族豪强的政策和措施也就

汉武帝刘彻传

制度化了。

最主要的法律活动和措施，就是制定土地法令，限民名田：

> 古井田法虽难卒行，宜少近古，限民名田，以澹不足，塞
> 并兼之路，然后可善治也。

这原本为董仲舒的建议，《汉书·食货志上》没有载明建议的具体年月，编年的《资治通鉴》也没有将它收入，荀悦的《前汉记》把它列在元狩四年，也就是公元前119年下。但是据《食货志下》说："元光中，令贾人有市籍及家属，皆无得名田，以便农；敢犯令，没人田货。"

综上所述，董仲舒的建议一定是在元光中之前，说明汉武帝采用了这个建议。同时又可知武帝对豪族的削弱、限制和打击，其重点放在禁止土地兼并、堵塞松动的汉名田制的漏洞上。这说明他企图通过巩固封建土地国有制，也就是从土地制度上根本解决豪族问题。

汉武帝徙豪本来就包含着禁止土地兼并的经济目的，主父偃的建议对此已表达得很清楚，后来的六条刺史法也明确要解决强宗豪右的"田宅逾制""侵渔百姓"的问题。

至于元光中令有市籍的贾人都不得名田，是针对工商户的土地法令。它的主要目的是要禁断商业资本转化为地产，禁绝他们"以末致财，以本守之"的土地兼并活动。

徙豪对于巩固封建土地国有制的意义也很明显。

汉代社会有显著的宗法性，豪族地主世代聚族而居，所以又称为"强宗"。因为天高皇帝远，他们占有的土地，很容易隐瞒过去，因而，没有盖上国有制的烙印。

虽然有的编入户籍，所有权已法定归封建国家，但也是对他们占田合法性的承认，而这占田本是历史延续下来的产物。因为长期占有，有了持久性和可继承的性质，又取得了合法性，所有权就可能深化，使占

有制向私有制过渡。

徙豪措施把强宗豪右从原地连根拔走，遗下的土地顺理成章地被收归国有。更重要的是，现在，他们所占有的土地已是由朝廷所直接分配，所有权是属于国家的。这样，封建国家对全国土地的所有权不再仅仅是个名义，而是活生生地摆在他们面前的现实。

如果他们企图横行乡邑，兼并土地，那就是"田宅逾制"，就是作奸犯法，就要受到惩罚，严重的就难逃酷吏的杀戮、诛族。可见经这一徙一赐，国家滞后了土地私有化的历史进程，维护和巩固了国家土地所有权。汉武帝强徙豪族、限民名田，是坚持和加固封建土地国有制，并使之严格化的措施。

可是，对付汉初几十年富裕养足、分散各地、经济自给自足的豪族地主来讲，汉武帝不单要受着官吏质量、武器水平、国家机构的效能以及交通手段等历史条件的限制，更根本的还要受封建土地制度和土地运动的制约。

汉武帝把豪族占田顽固地束缚在封建国有制条框内的努力尽管取得了很大的成功，但他却改变不了封建土地制度的基本矛盾和基本规律，他的成就只是局部性和临时性。

豪族地主，特别是贵族、官僚、地主三为一体的新豪强，有的凭借着种种特权，得以逃免被徙诛族的命运。纵然被徙入关中诸陵及边地的，也受到优恤和扶植，在"便利田宅"的基础上，恢复元气，有的甚至很快发展起来。

土地兼并在一个地方一个时候被消灭或被缓和，在另一个地方另一个时候还必然会再产生再发展。即使是在关东，也是徙走一批，生长一批。所以《晋书·江统传》说："秦汉以来，风俗转薄，公侯之尊，莫不殖园圃之田，而收市井之利，渐冉相放，莫以为耻。"

汉武帝刘彻传

在泰山举行封禅

泰山位于我国山东中部，由于雄伟挺拔，被称为"五岳"之首。在我国古代，一些功成治就的帝王，必须登上泰山，筑土为坛，祭祀上天，以报答上天的功德，这叫作"封"。然后，再到泰山下的某一小山，筑土为坛，祭祀大地，报答"后土"的业绩，这叫作"禅"。

"封禅"自春秋战国以后，就被视为是王者应天承运的大典。古人受地域限制，初以为泰山是天下最高的山。在泰山之巅祭天，与天的距离最近，人神沟通方便。初有所行，后世相袭，久而成俗。按封禅之说，凡是改朝换代、帝王易姓，都必须举行封禅大典，以示受天承命。

但是首先，必须天降祥瑞，天肯定是受命的帝王；其次，受命的帝王必须功德卓著，恩泽广及四方；而后，必须天下太平，有闲暇的时间。三者缺一，否则就不配去封禅。

春秋时期的霸主齐桓公，曾经想去泰山封禅，但是管仲却加以劝阻。齐桓公说："我北伐山戎，经过孤竹；西伐大夏，越过沙漠，登上卑耳山；南征楚国，达到召陵，登上熊耳山，远眺长江、汉水；召集兵车之会三次，乘车之会六次，共九合诸侯，拯救天下之难。各国诸侯不敢违抗我的命令，这与夏、商、周三代帝王相比，又有什么不同呢？"

管仲却争辩说："古代封禅时，要得到东海比目鱼，西海比翼鸟，有十五种不召而来的祥瑞。而如今，凤凰没来，麒麟不至，嘉禾未生，而蓬蒿藜莠等恶草却长得很茂盛，鸮号鸟等恶鸟多次来，这种情况下，要举行封禅，恐怕是不妥吧？"齐桓公听后，深感自己的功德不够，封禅的想法也只好放弃。

当秦始皇时期，他并吞六国，一统天下，九鼎归秦。所以，称皇帝后的第三年，也就是公元前219年，便封禅泰山。承天受命，报功于天地。但他焚书坑儒，刑法残苛，天下人都怨恨他，尽管功有成，但恩泽有缺。所以上山途中遇到了暴风雨的袭击，没能完成封禅大典，12年后灭亡，被上天所遗弃。

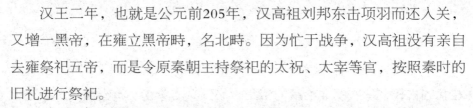

汉王二年，也就是公元前205年，汉高祖刘邦东击项羽而还入关，又增一黑帝，在雍立黑帝时，名北畤。因为忙于战争，汉高祖没有亲自去雍祭祀五帝，而是令原秦朝主持祭祀的太祝、太宰等官，按照秦时的旧礼进行祭祀。

到了汉文帝时期，皇帝便开始去雍郊祭祀五帝。以后，又采纳赵人新垣平的建议，在渭阳建一座五帝庙。文帝十六年，也就是公元前164年夏四月，汉文帝亲至渭阳五帝庙郊祭五帝，礼仪如同雍五畤。而后又在长门筑一五帝坛，祠以五牢。

汉武帝继位之时，汉王朝经过60多年的休养生息，国势强盛，天下太平。于是官员和儒生们都希望武帝能够改制封禅。他听说封禅是长寿、成仙的一个重要途径，就更增加了兴趣。

但是，即位不久的汉武帝太年轻，而且当时的窦太后还掌握着部分权力，窦太后不喜儒术，崇尚黄老，因此，对赵绾、王臧不满，结果赵、王二人自杀，封禅之事被搁置。

元光二年，也就是公元前133年，方士谬忌首先向汉武帝推荐了祭祀"泰一"神，并告诉了祭祀的方法。所谓"泰一"，"泰"者大之极，"一"者一统也。泰一神即至高无上的大一统之神，五帝虽尊，但都是泰一的辅佐之臣。谬忌捏造的泰一神，事实上就是人世间至尊无上的皇帝在天国中的折射。

没有人间独尊的皇帝，也就不可能有天国中独尊的上帝。相反，皇帝是上帝的子嗣，正所谓天子。所以只有上帝独尊，他在人间的代表皇帝才能是至高无上的。聪明的汉武帝，非常明白这人与神、神与人之间的奥妙。所以谬忌提出的独尊"泰一"的建议，对他借助神权来强化皇权，实现"大一统"，无疑是一个绝妙的方案。

于是，武帝采用了谬忌的建议，元鼎五年，也就是公元前112年，汉武帝正式在甘泉宫建造独尊泰一的神坛。祭坛分为三层，最上层为泰一神位，五帝坛按方位环居其下，青帝居东、赤帝居南、白帝居西、黑帝居北、黄帝居西南。祭祀泰一的太祝、太宰穿绣有花纹的紫衣，祭祀五帝的祝、宰之衣，则各如所祭帝色。

泰一的祭品，除了与五土为坛以祭天，报天之功；"禅"即是在泰山下的小山上除地为以祭地，报地之功。在《白虎通义·封禅篇》中记载：

> 王者易姓而起，必封升泰山何？报告之义也。始受命之日，改制应天。天下太平，功成封禅，以告太平也。

由此可见，凡受命天子，如果不到泰山去祭祀天地，就不能算作完成就天子大位的礼制。

元鼎年间，也就是公元前116年至前111年，汉武帝的政治、军事、经济等活动达到高峰。继大败匈奴之后，又相继平定了两越、西南夷，开通了通往西域的道路，大汉的国土拓至边疆，声威远震；盐铁官营、算缗、告缗、统一货币等经济政策大见成效，国库丰足，可以称得上是功德卓著、恩泽广及四方了。

汉武帝志得意满，又受到方士们的诱惑，其中公孙卿等人说："行封禅大礼，可以成仙登天。"一心一意想长生不老的汉武帝跃跃欲试。在正式封禅泰山之前，君臣之间有一番议论。

这天，汉武帝刚要下早朝，只见有个人气喘吁吁跑上大殿前面，禀报："皇上，有喜事啊！"

"有什么好事？快快说来！"

"汾阴河里捞出一只宝鼎，郡守亲自送来了，已到宫门外了。"

"宝鼎？"汉武帝眼睛一亮，便高声说道，"赶快呈上来！"

"是。"

不一会儿，只见一只系着红丝绸的青铜方鼎被8个人抬进了大殿，后面紧跟着汾阴郡守及下属。在场的所有人都目瞪口呆地看着这只青铜鼎。这时，郡守上前跪禀："启奏皇上，前些日有人报告说汾阴河里有宝气，臣便去查看，果不其然，河中有道光在闪，于是就派人去捞了上来，竟然是一只宝鼎，臣听说宝鼎是吉祥物，河出宝鼎，象征国运大昌，所以臣不敢怠慢，即刻给皇上呈送来了。"

汉武帝刘彻传

汉武帝听后，十分高兴，然后便走到大殿中央，欣赏这只青光闪闪的青铜宝鼎。于是，汉武帝又上手摸了摸，眉开眼笑地说："确实是只宝鼎，朕要重赏你们。"

汉武帝登上九阶台，落座龙椅，说："赏千金。"

郡守听后，赶紧下跪接了重奖，大声感谢汉武帝道："谢主隆恩，祈我大汉国运昌盛，国泰民安。"

齐人方士公孙卿看到汉武帝对古鼎很感兴趣，就乘机向汉武帝奏呈有关古鼎的《申公书》。

汉武帝问道："申公是什么人？"

公孙卿回答说："申公是齐地人，与仙人安期生素有往来。他聆听过黄帝的话，没有别的书，只有这部《申公书》。"

然后，公孙卿又奏道："这简册是申公给我的，申公现在已经死去。陛下，臣听传说，先祖黄帝也曾得宝鼎，时辰是冬至，今陛下得宝

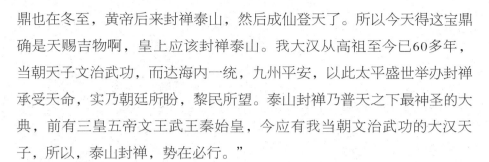

鼎也在冬至，黄帝后来封禅泰山，然后成仙登天了。所以今天得这宝鼎确是天赐吉物啊，皇上应该封禅泰山。我大汉从高祖至今已60多年，当朝天子文治武功，而达海内一统，九州平安，以此太平盛世举办封禅承受天命，实乃朝廷所盼，黎民所望。泰山封禅乃普天之下最神圣的大典，前有三皇五帝文王武王秦始皇，今应有我当朝文治武功的大汉天子，所以，泰山封禅，势在必行。"

汉武帝听后，脸上呈现出喜悦的神情，文武百官这时也随声应道："泰山封禅，势在必行。"

汉武帝大喜，两眼放光，兴奋地说："泰山封禅一事，朕也有此意，既是大家拥戴，那就作封禅准备吧。"

此后，汉武帝积极筹划登泰山封禅事宜，时常和公卿、儒生博士们议论封禅的程序礼仪。因为自秦始皇以后，近百年没有举行封禅大典，而秦始皇封禅又搞得很神秘，具体做法也没有留下记载。

汉武帝命令儒生参考《尚书》《周官》《王制》等，草拟封禅礼仪。但五十多个儒生，都拘泥于《诗》《书》等古籍，墨守章句，不会变通，又各执一词，争论不休，几年也没能拿出一个像样的方案。

元鼎六年，也就是公元前111年，左内史倪宽向汉武帝进奏道："皇帝的功德感动了上帝，天地并应，符瑞昭明，封禅是圣王大典，应该实行。但是大典的细节、仪式，经书上缺乏记载。臣以为封禅的目的是向上天报告成功，祭祀天地神灵，只要诚心诚意就可以了。至于具体的仪式，只有圣明的君主才能制定，非臣下所能拟就。现在就要举行大典了，却拖了数年的时间，让群臣讨论是不会有结果的。皇帝金声玉振，完全可以自行决断。"

汉武帝认为倪宽的话说得很有道理，于是，便自己制定了封禅的礼仪。他先按照古代先"振兵"，再释旅，然后才举行封禅的原则，于元封元年，也就是公元前110年十月，颁布诏书："南越、东瓯都已平定，而西蛮、北夷尚未平定。朕将置十二路将军，亲自掌握兵符，统率这十二路大军巡视边陲。"

于是，汉武帝亲率18万骑兵，离京出巡。自云阳向北，经上郡、西河、五原，然后出长城，再向北登单于台，直至朔方，兵临河北。

派使臣告知匈奴单于："南越王的头颅已经悬挂到大汉京城的北门上，现在单于若是有胆量敢于决战，我大汉天子亲自率军在边境等候；若是不敢决战，就应该归降我大汉，何必吓得躲在寒冷、困苦的漠北呢！"

刚刚惨败的匈奴，哪里还敢决战，汉武帝享受到了"振兵"威服四夷的喜悦，下令回朝。在桥山祭黄帝陵，行至须如，将征调的兵卒遣散，是为"释旅"。完成了封禅大典的前奏。

三月，汉武帝率领诸侯王、列侯、文武百官、骁勇扈从等大队人马东巡，去泰山举行封禅大典。这是报功于天地的盛典，参加者都感到万分的荣幸。

汉武帝来到东海之滨，但见大海浩瀚无际，雾霭腾腾。时而碧波粼粼，皓月映辉；时而恶浪掀天，惊涛蔽日。变幻无穷，神秘莫测。早就仰慕海上神仙的汉武帝，下令祭祀八神。

汉
武
帝
刘
彻
传

齐人见汉武帝亲临，知道这是一个猎取富贵的大好时机，于是纷纷上书陈述神怪之事和奇药秘术，数以万计。而汉武帝自然听从他们的设计，他派出一批又一批船只，派那些说海中有仙山的人出海，去寻找蓬莱神仙。先后出海人数达到了千人以上，但却没有一个能找到神仙的。

四月，草青树绿，汉武帝率领群臣、扈从至奉高，正式开始举行封禅大典。汉武帝按照自己原来设计的封禅仪式，先是到泰山脚下的小山梁父，祭祀地神。

十九日，汉武帝命令凡是担任侍中的儒生，都头戴鹿皮帽，身着官服，腰系丝带，笏板插在腰间，参加射牛仪式，并且随武帝在泰山东坡之下祭祀天神。祭祀时仿照祭祀泰一神的礼仪。

他还命令人修建一座祭坛，宽一丈二尺，高九尺，在坛下埋了一些汉武帝给神的书信。而这书信是写在玉上的，所以称它为"玉牒"。玉牒上写的内容完全保密。祭礼后，汉武帝单独与侍中奉车都尉霍子侯登

上泰山，在山顶封土而建的祭坛上祭天，祭祀的仪式和祈祷的内容都密不告人。第二天，君臣二人从北麓下山。

二十日，汉武帝在泰山脚下东北部的肃然山，仿照祭祀后土之礼祭祀肃然山。祭祀的时候，汉武帝身穿黄色衣服，在音乐的伴奏下，行叩拜之礼。以江淮地区出产的三条脊棱灵茅献神，用五色土建造祭坛。祭坛上堆满远方运来的奇兽珍禽等。

大典日子里，天公作美，风和日丽。于是便有人说："祭坛上夜有光亮映射，昼有白云飞出，这一定是神灵的显示。"

《汉书·郊祀志》中记载汉武帝泰山封禅的经过：

> 四月，还至奉高。上念诸儒及方士言封禅人殊，不经，难施行。天子至梁父，礼祠地主。至乙卯，令侍中儒者皮弁缙绅，射牛行事。封泰山下东方，如郊祠泰一之礼。封广丈二尺，高九尺，其下则有玉牒书，书秘。礼毕，天子独与侍中泰车子侯上泰山，亦有封。其事皆禁。明日，下阴道。丙辰，禅泰山下止东北肃然山，如祭后土礼。天子皆亲拜见，衣上黄而尽用乐焉。江、淮间一茅三脊为神藉。五色土益杂封。纵远方奇兽飞禽及白雉诸物，颇以加祠。兕牛、象、犀之属不用。皆至泰山，然后去。封禅祠，其夜若有光，昼有白云出封中。

从这一段记事中，我们得知：祭祀泰山，有"射牛行事"；"衣上黄而尽用乐"，以"江淮间一茅三脊为神藉"；用"五色土益杂封"；"纵远方奇兽飞禽及白雉"。

封禅礼的成功，使汉武帝十分高兴。这意味着他已经正式受命于天，天对大汉天子所报的功德是满意的。于是，汉武帝返回奉高，坐在明堂上，接受群臣的祝贺。

汉武帝对群臣说："在祭祀泰一神时，好像有吉祥的光彩，连绵在望。朕深深地为出现的奇异的景象所震惊，但却不敢中途停止下来。于是登上泰山祭祀天神，至梁父又至肃然山祭祀地神。自此以后要有一个新的开端，以期与大夫们共勉。"

说完又下令，赏赐百姓每百户一头牛，十石酒，对80岁以上的老人、孤儿、寡妇，再加布帛二匹。除此之外还免除博县、奉高、蛇丘、历城四县的徭役和当年的租税及往年欠下的租税。大赦天下，并赐天下有爵者一律擢升一级。

接着又下诏书，宣布以后每五年巡游一次，至泰山举行封禅大典。各诸侯国都要在泰山脚下修建府第，作为朝会时的住所。由于这一年举行封禅的大典，下诏从十月起，改年号为元封元年。

封禅大典完成之后，方士们又在一旁说道："举行封禅大典时，天晴日朗，这是吉兆，蓬莱仙岛上的神仙们看来是可以请到的。"

汉武帝本来就对求仙心切，于是又一次兴高采烈地来到海边，盼望能遇到神仙。可是却没有看见神仙，因此又准备要亲自出海去寻找蓬莱仙岛。可是这样的想法遭到了群臣劝阻，但他依然固执己见。

汉武帝刘彻传

这时东方朔会奏道："与神仙相遇，要出于自然，不能急躁强求。果真有缘，不怕遇不到；如果无缘，纵然到了蓬莱山，见到神仙也没有什么好处。臣以为陛下可先回宫中，安静等待，神仙自会降临。"

东方朔的一番话终于让汉武帝取消了亲自出海的计划。正巧奉车都尉霍子侯突然暴病而死。霍子侯是霍去病的儿子。汉武帝非常难过，于是起驾离去，沿海岸北上至碣石，自辽西巡视北部边疆到九原，五月回到甘泉宫。此次东巡封禅，历时两个多月，行程18000余里。

汉武帝举行封禅大礼，虽然出于方士的迷信宣传和自己想成仙不老，但这种具有神秘性和宗教色彩的隆重典礼，也神化了"受命于天"的人间帝王的统治地位，对加强封建专制主义中央集权，起了很大作用。

拓四方定边患

　　大行令王恢向汉武帝进言："战国初年，代国虽小，北有强胡的侵扰，南有中原大国的威胁，君臣尚能同仇敌忾，奋勇抗击外侵；匈奴虽强，也不敢轻易侵扰代国。如今大汉强盛，海内一统，陛下威名远扬，然而匈奴却侵扰不止，每次与汉和亲，不过数年即违背约定，正是因为没有坚决抗击的缘故！"

　　御史大夫韩安国则认为，到千里之外不属于自己的土地上作战难以取得胜利，就如强弩之末不能穿鲁缟一样，主张与匈奴和亲，不可轻率出兵。

　　双方唇枪舌剑，各不相让。汉武帝最终采纳王恢的建议，准备设计伏击匈奴。

大破匈奴之战

公元前3世纪前后，当中原七国为争霸权而斗得你死我活、暗无天日的时候，北方大漠南北活跃着一个强大的游牧民族，那就是匈奴。他们倚仗着好骑善射的特点，不断给秦、汉王朝以巨大的威胁，严重破坏和影响了中原封建社会经济的发展。

在汉朝建国之初，由于国力衰弱，无力与匈奴进行抗争，因此，不得不实行和亲政策，选汉家女子嫁给匈奴单于为阏氏，赠匈奴千金。而且每年还要奉送大量的丝织品、酒、米等。

此外，汉朝还被迫开放"关市"，允许匈奴和汉朝通商。这些举措无疑给汉朝带来了巨大的损失。可是仍不能满足匈奴奴隶主贵族的贪欲，无法换取北方的安宁和人民生命财产的保障。

野蛮的匈奴骑兵，所到之处，蹂躏庄稼，劫夺财产，杀掠吏民，抄掠人口，把大批汉人掳为奴隶。直到汉武帝即位，匈奴骑兵仍是寇盗不止，和亲政策并没有收到实际效果。

元光二年，也就是公元前133年，马邑地方有个大商人聂壹来找官居大行令的王恢，说："匈奴在边界经常侵犯，总是一个祸根。现在趁刚跟他们和亲的机会，把匈奴引进来，我们来一个伏击，准能打个大胜仗。"

王恢问他："你有什么办法能把匈奴引进来？"

聂壹说："我经常在边界上做买卖，匈奴人都认识我。我可以借做买卖的因头，假装把马邑献给单于。单于贪图马邑的货物，一定会来。我们把大军埋伏在附近地方，只要等单于一到马邑，将军就可以截断他们的后路，活捉单于。"

于是，王恢便把聂壹的主意奏告给汉武帝，汉武帝为此诏命群臣商议。王恢原本是燕国人，边吏出身，他对匈奴情况也十分熟悉，在商议中他向汉武帝进言："战国初年，代国虽小，北有强胡的侵扰，南有中原大国的威胁，君臣尚能同仇敌忾，奋勇抗击外侵；匈奴虽强，也不敢轻易侵扰代国。如今大汉强盛，海内一统，陛下威名远扬，然而匈奴却侵扰不止，每次与汉和亲，不过数年即违背约定，正是因为没有坚决抗击的缘故！"

御史大夫韩安国则认为，到千里之外不属于自己的土地上作战难以取得胜利，就如强弩之末不能穿鲁缟一样，主张与匈奴和亲，不可轻率出兵。双方唇枪舌剑，各不相让。汉武帝最终采纳王恢的建议，准备设计伏击匈奴。年轻的汉武帝不能容忍匈奴贵族在他当政时继续为非作歹，不能允许这些屈辱的政策再继续执行下去。他要用武力把匈奴的嚣张气焰压下去，把匈奴侵略者远远地赶出去。

元光二年，也就是公元前133年六月，汉武帝派遣精兵30万，命护军将军韩安国、骁骑将军李广、轻车将军公孙贺率主力部队埋伏在马邑附近的山谷中。将屯将军王恢与材官将军李息率3万多人出代郡，准备从侧翼袭击匈奴的辎重并断其退路，一举全歼匈奴主力。汉武帝同时派遣商人聂壹前往匈奴诱敌。

聂壹进入匈奴境内，欺骗军臣单于说："我有手下数百人，能斩杀马邑县令，让全城百姓投降大王，大王可尽得全城财物。但大王一定要派大军前来接应，以防汉兵。"

单于贪图马邑城的财物，因此，他听后十分高兴，对此也深信不疑，并且亲率10万大军进入武州塞。聂壹回到马邑与县令密谋，杀死一名囚犯，割下首级悬挂在城门之上，伪装为县令头颅，叫人报告匈奴单于说："马邑长吏已被我斩首，请大王快派兵来！"

单于得到使者的报告后，率领大军向马邑方向进军。大军来到距马邑百余里的地方，发现沿途有牲畜，却无人放牧，引起了军臣单于的怀疑。他冷静下来，心想可能有诈，派兵攻击附近一个亭障，俘获了一个雁门尉史。

在威胁下，尉史将汉军的计谋全部说出。军臣单于听后大惊之后继而大喜，说道："我得到尉史不上汉天子的当，真是上天所赐。"于是封尉史为"天王"，并且立即下令撤军。

这时，王恢、李息率领的3万大军已出代郡，准备袭击匈奴的辎重，在得知匈奴退兵后，非常惊奇。王恢自思自己的军队敌不过匈奴大军只好退兵。韩安国等率领大军分驻马邑境内埋伏，但好几天不见动静，所以就改变了原先的作战方案，率军出击，结果一无所获。

马邑设伏诱敌失败，汉武帝把怒气发泄在王恢身上，说："即使不能生擒匈奴单于，王恢也应该击其辎重，这样还能安天下之心，鼓士卒志气，如何能一无所为？不杀王恢，无以谢天下！"

王恢听说武帝大怒，自杀身亡。从此之后，匈奴便拒绝与西汉朝和亲，在边境拦路劫掠，或者出兵四处袭击汉朝边郡，以报复马邑的设伏，数量多的数不过来。汉武帝怒不可遏，决心进行大举反击。

元光六年，也就是公元前129年，匈奴兴兵南下直指上谷。汉武帝任命卫青为车骑将军，率领一万骑兵，出上谷，迎击匈奴；太中大夫公孙敖为骑将军，出代郡；太仆公孙贺为轻车将军，出云中；卫尉李广为骁骑将军，出雁门，各率骑兵一万，攻击在边境关市贸易的匈奴人。

匈奴见汉军轻敌，兵力分散，就采取放开两边，集中力量围歼中间

汉武帝刘彻传

两路的战略。公孙敖与匈奴主力接战，被击败，损失了7千骑兵；李广在雁门北被匈奴重兵包围，负伤被擒，在被押送的途中夺马逃归，险些全军覆没。西出云中的公孙贺，一路上连个匈奴兵的影子都没见到。听说中间两路兵败，害怕匈奴回兵包围，急忙退回境内。

只有东路的卫青，因匈奴的主力都集中在代郡、雁门一线，得以乘虚而入，直捣匈奴祭天和大会诸部的首府龙城，杀俘700多人，凯旋而返。

从整个战局来看，是匈奴夺得了胜利。李广、公孙贺的损失严重，按罪当斩，汉武帝允许他们纳金赎为庶人。只有卫青一路获胜，显露出了杰出的军事才能，武帝封他为关内侯。龙城之战是自汉初以来对战匈奴的首次胜利，为以后汉朝的进一步反击打下了良好的人心基础。

元朔元年，也就是公元前128年，匈奴铁骑万人掠辽西，杀辽西太守；侵扰到渔阳，韩安国几乎全军覆没；到雁门，杀掠千余人。武帝派卫青率骑3万出雁门，领3万骑兵，长驱而进斩首虏数千人；复召李广为右北平太守。李广逃回时，曾夺弓射杀追骑，百发百中，匈奴敬畏，称他"飞将军"，因此几年不敢南侵右北平。

元朔二年，也就是公元前127年，汉武帝决心夺取河南。而这时的匈奴大举入侵上谷、渔阳，先攻破辽西，杀死了辽西太守，又打败渔阳守将韩安国，劫掠百姓2000多人。

汉武帝改变过去的那种匈奴在哪里入侵，就到哪里援救、迎击的办法，采用声东击西的战术，命令卫青、李息率数万骑兵先向东北方向发进，拉出援救上谷、渔阳的架势，然后北上出云中郡，再突然西向，夺取河南。卫青受命后，便依计行事。

匈奴人见汉军已经向东进军，以为一定是来解上谷、渔阳的围困，赶忙调集军队，准备迎击汉军。可卫青出云中后，却来不及顾及上谷、渔阳，沿黄河西进，潜行千余里，突然袭取了要塞高阙，切断了西部河南地区匈奴的退路。紧接着卫青又挥军沿黄河折而南下，直达陇西，出现在匈奴的侧后方。

屯居河南地区的匈奴楼烦王、白羊王万万没有想到汉军会从北面、西面杀过来，措手不及，连忙率部渡黄河逃命。卫青和李息指挥部队乘势掩杀，歼敌数千人，获牛羊百余万头，收复了被匈奴占领了80余年的河南地区。

河南地区的收复，终于扭转了汉朝对匈奴作战的不利形势，不仅解除了匈奴对长安的威胁，而且相当于在匈奴的肋部插了一把尖刀，因为从这里可以直接向匈奴腹地进攻，为一举歼击匈奴创造了有利条件。从这以后，汉、匈战争进入了汉对匈奴大举进攻的阶段。

当时担任郎中的主父偃向汉武帝建议，在这一大片丰饶的地区设置郡县。这样，军事上可以抵御匈奴，经济上可以转输漕粮。汉武帝把这个建议交给公卿们讨论，公卿们都说不行，怕匈奴骑兵再来捣乱。

汉武帝刘彻传

汉武帝非常了解主父偃这个建议的深远意义，果断地批准这一建议，在河套地区设置了朔方郡，并且命令苏建征集10万人建造朔方城，然后修复了秦始皇时蒙恬沿黄河所筑的长城要塞。这是两项极为艰巨的国防工程，耗费了无数的资金，国库因此而变得空虚了，劳动人民付出了血汗的代价。

但这两项工程的完成，解除了匈奴骑兵对长安的直接威胁，也建立起了进一步反击匈奴的前方基地。此仗汉军全甲兵而还，卫青立了大功，被封为长平侯，食邑3800户。苏建、张次公以校尉从卫将军有功，封平陵侯、岸头侯。从此，黄河以南防务巩固，京城长安确保无虞，奠定了汉朝主动出击匈奴的基础，汉朝从被动转入主动。

元朔三年，也就是公元前126年冬，匈奴军臣单于病死，军臣单于一死，匈奴内部发生了激烈的争夺。军臣单于的太子理应继承王位，可军臣单于的弟弟左谷蠡王伊稚斜垂涎单于多年，倚仗他强大的军事力量，便自立为单于。

太子於单不等他叔叔夺去王位，便与其展开了斗争。可因力量薄弱，被伊稚斜打得逃往中原，投降了汉朝。汉武帝封他为涉安侯。可是於单不习惯中原的生活，几个月之后便郁闷而亡了。于是，伊稚斜便正式做了匈奴的单于。

在这期间，汉朝也发生了重大的变化。汉武帝的母亲王太后去世，汉武帝对他的母亲十分敬重，因此出于孝礼，他决定在两年之内不动用军队。这样，汉与匈奴之间的战争就停了下来，从此进入一个相持和平时期。为了报复河南的战败，匈奴对汉朝边郡攻掠更加频繁。

元朔四年，也就是公元前125年，匈奴又使各三万骑攻入代郡、定襄、上郡。元朔五年，也就是公元前124春，朝廷命令车骑将军卫青率领三万骑兵，从高阙出兵；命令卫尉苏建做游击将军，左内史李沮当强弩将军，太仆公孙贺当骑将军，代国之相李蔡当轻车将军，他们都隶属车骑将军卫青，一同从朔方出兵。

朝廷又命令大行李息、岸头侯张次公为将军，从右北平出兵，他们全都去攻打匈奴。匈奴右贤王正对着卫青等人的大军，以为汉朝军队不能到达这里，便喝起酒来。

晚上，汉军到了，包围了右贤王；右贤王大惊不已，连夜同他的一个爱妾和几百个精壮的骑兵，急驰突围，向北而去。轻骑校尉郭成等追赶了几百里，没有追上。汉军俘虏右贤王的小王10余人，男女1.5万余人，牲畜达千百万头。

卫青功高，拜为大将军，加封食邑8700户，所有将领归他指挥。卫青的三个儿子被汉武帝封为列侯。长子卫伉为宜春侯，次子卫无疑为阴安侯，幼子卫登为发干侯，均食邑1300户。

卫青谦让着说："出师大胜，都是诸将的功劳。"于是，汉武帝遍封赏了随从卫青作战的公孙敖、韩说、公孙贺、李蔡、李朔、赵不虞、公孙戎奴、李沮、李息、豆如意等将士。

正当汉朝君臣为获得大胜而弹冠相庆的时候，匈奴统治者却跌入了失败的深渊中。他们不仅没有从汉朝捞到便宜可赚，反而被汉军打得一败涂地，连牛羊也被汉军顺手夺去了。他们检点损失，越想越忍不下这口气，于是又向汉朝发动了猛烈的进攻。这年秋天，意图报复的匈奴人又入侵汉朝边界，在代郡杀死都尉朱英，俘虏汉人1000多人。

元朔六年，也就是公元前123年春、夏，汉武帝命卫青为大将军先后两次率领10万骑兵出击匈奴，结果歼灭匈奴军过万。二月，以公孙敖为中将军，公孙贺为左将军，赵信为前将军，苏建为右将军，李广为后将军，李沮为强弩将军，分领六路大军，统归大将军卫青指挥，浩浩荡荡，从定襄出发，北进数百里。

战后全军返回定襄休整，一个月后再次出塞，斩获匈奴军1万多人。但汉军也损失3000余骑，翕侯赵信兵败投降匈奴。赵信本是降汉的匈奴小王，降匈奴后，被封为自次王，为伊稚斜单于出谋划策。伊稚斜采用赵信计策将王庭迁到漠北，引汉军深入，以逸待劳。

卫青的外甥，17岁的霍去病被汉武帝任命为骠姚校尉随卫青击匈奴于漠南，带领800轻骑长驱数百里，俘虏匈奴单于的叔父和国相，斩单于的祖父等2028人，其中包括相国、当户的官员，同时也斩杀了单于的祖父一辈籍若侯产，并且俘虏了单于的叔父罗姑比，勇冠全军，以1600户受封冠军侯，因此很受武帝重用。

元狩二年，也就是公元前121年，汉武帝任命19岁的霍去病为骠骑将军。于春、夏两次率兵出击占据河西地区浑邪王、休屠王部，歼敌军4万余人。俘虏匈奴王5人及王母、单于阏氏、王子、相国、将军等120多人，同年秋，奉命迎接率众降汉的匈奴浑邪王，在部分降众变乱的紧急关头，率部驰入匈奴军中，斩杀变乱者，稳定了局势，浑邪王得以率4万余众归汉。从此，汉朝控制了河西地区，为打通了西域道路奠定基础。匈奴为此悲歌：

　　　失我祁连山，使我六畜不蕃息；
　　　失我焉支山，使我嫁妇无颜色。

元狩四年，也就是公元前119年春，汉武帝命卫青、霍去病各率骑兵5万，"步兵转折踵军数十万"分别出定襄和代郡，深入漠北，寻歼匈奴主力。

汉武帝刘彻传

汉军原计划由霍去病先选精兵攻击单于主力，卫青打击左贤王。后从俘获的匈奴兵口中得知伊稚斜单于在东方，两军对调出塞线路，霍去病东出代郡，卫青西出定襄。

霍去病率军北进2000多里，越过了离侯山，渡过弓闾河，与匈奴左贤王部接战，共歼了敌军70400人，俘虏匈奴屯头王、韩王等3人及将军、相国、当户、都尉等83人，乘胜追杀至狼居胥山，在狼居胥山举行了祭天封礼，在姑衍山举行了祭地禅礼，兵锋一直逼至瀚海。

经过这次战争，匈奴被汉军在漠南荡涤，匈奴单于逃到漠北，"匈奴远遁，而漠南无王庭"。他和卫青发起的对匈奴的进攻性战争，改变了汉朝长此在对匈奴战争中的守势状态，一举打败匈奴。从而长久地保障了西汉北方长城一带，也就是在漠南地区的边境安全，此战为汉朝进击匈奴最远的一次。

而卫青大军出塞1000多里，却与匈奴单于主力遭遇。卫青命前将军李广和右将军赵食其两军合并，从右翼进行包抄。自率左将军公孙贺、后将军曹襄从正面对抗单于主力。

卫青下令让武刚车排成环形营垒，又命5000骑兵纵马奔驰，抵挡匈奴。匈奴也有大约一万骑兵奔驰而来。恰巧太阳将落，刮起大风，沙石刮到了人们的脸上，双方军队都无法看清对方，汉军又命左右两翼急驰向前，包抄单于。

单于看到汉朝军队很多，而且战士和战马还很强大，倘若交战起来，对匈奴肯定不利。因此，在傍晚时单于就乘着6头骡子拉的车子，同大约几百名壮健的骑兵，径直冲开汉军包围圈，向西北奔驰而去。

这时，已近黄昏，汉朝军队和匈奴相互扭打，杀伤人数大致相同。汉军左校尉捕到匈奴俘虏，说单于在天没有黑的时候就离开了，于是汉军派出轻骑兵连夜追击，大将军的军队也跟随其后。

匈奴的兵士四散奔逃。直到天快亮的时候，汉军已经走了200余里，没有追到单于，俘获和斩杀敌兵19000余人，到达了寘颜山赵信城，获得匈奴积存的粮食以供军队食用。汉军留住一日而回，把城中剩余的粮食全部烧掉才归来。大军回营时才遇到迷路失期未来支援的李广赵食其部。

"飞将军"李广在战斗中却十分不利。在漫无边际的沙漠中行军，由于没有找到向导，以致迷失了道路，没有跟上卫青的大部队，失去了战机。

卫青回营，把李广叫到军营里来，严厉责问："为何失期？！"

李广说："校尉、将领们无罪，是我迷了路，责任在我。"汉朝法律规定，战斗中失期当斩。李广深知问题严重，悲愤地对部下说："我自结发以来，与匈奴大小70余战。这次从大将军与匈奴作战，可惜迷失了道路，岂不是天命？我李广已60多岁了，我不能再受刀笔之吏的审讯。"说罢，引刀自刎而死。

汉武帝刘彻传

李广不仅作战勇敢，善于骑射，而且每发必中，为人廉洁。他当二千石大官前后40年，家无余财，所得赏赐都分给部下。他对待士卒如同子弟，在大漠中用兵，士卒饥渴到极点，每见到水源，便拥向前争水喝，李广不等士卒喝够，决不走近水边；不等士卒吃饱，决不吃饭，因此深得士卒热爱。

士卒听说李广自刎，全军上下都泣不成声。百姓听说李广死了，老老小小都泪流满面。"飞将军"李广，用他悲壮的一生，为汉朝抗击匈奴战争谱写了一曲感天动地的颂歌。

霍去病在这次战争中，依然是天之骄子。他率领士卒，出代郡2000余里，没有携带辎重，只带很少的粮食，以极快的速度行军，深入匈奴内部与左贤王交战。他的骑兵来去无踪，经常用奇袭突击匈奴兵，生擒匈奴屯头王、韩王等3人，活捉匈奴将军、相国、当户、都尉等83人，前后歼敌7万多人，一直打到狼居胥山。

在那里，霍去病代表汉王朝举行了封禅礼。他英姿勃勃登上高山，眺望茫茫大漠，庆祝汉军的胜利。漠北大决战，匈奴的主力受到了毁灭性地打击，将士被杀俘八九万之多，经济也受了严重破坏，元气大丧，匈奴势力不得不再次北徙，终于造成了漠南无王庭的局面。还几次派使者到长安，希望同汉朝和亲，直到太初二年，也就是公元前103年，17年间双方没有发生战争。

同时，汉朝的胜利也标志着西汉王朝则重新占据了朔方以西直至张掖、居延泽之间的大片土地，从军事上为汉开通西域提供了保障。从此之后，汉匈战争的重点由中原北部转向对西域争夺。匈奴在此后相当长的一段时间内再无力组织对中原的大规模入侵。至此大汉建国以来危害北部郡县安定的匈奴问题基本得以解决。

而当汉武帝得到霍去病等人的捷报时，非常振奋，再次下诏表彰，他设置武功爵，以筹集军费。汉武帝为表彰卫青、霍去病的战功，特加封他们为大司马，但霍去病的战绩远远超过卫青。所以，武帝对卫青不再另外封赏，部将中也没人晋爵封侯。而对霍去病则恩宠益盛，加封食邑5800户，令秩禄与大将军卫青相等。

对霍去病的部将也特别赏赐，封右北平郡太守路博德为邛离侯，卫山为义阳侯，复陆支为杜侯，伊即轩为众利侯。从骠侯赵破奴加封食邑300户。

李广的儿子校尉李敢赐爵关内侯，封食邑200户。军中的下级官吏和有功士兵也都赐武功爵。霍去病所受的恩宠大大超过了他的舅舅大将军卫青。霍去病虽然职位高升得到了皇帝的恩宠，但他却不追求个人的安乐，立志献身国家。

汉武帝非常喜欢这个沉默寡言、敢冲敢打的青年将军，曾想教他学吴起、孙武兵法，霍去病说："看作战的方略如何，又何必拘泥于古代兵法呢？"

武帝为他造了一座华美的府第，让霍去病去看看，霍去病回答说："匈奴不灭，何以家为也？"

武帝因此更加重视和喜欢这个以国家为己任的青年将军。霍去病也有他的缺点，他自幼显贵，不知民间疾苦，也不像李广那样爱护士卒。武帝在霍去病出征时，曾送了好几十车好吃的东西给他。

回来时，吃剩下来的好肉、好米都腐臭了，只好抛弃掉，而当时军中士卒每每有吃不饱的。在塞外作战，士兵吃不饱，饿得走不动路，霍去病丝毫也不知爱惜，一个人玩他的"蹴鞠"游戏。虽然霍去病有这些毛病，但他在抗击匈奴的斗争中立下了丰功伟绩，还是值得表彰的。

元狩六年，也就是公元前117年，霍去病因疾病去世。武帝对他的早逝十分伤心，下令让匈奴浑邪王降部的匈奴人全部身穿黑甲为他致哀。送葬的行列，把他从长安城一直护送到茂陵东侧的霍去病墓地。武帝为他建立了象征祁连山的大墓，纪念他抗击匈奴的战功。

汉武帝元狩四年，也就是公元前119年，卫青、霍去病大败匈奴后，匈奴元气大伤，不得不远途逃遁，从此漠南无王庭。而大汉朝廷也因连年战争耗尽了资财，战马损失无数，无力继续进行远征。所以，此后，汉匈双方十余年无战事，往来使者穿梭不停，进入了所谓的"和汉"时期。但双方和议终无结果。

然而，就在农民起义军反抗西汉王朝剥削压迫的同时，匈奴贵族也开始骄横起来了。伊稚斜单于采用赵信给他提出的意见，一方面继续向西汉王朝假意表示求和，另一方面又不断侵扰汉边境，随时准备挑起新的战争。元狩六年，也就是公元前117年遣使者到汉朝请求和亲。

此时，由于西汉王朝实力的相对下降，汉武帝对匈奴的阴谋也缺乏足够的认识，放松防范措施，而且又用将不当，导致了对匈奴新的战争的一系列失利。

元鼎三年，也就是公元前114年，伊稚斜单于去世之后，他的儿子乌维单于立为王。元封元年，也就是公元前110年十月，汉武帝封禅前巡视朔方，勒兵11万骑，旌旗千余里，实际上是一次大规模军事演习示威行动。紧接着又采取外交行动，派遣郭吉出使匈奴，示意乌维单于向汉称臣，乌维大怒不已，扣留了郭吉。但乌维自己知道自己的兵马弱，很少寇边，只是在漠北休养士马，练习射猎，并屡次派使者到长安好言相告，要求和亲。

汉武帝也多次派使者与匈奴往来和议。元封四年，也就是公元前107年夏，汉武帝派王乌到匈奴摸情况，王乌尊重匈奴风俗得见乌维单于，乌维假惺惺表示要派太子入质于汉，以结和亲。而后，汉武帝派杨信作为正式使者去谈判。

乌维在穹庐外接见杨信，杨信提出：将上次非正式协议确定下来。乌维觉得后悔，说这不符合传统的和亲。谈判因此失败。汉武帝再派王乌出使匈奴，乌维想多得财物，就哄骗王乌说："吾欲入见汉天子，当面结为兄弟。"

王乌回到都城，把消息报告给汉武帝，汉武帝信以为真，在长安为乌维修建官邸。可是不曾想，乌维却又提出要汉派高级使者到匈奴，同时派匈奴贵人到汉朝。匈奴贵人病，服药无效而死。

武帝派路充国佩二千石印绶，带数千金护送其丧。乌维误会汉朝杀了他的使者，扣留路充国。于是和议中断，乌维单于不断制造边境事件。于是，汉武帝便派郭昌为拔胡将军，会同浞野侯赵破奴屯兵朔方以东，加强边备。

当汉武帝太初年间，匈奴经历詹师庐、句黎湖、且鞮侯三代单于。这一时期匈奴内乱，上层多变动，五年中，换了三次单于。这时的汉朝国内已经无大事，东、南、西三面开土斥境的军事行动也大都结束。

元封六年，也就是公元前105年，乌维单于去世之后，他的儿子詹师庐立为王，年龄小，号为儿单于。此后，匈奴愈加远离东部，向西北迁移，左方兵在云中郡正北，右方兵在酒泉、敦煌正北。双方互相扣留使节。

詹师庐年轻气盛，喜好杀戮征伐，使得国内动荡不安，内部矛盾加深。左大都尉想杀单于，便派人暗中报告汉朝，他准备降汉。太初元年，也就是公元前104年夏，武帝派因将军公孙敖在五原郡北长城外筑受降城，准备接纳来降匈奴，再派赵破奴将二万骑出朔方，向西北行军2000余里，抵达匈奴障蔽浚稽山。

这时，詹师庐觉察到左大都尉计谋，杀左大都尉，发左方兵迎击赵破奴。赵破奴捕获匈奴数千人后立即退兵，在距受降城北四百里的地方被匈奴八万骑追上围住。赵破奴被生擒，2万汉骑全部覆没。詹师庐大喜，派骑兵攻受降城，劫掠汉边而去。到这时，元鼎、元封间的和议彻底破裂，边疆上的挑衅又开始了。

太初三年，也就是公元前102年，詹师庐去世了，匈奴立乌维单于弟右贤王句黎湖为单于。汉武帝针对匈奴左右两翼，相应修筑边防设施，加强警戒，派光禄勋徐自为出五原郡榆林塞外，西北走向到卢朐一线筑城、障、列亭，游击将军韩说、长平侯卫伉屯兵其间，又派路博德在居延泽筑军事设施。

这些边防设施在阻遏匈奴南下方面显示了潜在的力量，匈奴一心想破除它。这年秋天，匈奴全力大肆扰掠定襄、云中，杀掠上千余人，沿途捣毁汉所筑城、障、列亭。右贤王攻略酒泉、张掖，掳略数千人，被汉军正任文救回。当时韩廷大臣都主张专力攻击匈奴，汉武帝正一心西顾征伐大宛，边境纠纷才没扩大。

正好句黎湖死，继立的左大都尉且鞮侯单于怕汉朝趁他统治未稳时出袭，主动表示尊崇汉朝。天汉元年，也就是公元前100年三月，把元封四年乌维单于扣留的路充国等送回汉朝。

太初四年，也就是公元前101年，大宛降服后，汉武帝原打算乘伐宛的余威，继续解决匈奴问题，因且鞮侯尊服，才改变主意。天汉元年春，武帝组成中郎将苏武、副中郎将张胜、假吏常惠等募士、斥候百余人的大型使团。

苏武字子卿，是杜陵人，将军苏建的二儿子。年轻的时候担任郎官。后担任中厩监，负责管理御马。在苏建的三个儿子中，他是最有节操和才干的一个。一直被同僚所称赞，也颇受汉武帝的赏识。

天汉元年，也就是公元前100年初，在一个春寒料峭的日子里，长安城门旌旗飘扬，人头攒动，原来苏武将作为汉使率百多人前往匈奴，而城门中皇帝一行人正准备为他们送行。

到了城门，苏武等翻身下马，向送行的人拱手致谢，御史大夫杜周举杯，代表皇帝向他敬酒，苏武接过一饮而尽。

"谢圣上。"

"圣上祝你们一路平安，你们要很好完成朝廷使命，要让匈奴知道大汉天子的威力。"

苏武忙朝皇宫方向拱手道："请圣上放心，苏武是大汉使臣，决不辱使命。"说完，苏武便骑上马向送行的老母、妻儿、同僚、亲友道别，带领使团踏上了去往塞北的征程。

40岁刚刚出头的苏武，骑着一匹雪练似的高头骏马，手持旌节，神色凝重，走在队伍的前头。那根旌节，以9节之竹为柄，长8尺，顶端系索，索上垂挂三重白色牦牛尾为饰，它是使者节操和信守的象征，苏武把它看得比生命还重要。

对于这次出使匈奴，苏武深知任重事险。汉、匈两国交恶多年，互相仇杀，结怨甚深。何况匈奴人一向狡诈，且鞮侯单于的真正意图究竟是什么，还很难猜测。一路上，苏武想到了种种方案，以期圆满完成使命。至于他个人的安危，倒很少考虑。

苏武一行经过近一个月的长途跋涉，到达了匈奴王庭。苏武拜见且鞮侯单于，递交了武帝表示愿意释放匈奴使者的名单，彬彬有礼，不卑不亢，并且赠送了礼品，说："这是我大汉天子向贵邦赠的礼物。"

单于看是一匹匹的锦缎丝绸和黄金，顿时眉开眼笑、面现狂色，他哈哈大笑，转过头对左右说："这是汉王朝给我敬献的礼物，哈哈……"

苏武见单于的狂相，心中甚为反感，但想到他的使命，还是不亢不卑地说："大汉愿与贵邦结为友好，互通商贸，大王给天子的使函大王自称是小辈，对此，天子很赞赏。"

"哈哈哈……"单于又是一阵大笑，"是小辈吗？以后还要请天子老儿多加指教。"

苏武听了立即沉下脸来："请大王自重。"

"自重，我们匈奴是小辈吗？我们原来也在中原生活，是你们大汉把我们赶到西域来的，总有一天我们还要打回去。"

苏武听了严正地回驳："大王，我汉朝是在祖先给我们留下的疆域里生活，从炎黄与蚩尤战于涿鹿，到秦始皇统一六国，再到当朝天子西征，我们都在自己的家园里生活，我们赶走的是豺狼……"

"住口！你把谁比作豺狼了？"

"再重申一遍，我们把侵犯我们的漠北，偷袭我们的西疆的豺狼赶走了。"

"那是你们的地盘吗？"

"有万里长城为证。"

"万里长城……"单于不屑地说，"早晚我要把它全拆了。"

苏武严肃地说："万里长城可拆，但大汉民族用脊梁筑成的长城你可拆不了。"

"万里长城拆得了拆不了，不是谁说了算，以后我们走着瞧……不过你这个来使还是很厉害的，钦佩，钦佩，怨话归怨话，交往还得交往，摆宴，给汉使接风。"单于被这个使节镇住了。

"是。"

单于在庭外摆上了酒宴，单于偕阏氏坐在上座，左右两排的宴几，右边是他的重臣，左排是苏武、张胜、惠常等大汉使臣。

单于举杯谢汉使送了厚礼，作为回赠，他向汉使送了酥油奶茶。苏武起身施礼道："汉使苏武代汉朝廷谢过大王。"

苏武等在匈奴住了一些日子，且鞮侯单于正准备将汉使遣还，想不到却发生了一起意外的事件，使苏武等人的命运发生了急剧的变化。

前汉朝有个使者叫卫律，本是匈奴人的后代，是协律都尉李延年的好友，在李延年的举荐下，武帝派他出使匈奴。后来，李延年因罪下狱。正在匈奴的卫律，怕回国受到牵连，便投降了匈奴。

卫律熟稔汉王朝的内情，又多谋略，正是匈奴侵汉最需要的人。卫律的从人虞常，被迫随降，内心仍然忠于汉朝，总想寻找机会逃归。此时，汉将缑王在随赵破奴时被俘，送到匈奴王庭。

缑王是原匈奴昆邪王姐姐的儿子，随浑邪王一同降汉。尽管他是匈奴人，也有归汉的心。虞常、缑王两人成为知己，密谋杀卫律，而且准备劫持单于的母亲，一同归汉，得到了苏武使团中的副使张胜的支持。

过了一个多月，单于出去射猎，只有阏氏和单于的子弟等人在家。

虞常等70多人便想趁这个机会起事。谁知有人逃出告密，单于的子弟立即发兵捉拿。缑王等人战死，虞常被擒。单于得知王庭有变，火速赶回，派遣卫律审问追查。

张胜听说虞常、缑王起事失败，心中恐惧，不得已将内情报告了苏武。苏武说："事情已经到了这一步，一旦虞常供出你来，势必会连及到我，我身为汉使，受匈奴之刑而死，就是对大汉国的侮辱，不如自杀而死，以维护国家的尊严。"说完，便要抽刀自刎。

张胜、常惠急忙拦住，企图侥幸。果然不出苏武所料，虞常熬不住重刑，供出了张胜。单于大怒，要杀掉汉朝的使臣。

左伊秩訾劝阻说："这样的处罚太重，不如饶他们一死，迫令他们投降，可使汉朝难堪，又可以让他们为我们出力。岂不一举两得？"单于认为不无道理，便命卫律把苏武等人叫来，传达了召降的意思。

苏武听了，大义凛然地说道："我是大汉的使臣，若是屈节辱命，即或是能够苟且偷生，又有何面目复归于汉？"这既是对卫律的回答，又是对同伴的鼓励。说完，愤然拔刀向自己的胸部刺下。

卫律听完后大吃一惊，一把把苏武抱住。但苏武已经身负重伤，鲜血喷涌，昏死过去。卫律赶忙找人抢救。过了好长时间，苏武才慢慢苏醒过来。常惠等痛哭，用车子将苏武拉回汉使的营帐。单于很钦佩苏武的气节，每天早晚都派人来问候。只把张胜等有牵连的人监禁起来。

苏武的伤势渐渐痊愈，单于又设法逼迫苏武投降。有一天，卫律奉单于之命审讯虞常和张胜，让苏武等人也都参加。卫律宣布："虞常叛乱犯有死罪，当斩！"说完，就当着众人的面，一刀把虞常的头颅砍下，再看苏武，神色坦然。

卫律接着又拉过张胜，说道："汉使张胜，谋杀单于近臣，罪在当死。但单于有诏，降者赦罪！"说完，举刀在张胜的脖子上晃了两下。

这时的张胜早已吓得浑身颤抖，连忙说："愿降！愿降！"

卫律又用余光看看苏武，他原本以为苏武会害怕，谁知苏武正在蔑视地看着张胜，好像在说："你这个大汉国的叛徒，无耻的败类！"卫律向苏武的身边跨了一步，对苏武说道："副使有罪，你这个正使罪该连坐！"说完，又举起手中的刀。

苏武面不改色，义正词严地说："我跟张胜本未同谋，又不是他的亲属，凭什么要连坐？"卫律理屈词穷，又挥刀在苏武的头上晃了晃。

苏武淡淡一笑，慢慢站起身，一点也不顾卫律剑锋。他脱下外面罩衫上前一步蹲下，将虞常头颅并数颗牙齿裹住，然后走到旁边侍立的一个小校面前道："烦先生将虞将军身首合并，留个全尸。豺狼尚且有伙伴，卫将军自此必是孤身一人甚为寂寞，无人之时定会忆起虞将军以前跟随他的好处，可惜那时悔之晚矣！现你将虞将军身首合并，或可减轻卫大人的愧疚之情，想必日后会提拔于你……"

小校不由自主地接过布包，眼睛望着卫律。卫律朝他挥了挥手，接着还刀入鞘，哈哈大笑后说道："果然一张利嘴！"

"大人过奖。"

卫律走过去拍了拍苏武肩膀，就像对待老友一般，说道："苏将军，你看我归顺之后，受爵封王，手下拥兵数万，马畜遍山，金帛满仓，享尽人间富贵。将军如若今日归降，明日便可和我一样飞黄腾达，为何倔着性子做个枉死鬼！"说完，他急忙观看苏武的脸色。

只见苏武的目光坚定不为所动。卫律又说道："将军若肯归顺，你我便是兄弟，如若不从，恐怕今日之后，再无见面的机缘了！"

苏武听后，不由得勃然大怒，拍案而起，指着卫律道："卫律！你身为大汉臣子，不念皇上恩义，甘降胡虏，我苏武根本不屑见你！况且单于命你审讯乃是要你公平从事，你却凭空诬陷于我，反欲借此事挑起事端，坐观成败，你道此事于你有好处么？鼠目寸光的小人！"

苏武说得激动，上前一步又道："你且仔细想来！南越杀汉使，大汉出兵屠城九郡；大宛王杀汉使，自己头颅落地；朝鲜杀汉使，国破家亡，现匈奴尚未至此。你明知我不肯降胡，所以多方威逼。既如此，我死便罢！不过你今背上诛杀汉使之罪，武帝必兴兵讨伐，匈奴势如累卵，一朝倾覆，试想你何处幸免？卫大人，你可多想想你脖子上人头！"

这一席话说得卫律面红耳赤，汗流浃背，哑口无言。他再不敢拿死来吓唬苏武，只好回报单于请求定夺。

且鞮侯单于还真是个惜才之王，听了苏武的事更是钦佩不已，降服之心愈是浓烈。但是以苏武之刚烈坚韧，单于很难想出办法，只好幽禁苏武，徐图良策。

转眼已至初冬，单于见苏武仍是决心不改，于心不服，于是将苏武囚于幽暗的大窖之中，既不给饮水，也不给饮食。天下起了大雪，苏武又冻又饿，但他不屈不挠，他想要活着，要让匈奴人看看大汉的使节是什么样的脊梁，于是就把毡毛扯下来嚼，然后用落到地窖里的雪和着咽到肚里充饥。

几天之后，单于打发人去地窖里看他死了没有，不料，他还活着，单于十分惊奇就来到地窖旁，让人把他抬了出来，只见苏武虽然面容消瘦，乏力喘息，但目光如剑，不禁打了一个寒战。暗想，汉人也有如此刚毅的人，这样的人既不为我所用，那更不能放他回去。于是便问道："苏武，吃苦了吧？我单于很器重你的气节，你若能归顺我匈奴，我一定重用你，让你享尽荣华富贵，怎么样，考虑好了吗？"

苏武把头一歪，回道："宁死不屈！"声音虽然微弱却很坚定。

单于听了愈加钦佩，说："苏武使者，你重气节，我也很讲义气，凡是归顺我的人，我都把他们和匈奴人一样看待，不分彼此，你看卫律，现在已是我的重臣，你的副使张胜我也待他不薄……"

"住口，请你不要再在我面前提这些小人。"

单于恼怒地说："你们汉人有句话叫作敬酒不吃吃罚酒，好吧，既然你已铁了心，那我就成全你，来人啦。"

"在。"

"把他给我押到北海去，让他去放公羊。"

苏武所牧的羊是一种叫"羝"的公羊，从不产乳生子，单于告诉苏武说："什么时候这群羊产了羊乳，才能放你回去。"事实上是让苏武永远放弃回国的念头。

在苏武的感召下，常惠等其他汉使也坚决不降。单于下令把他们全都分散安置，使他们互不相见。

苏武来到冰天雪地的北海，举目一望，白茫茫的湖面，雪花飘飘，四周荒无人烟，刺骨的寒风刮来，几只羊冻得嗷嗷直叫。

苏武在寒风中手持旌节向东喊道："大汉朝廷，我苏武在此起誓，决不有辱汉节。"

苏武冒着寒风在岸边找到了一个被人丢弃的草棚，就把羊赶了进去，然后去拔了一些荒草来喂羊，自己去挖野鼠的地洞，掏一些野草籽充饥，晚上就蜷缩在羊群中，让羊身上的皮毛温暖身体。

就这样，苏武每天都在北海边手持旌节放牧羊群。春去秋来，日复一日，苏武的头发逐渐发白，容颜消瘦，但一双眼睛依然目光四射。春天来了，北海碧波荡漾，岸边的绿柳迎风飘扬。

汉武帝刘彻传

苏武手持旌节一边牧羊，一边不停地眺望着东方，他在想念中原，想念家人。眼前浮现出他和儿子在山坡上追赶羊群，儿子跌倒在草地上哇哇大哭，他跑过去抱起儿子哄着的情景。

"唉，不知老母和妻儿此刻如何？我的儿子啊，父亲想你啊……"

忽然，远处传来了马蹄声，一队狩猎人来到了北海。他们安营扎寨，准备在这儿狩猎一段时间。一个王爷穿着的人在湖边看见苏武持旌放羊十分惊奇。

"看你是汉人穿着，莫非你就是汉使苏武？"

"正是。在下是大汉天子的使臣苏武。"

"噢，你就是苏武，失敬、失敬。"那人从马上跳下施礼道，"我是单于且鞮侯的弟弟於轩王，早就听兄长说过你的大名，今日得见，不胜荣幸。"

苏武也抱拳道："幸会，幸会。"

於轩王把苏武请到他的帐篷内以酒肉款待，他说："没有想到你竟然活下来了，真了不起。"

苏武说："我是汉朝的使者，忠于职守是为臣的天职。"

"了不起，了不起，来，干上一杯。"

"谢谢。"

於軒王又去看看苏武的草棚，十分感动地握住苏武的手说："你太苦了，我给你留下一个帐篷。"

"不，不用。"

"苏大人，这不是单于给你的，是我自己给你的，你不用介意。"

於軒王走时，又给苏武留下了一些食物。可是，有一天，苏武牧羊回来，见帐篷和食物都被人偷走了。苏武只得仍住回草棚。

年复一年，汉节上的旄毛落尽了，苏武的须发也白了，他还是手持汉节，遥望着南方，那里有他的祖国。这一天，他的朋友李陵为单于来劝降苏武。

李陵是"飞将军"李广的孙子，字少卿，李广长子李当户的遗腹子，年轻时便在朝廷任职。他精于骑射，礼贤下士，汉武帝称他有李广之风。因为率800骑深入匈奴2000余里侦察有功，被任命为骑都尉。

汉武帝命李陵招募荆地区的骁勇壮士5000，教以骑射，严格训练。这5000勇士个个力大过人，手可扼虎；射技精绝，百发百中。奉命驻扎在酒泉、张掖一带，防御匈奴。李陵谦让爱众，士兵们都愿意为他拼死效力。

武帝让李陵独当一面，确实是对他莫大的信任。可能正因如此，李陵才过高地估计了自己，导致后来的败绩。

李陵曾深入匈奴2000余里，越过居延侦察地形，未遇到匈奴顺利返还。后升为骑都尉，带领精兵5000，驻在酒泉、张掖等地教习箭术以防卫匈奴。

几年后，汉朝派贰师将军李广利征大宛，命李陵带其五千兵马随后。行至边塞，武帝又诏令李陵，要他留下手下将士，只率五百轻骑出敦煌，至盐水，迎接李广利回师，然后仍驻屯在张掖。

天汉二年，也就是公元前99年，李广利统领三万骑兵从酒泉出发，攻击在天山一带活动的右贤王，武帝召见李陵，想要他为大军运送粮草。

李陵来到武台殿，向武帝叩头请求说："臣所率领的屯边将士，都是荆楚勇士、奇才、剑客，力可缚虎，射必中的，望能自成一军独当一面，到兰干山南边以分单于兵力，请不要让我们只做贰师将军的运输队。"

武帝说："你是耻于做下属吧？我发军这么多，没有马匹拨给你。"

李陵答道："不须给马匹，臣愿以少击多，只用5000步兵直捣单于王庭。"武帝为他的勇气所感便同意了，并诏令强弩都尉路博德领兵在中途迎候李陵的部队。

汉武帝刘彻传

路博德以前任过伏波将军，也羞于做李陵的后备，便上奏："现在刚进秋季正值匈奴马肥之时，不可与之开战，臣希望留李陵等到春天，与他各率酒泉、张掖五千骑兵分别攻打东西浚稽山，必将获胜。"

汉武帝见奏大怒，怀疑是李陵后悔不想出兵而指使路博德上书，于是传诏路博德："我想给李陵马匹，他却说什么'要以少击众'，现在匈奴侵入西河，速带你部赶往西河，守住钩营。"

又传诏李陵："应在九月发兵，应从险要的庶虏鄣出塞，到东浚稽山南面龙勒水一带，徘徊以观敌情，如无所见，则沿着泜野侯赵破奴走过的路线抵受降城休整，将情况用快马回朝报告。你与路博德说了些什么？一并上书说清楚。"

于是，李陵率领他的5000步兵从居延出发，向北行进30天，到浚稽山扎营。将所经过的山川地形绘制成图，派手下骑兵陈步乐回朝禀报。陈步乐被召见，陈步乐说李陵带兵有方得到将士死力效命，武帝非常高兴，任陈步乐为郎官。

李陵在浚稽山遭遇到单于主力，被匈奴3万多骑兵包围。李陵军驻扎在两山之间，以大车作为营垒，李陵领兵冲出营垒摆开队伍，前排持戟和盾，后排用弓和弩，下令："听到击鼓就进攻，听到鸣金就收兵。"匈奴见汉军人少，径直扑向汉军营垒。

李陵挥师搏击，千弩齐发，匈奴兵应弦而倒。匈奴军败退上山，汉军追击，杀匈奴兵数千。单于大惊，召集左贤王、右贤王部8万多骑兵一起围攻李陵。李陵向南且战且走，几天后被困在一个山谷中。连日苦战，很多士卒中箭受伤，三处受伤者便用车载，二处受伤者驾车，一创者坚持战斗。

李陵说："我军士气不如前，又鼓不起来，是什么原因？莫非是军中有女人么？"原来，军队出发时，有些被流放到边塞的关东盗贼的妻女随军做了士兵们的妻子，大多藏匿在车中。

李陵把她们搜出来后，用剑把她们全部杀掉了。第二天再战，果然斩匈奴首3000多。他们向东南方突围，沿着故龙城道撤退，走了四五天，被大片沼泽芦苇挡住。

匈奴军在上风头纵火，李陵也令将士放火烧出一块空地才得以自救。又退到一座山下，单于已在南面山头上，命他儿子率骑兵向李陵发起攻击。

李陵的步兵在树林间与匈奴骑兵拼杀，又杀匈奴兵数千，并发连弩射单于，单于下山退走。这天李陵捕得俘虏，俘虏供出："单于说，'这是汉朝的精兵，久攻不能拿下，却日夜向南退走把我们引到塞边，会不会有伏兵呢？'而许多当户和君长都说，'以单于亲率数万骑兵攻打汉朝几千人，却不能把他们消灭，那以后将无法再调兵遣将，也使汉朝越发轻视匈奴。务必在山谷间再度猛攻，还有四五十里才到平地，即使不能破敌，返回也来得及。'"

这时，李陵军处境更加险恶，匈奴骑兵多，战斗一整天不下几十回合，匈奴兵又死伤2000余人。匈奴军不能取胜，准备撤走。

正巧，李陵军中有一个叫管敢的军侯，因被校尉凌辱而逃出投降了匈奴。对单于说："李陵军无后援，并且箭矢已尽，只有李陵将军麾下和成安侯韩延年手下各八百人排在阵式前列，分别以黄白二色做旗帜，派精兵射杀旗手即可破阵了。"

单于得到管敢，特别高兴，命骑兵合力攻打汉军，边打边喊："李陵、韩延年快降！"接着挡住去路猛烈攻打李陵。李陵处在山谷底，匈奴军在山坡上从四面射箭，矢如雨下。汉军坚持南行，未等冲到鞮汗山，一天之中50万支箭已全部射光，便丢弃战车而去。

当时，还剩士兵3000多，赤手空拳的就斩断车轮辐条当武器，军吏们也只有短刀。又被一座大山所阻折入狭谷，单于切断了他们的退路，在险要处放下垒石，很多士卒被砸死，不能前进。

黄昏后，李陵换上便衣独步出营，拦住左右说："不要跟着我，让我一个人去干掉单于！"过了很久，李陵才回来，叹息说："兵败如此，唯求一死！"

军吏说："将军威震匈奴，陛下不会让您死，以后可想别的办法回去，像浞野侯虽被匈奴俘获，但后来逃回去，陛下仍以礼相待，何况对将军您呢！"

汉武帝刘彻传

李陵说："你别说了，我不战死，不为壮士。"于是他要部下把旌旗都砍断，把珍宝埋藏在地下，又扼腕道，"再有几十支箭，我们足以逃跑了，可现在无武器再战，天一亮就只有束手待擒了。不如各作鸟兽散，还可能有逃回去报告陛下的人。"

他令将士们每人拿上二升干粮，一大块冰，约定在边塞遮虏鄣会合。准备夜半时分击鼓突围，但鼓没有响。

李陵与韩延年一同上马，十多名壮士和他们一道冲出。匈奴数千骑兵紧追，韩延年战死，李陵长叹："我无脸面去见陛下呀！"于是下马投降了。

他的部下四散逃命，逃回塞内的仅四百余人。李陵兵败之处离边塞只有百余里，边塞把情况报告了朝廷，武帝想必李陵已战死，就把他母亲和妻子叫来，要相面的人来看，却说他们脸无死丧之色。后来得知李陵已降匈奴，武帝大怒，责问陈步乐，陈步乐自杀了。

文武百官都骂李陵，武帝以李陵之事问太史令司马迁，司马迁则说："李陵服侍母亲孝顺，对士卒讲信义，常奋不顾身以赴国家危难。他长期以来养成了国士之风。今天他一次战败，那些为保全身家性命的臣下便攻其一点而不计其余，实在令人痛心！况且李陵提兵不满五千，深入匈奴腹地，搏杀数万之师，敌人被打死打伤无数而自救不暇，又召集能射箭的百姓来一起围攻。他转战千里，矢尽道穷，战士们赤手空拳，顶着敌人的箭雨仍殊死搏斗奋勇杀敌，得到部下以死效命，就是古代名将也不过如此。他虽身陷重围而战败，但他杀死杀伤敌人的战绩也足以传扬天下。他之所以不死，是想立功赎罪以报效朝廷。"

起初，汉武帝派李广利率领大军出征，只令李陵协助运输，后来李陵与单于主力战斗，李广利却少有战功。汉武帝认为司马迁诬罔，是想诋毁贰师将军为李陵说情，于是把他下狱施以腐刑。

很久以后，汉武帝悔悟到李陵是无救援所致，说："李陵出塞之时，本来诏令强弩都尉接应，只因受了这奸诈老将奏书的影响又改变了诏令，才使得李陵全军覆没。"

于是，汉武帝派使者慰问赏赐了李陵的残部。李陵在匈奴一年后，武帝派因杅将军公孙敖带兵深入匈奴境内接李陵。

公孙敖无功而返，对汉武帝说："听俘虏讲，李陵在帮单于练兵以对付汉军，所以我们接不到他。"武帝听到后，便将李陵家处以族刑，他母亲、兄弟和妻子都被诛杀。陇西一带士人都以李陵不能死节而累及家室为耻。

此后，有汉使到匈奴，李陵愤愤质问使者："我为汉将，率五千人横行匈奴，因无救援而败，我哪里对不起大汉而诛杀我全家？"从此，他终于死心塌地投入了匈奴的怀抱。李陵的投降，使且鞮侯单于兴奋异常，为了笼络李陵，他把女儿嫁给了李陵，并立他为右校王，身居显位，每逢国有大事，都找他商议。

苏武见到李陵一副匈奴显贵的装束，大为吃惊。李陵为苏武摆酒设宴，席间详细地讲述了自己的遭遇，又趁机对苏武说："单于知道你是我的老友，特让我前来劝告。你被幽禁在这荒远之地，返回汉朝已是不可能的了。你在这里受尽了苦难，可有谁知道你的信义节操呢？"

为了让苏武彻底放弃归汉的念头，李陵又说："你的兄长苏嘉为奉车都尉，因扶车辇下台阶，不小心碰折了车辕，被弹劾为大不敬罪，自杀而死；你的弟弟苏贤为骑都尉，受皇上命追拿畏罪逃亡的宦官未果，惧怕皇上问罪，服毒自杀；你的老母已经去世，妻子听说也已改嫁。"

苏武多年未闻家音，听了这些不禁老泪横流，泣不成声。李陵又深为同情地接着说："唉！人生苦短，犹如朝霞，你何必这样与自己过不去呢？现在皇上年事已高，反复无常，大臣们无罪被诛的，已有数十家之多。做臣子的安危不保，你这样做又是何苦呢？"

苏武擦了擦脸上的泪水，郑重地说道："我父子本无功德，蒙皇上圣恩，官为将军，爵至封侯，我常想肝脑涂地去报答圣上。而今幸有这个机会，即使刀斩鼎烹，我也在所不辞。臣子对君主就同儿子对父亲，儿子为父亲而死，是毫无怨言的，少卿就不必再劝我了。"

李陵在苏武那里每天都摆宴设酒，闲述往事。又过三五天，李陵乘着酒兴又对苏武说："子卿何妨就听我一句呢？"

苏武说："为大汉朝，我愿意肝脑涂地。请不要再说了。一定要逼我投降，我马上死在你面前！"

李陵听罢，仰天长叹："义士啊，义士！我李陵和卫律的罪过真是通天啊！"他淌着羞愧的泪水，告别了坚贞的苏武。

汉武帝刘彻传

李陵见苏武生活艰苦，于心不忍。过了一段时间，让自己的匈奴妻子出面，送给苏武几十头牛羊，又为苏武找了一个匈奴女子为妻。苏武考虑到自己的儿子生死不知，怕绝了后嗣，所以也就接受了李陵的美意。苏武有了个匈奴妻子，减少了许多寂寞。不久，又得了一子，苏武在心理上又得到了一些安慰。

后来汉武帝病死，李陵又来到北海，将这一消息告知了苏武。苏武向南放声痛哭，直哭得吐出血来。他为不能直接向汉武帝复命而悲痛，且夕哭祭。

汉昭帝继位后数年，匈奴与汉和亲，在汉使的一再要求下，要求匈奴答应了放还苏武。李陵摆酒为苏武庆贺。李陵百感交集，对苏武说道："今足下归国，我又是高兴又是悲伤。你坚守汉节，扬名于匈奴，显功于汉室，即使是古书所载、丹青所画的那些圣贤也不过如此，你将流芳千古。我李陵亲人被族诛，世人厌弃我，我还有什么可值得顾恋的呢？罢了！罢了！你我以后就是异域之人，此番便永别了！"

李陵说到这里，已经是泪如雨下，他离开座位，起舞作歌：

> 径万里兮度沙漠，为君将兮奋匈奴。
>
> 路穷绝兮矢刃摧，士众灭兮名已隤。
>
> 老母已死，虽欲报恩将安归？

李陵的悲歌，唱出了一个背叛国家者的内心痛苦。

苏武被囚禁在匈奴19年，直到昭帝始元六年，也就是公元前81年春天，才在汉使的坚决要求下，回到长安。苏武出使匈奴时，正当年富力强；归汉时，头发胡须已一片雪白。在19年的漫长岁月里，他献出的是一颗对祖国无比坚贞的心。

对待匈奴，汉武帝集中了全国的经济力量和军事力量，组织并指挥了反击匈奴的战争，是完全符合汉朝人民的利益和要求的。匈奴经过屡次打击，力量已大为削弱。

从太初三年，也就是公元前102年以后虽然还有几次入侵，但已不是汉朝的大患了。对匈奴的战争，打击和抑制了自秦末、汉初以来匈奴对中原人民几十年的残杀掠夺，保护了人民的生命财产，也保证了汉朝社会经济和文化的发展。作为这次战争的最高决策者、组织者和指挥者，汉武帝建立了伟大的功勋。

远征讨伐大宛

  大宛是中亚古国，位于帕米尔高原西麓，锡尔河中上游。大宛国盛产葡萄，并用葡萄做原料酿制美酒；大宛国还盛产苜蓿，苜蓿养育了大宛的良马。汉朝使者于是就将这两种植物的种子带了回来。汉武帝以极大的兴趣投入种植。

  几年以后，一眼望不到边的葡萄和苜蓿令西域使者吃惊。汉武帝还将自己在上林苑的离宫命名为"葡萄台"。在城南的乐游苑，则全面种植了苜蓿。

  当时长安人称苜蓿为"怀风"，又称之为"光风"，由于风行苜蓿丛中，常发出萧萧之声；而阳光照射其花，又有美丽的光彩，因而得名。长安远郊的茂陵邑也种植苜蓿，当地人称之为"连枝草"。

  而大宛最以汗血马为著名。即建元三年，也就是公元前138年，张骞第一次出使西域曾到过大宛，并且受到了大宛王的接待。

  张骞出使西域回来之后，曾向汉武帝详细介绍大宛等西域国家的风俗、民情、特产。他说："大宛在汉之正西，有万里之远。当地产好马，马出的汗是红色的，当地人称之为'汗血马'。"

这些关于异国的奇珍异宝和民情风俗的有趣见闻，深深吸引了汉武帝，特别是汗血马。当初汉武帝打开卜筮之书占卜时，书上说："神马当从西北来。"没过多长时间，果然就得到了乌孙的良马，武帝大喜，名乌孙马为"天马"。

如今，汉武帝又听说大宛有一种马叫汗血马，比乌孙马更好，武帝便一心想弄来一匹看看。这对爱好狩猎、酷爱良马宝驹的武帝，具有莫大的吸引力。

汉武帝一心想同大宛等西域国家在经济和文化上加强联系。可是，中间有楼兰和姑师挡住了去路。楼兰扼西汉通往西域的要冲，西南通扜泥、且末、小宛、精绝、于阗等国，北通姑师。汉使者每年经过这里，都要花去大量馈赠，有时还被刁难，弄得吃不成饭。这些国家还多次为匈奴通风报信，叫匈奴人截获汉使者，使西汉与西域诸国的交通受到很大阻碍。

元封三年，也就是公元前108年，正是北国大雪纷飞之时，汉武帝命从票侯赵破奴及王恢率兵数万，远征楼兰和姑师。赵破奴率领轻骑700人，一举攻克楼兰城，活捉了楼兰王，接着又攻打姑师，于征和四年，也就是公元前89年征服了姑师。汉朝用兵楼兰、姑师，震动了西域各国。

匈奴得知楼兰降汉的消息后，就发兵出击楼兰。楼兰不敢抵敌，只好分遣王子入质西汉与匈奴，向两面称臣。为了打破匈奴对大宛的控制并获得大宛的汗血马，汉武帝在太初元年，也就是公元前104年，命车令为使臣，携带着黄金20万两及一匹黄金铸成的金马去贰师城求换汗血马。

车令满怀信心地踏上了西去的路程。汉使团一路上历尽千辛万苦，半年多后抵达大宛国，车令求见大宛王毋寡，说："汉天子令臣等专程以黄金千斤，金马一匹请求交换贵国的汗血马，不知大王……"

大宛王毋寡，毫无主见，用眼睛看着群臣。群臣们像是着了魔似的大叫起来："我们不欠汉朝的这一点礼物！"

"贰师城里的马都是大宛的国宝，怎么能这样轻易地送给别人呢？"语气更是直截了当。

另有一个大臣在下面低声附和："汉朝离我们那么远，路途又艰险。每次派几百名使者来，死得只剩下了一半人，怎么可能派大军征伐呢？我看汉朝奈何不了我们。贰师城汗血马，是我大宛宝贝，决不能给汉朝！"

毋寡听信群臣意见，坚决拒绝了车公的请求。

车令被兜头泼了一瓢凉水，想起途中的千辛万苦、饥餐露宿，不禁恼羞成怒，失去理智，破口大骂，敲碎金马，拂袖而去。留下目瞪口呆的大宛群臣。

汉武帝刘彻传

大宛贵族也被激怒了，他们说："汉使也太轻视我国了，竟这样辱骂您，我们绝对不能放他离开大宛！"

大宛王毋寡立即手书一封信给东边的守将郁成王，让他出兵截住车令。郁成王接信之后决定半路行劫。就这样，茫茫的戈壁滩上回响起金戈的撞击之声，千斤黄金也被洗劫一空。

消息传到长安，这天有人突然来报："皇上，大宛国不但不给我们汗血马，还杀了汉使，夺走了黄金。"汉武帝听后大怒，便召集众臣商议，准备发兵征讨大宛。

由于赵破奴曾经以700骑兵就活捉了楼兰王，因此汉武帝十分轻视西域各国的战斗力。汉武帝便发誓要踏平大宛，得到汗血马。

出使过大宛的姚定汉说："大宛的兵力薄弱，只要派去3000人马，用强弓硬弩射他们，就可将其全部俘获。"

一时间，汉武帝不知道派谁出征好，忽然他心头一震："对，既然此番征讨大宛，唾手可得，何不将此任交给爱姬李夫人的哥哥李广利呢！"

李广利娴熟弓马，这时正随侍在宫廷。汉武帝早就想封其为官，只

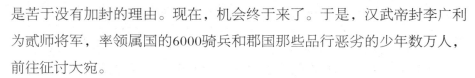

是苦于没有加封的理由。现在，机会终于来了。于是，汉武帝封李广利为贰师将军，率领属国的6000骑兵和郡国那些品行恶劣的少年数万人，前往征讨大宛。

所行的目的是到贰师城夺取良马，所以武帝命李广利号称"贰师将军"。同时任命赵始成为军正官，原浩侯王恢为军前向导，李哆为校尉，具体掌管行军作战事宜。

汉武帝对几个大臣说："大宛国不给我们汗血马，还杀了我们的使者，这是对我大汉的无视，朕封你为贰师将军，率三万人马到西域进攻大宛国，把汗血宝马给朕取回来。"

"末将遵旨。"

汉武帝继续说："朕要取汗血马的原因还在于我大汉历来受匈奴所扰，就是因为他们拥有一支剽悍的骑兵，敌夷的骑兵所以凶猛，就是因为他们有优质马。所以，从长远考虑，我们一定要有良马。"

"皇上圣明。"一些大臣们附和着。

于是这支大军，带着大量辎重，艰难地越过沙漠、草地、雪山，路上死了不少人，中途又受到敌人顽强的抵抗。李广利看实在不行，就引兵返回。等回到敦煌，已费时两年，士卒只剩十之二三。

李广利派人报告武帝："道路艰险，士卒缺粮，人员大减，不足以伐大宛。请求陛下暂且罢兵，重新征发士卒后再去。"

刚愎自用的武帝闻讯大怒，派使者赶到玉门关，下令说："军士敢入关者，斩！"吓得李广利只得留驻敦煌。由于用兵不利，朝廷公卿大臣也都希望罢兵。

可是，武帝对谁的意见也听不进去，认为小小的大宛国都攻不下来，西域各国不是要小看我汉朝吗？于是下诏再征发6万大军，后来又补充征发天下七种有罪的人充当士卒，调集了不计其数的牛、羊、驴、骆驼，组成远征军，仍由李广利统率，继续远征大宛。

李广利率领远征军再伐大宛。汉军历尽艰难困苦，终于在太初四年，也就是公元前101年，包围了大宛都城贵山。贵山城内没有水井，饮水是从城外将河水引进来。李广利派水工断绝水源，想用这个办法逼迫守兵投降。

围城40多天，大宛人拼死反抗。后来城里找到了会挖井的汉人，开凿水井。饮水问题解决了，大宛人愈加顽强地参加守城斗争。战斗中，大宛贵族将军煎靡被汉军俘虏。

软弱的大宛贵族被围城的艰苦吓坏了，坚持不住了，商议说："如果杀掉大王，将好马献给汉朝，汉军将自动解围。如果不解围，再力战而死，还不算迟。"

经过一番阴谋策划，大宛国王终于成为这些贵族的牺牲品。他的头颅被送到李广利的军营，大宛使者对李广利说："汉退兵，我尽献好马；要是不听，我杀尽好马，康居的援兵又将来到，我将与汉军死战。请慎重考虑，何去何从？"

李广利已经知道贵山城里凿了水井，粮食也不少，再打下去没有什么好处，就同意了大宛的意见。大宛放出好马，让汉军挑选。汉军挑选了几十匹汗血马，还有3000多匹普通马，与大宛盟而罢兵。西征大宛告捷，汉朝国威大张。

沿途中亚各国听说汉军征服了大宛国，无不大受震动。各国王公贵族纷纷派遣子侄跟随汉军回到中原，他们为汉武帝呈上贡品，并留在汉朝作为人质，表示对汉武帝的效忠。

尽管大宛战事取得了成功，但是，对大宛战争的意义，历史评论者各有不同的见解。宋代诗人莲池生在它的诗中曾经写道：

> 汉武爱名马，将军出西征。
> 喋血几百万，侯者七千人。
> 区区仅得之，登歌告神明。

诗人是以一种批评态度看待汉武帝的宝马追求。千万人死伤，数十人封侯。而这场战争所换取的，不过是"名马"而已。

因为东西交往频繁，汉朝在敦煌至盐泽之间，设置了许多驿站，供往来的人居息。又在轮台、渠犁驻屯田兵数百人，以解决来往使者的粮食供应问题。

为了保护这条通道，武帝命令守卒和当地百姓开始规模巨大的国防工程的建设，这就是把秦代长城由令居向西延展，直达今敦煌之西。在敦煌西北筑起了雄伟壮丽的玉门关，作为汉王朝的西大门。

沿长城还设有驿站，可以及时传达军事情报、命令和公文。由于亭障烽燧万里相望，中国西北出现了一条坚强的防线，有效地保护着从敦煌到楼兰的通道。

汉武帝对楼兰、姑师和大宛用兵，动机是错误的，无论对西域人民还是汉朝人民，都带来巨大的痛苦和牺牲。但是客观效果却出乎封建统治者意图之外。因为，从此中国和西域的商路正式开辟，东西交通更加频繁，各族人民之间的往来更加密切，加速了经济和文化的交流。

平灭南越叛乱

　　元狩四年，也就是公元前139年以后，作为西汉王朝最大边患的匈奴帝国在经历三次大规模战争冲击后已元气大伤。骠骑将军霍去病封狼居胥的号角声骄傲地宣布自秦末以来爆发而兴的匈奴帝国及其控弦铁骑已无力在大漠以南与西汉王朝相抗衡。

　　历时近15年的西汉王朝反击匈奴战争最终以武帝志满意得而告终。尽管这场战争是残酷的，胜利的代价是沉重的，但是汉王朝第一次用铁与血树立起了自己天朝大国的尊严，在东亚大陆两大强国的国力角逐中赢得了最终胜利，并有可能将其关注的视线拓展开去，重新审视其广大的周围环境，确定新的进取目标。

　　而元鼎四年，也就是公元前113年，所发生的两件事更能使武帝一度平静的心境重新燃起了进取之火：一是"其夏六月，汾阳巫锦为民祠魏脽后土营旁，见地如钩状，掊视得鼎……至长安，公卿大夫皆议尊宝鼎"，这对一向好仙求瑞的武帝不啻为一大喜讯，而与其同时的财政改革业已初见成效，因此，使他更坚信皇天对自己的偏爱。

另一件事则是屯田敦煌的南阳新野人暴利长献上在渥洼水所捕获奇马。汉武帝一时兴起，作了宝鼎、天马的歌赋。这位雄才大略的汉天子决定趁此祥瑞志得之际，彻底对其帝国四境加以经略。

南越地区广大，东西南北有数千里，经济文化相当发达。南越是秦朝南海郡尉赵佗建立的国家。赵佗本来是真定人，秦统一岭南地区后，在这里设置了桂林、南海和像三郡，命赵佗为龙川县令。

秦末农民大起义爆发后，病重中的南海郡尉任嚣见秦将亡，于是伪造诏书，使好友赵佗代替自己为南海郡尉。任嚣死后，越佗诛秦所置的官吏，断绝通往中原之路。高帝三年，也就是公元前204年，建南越国，自立为南越武王。

高帝十一年，也就是公元前196年，遣陆贾使南越赐赵佗南越王印，希望他团结百越，不为南边患害。陆贾初至南越，见赵佗态度傲慢，就晓之以大义，谕以利害，说："足下中国人，亲戚、昆弟、坟墓都在真定。如今竟背父母之国，忘骨肉之情，弃中原冠带，想对汉天子抗衡而为敌国，必将大祸临头。朝廷闻足下不服从汉，掘烧你的祖坟，灭你的宗族，派一偏将率兵十万杀王，不过覆手之劳。足下应该出郊迎我，向北面称臣。"

赵佗惊而起座，谢罪说："我居蛮夷久了，绝失礼义。"最终接受汉赐王印，称臣奉汉约法。

但是高后七年，也就是公元前181年九月，有司奏请禁止中原与南越的铁器贸易。赵佗不满说："高帝立，通使通物。如今隔绝贸易，这必是长沙王想吞灭南越从中捣的鬼。"于是自尊号为南越武帝，发兵攻打长沙国边邑。

高后遣将军隆虑侯周灶讨击南越，遇天气暑湿，士兵大疫，不能越岭。第二年七月，高后死，兵罢。赵佗因此得以兵力扬威，用财物赂遗闽越、西瓯诸越，势力达东西万余里，用天子之仪，乘黄屋左纛，称制，与汉朝廷对峙。

文帝即位后，对南越采取安抚政策。修葺赵佗在真定的祖坟，"置守邑，岁时奉祀"。对赵佗留在中原的亲属均任官重用，为恢复汉与南越的友好关系打下了基础，紧接着又把已经告老还乡的陆贾请回，任为太中大夫，派他再次出使南越。

文帝致函赵佗说："服领以南王自治之管。愿与王分弃前患，终今以来，通使如故。"还赠送了许多衣服之类的礼物。赵佗本不愿与汉为敌，一经陆贾面谕，便去掉帝号。表示"愿奉明诏，长为藩臣""老夫死骨不朽，改号不敢为帝矣"。

为表示臣属，赵佗在番禺筑"朝台"，每当朔望之日登台朝拜。陆贾还朝时，特在江边建一华馆送别，称为"朝亭"，而且向文帝奉赠白璧、翠鸟、犀角、孔雀等南越特产。

从此以后，南越又恢复了属国的地位。但赵佗一直没有把自己置于与汉王朝其他诸侯国同等的地位。按礼制规定，诸侯王都要定期到长安，亲自朝见天子，但赵佗仍坚持不朝，以保持独立的地位。景帝时，赵佗复又僭称帝号。他的儿子赵胡继位后，也是内帝外王，对汉称王，国内称帝。仍是偏居东南一隅的独立王国。

汉武帝刘彻传

意在开疆拓土的汉武帝，久有将它并入大汉国版图的想法。只是因为北有强大的匈奴连年入寇，使他一时无力南顾。只好采取渐进的方针，争取非武力解决。

所以，在出兵制止了闽越吞并南越的企图后，便派严助出使南越，令其内属。文王赵胡准备内朝，但遭到了群臣的反对，故而"称病，不入见"，只将太子婴齐送往长安宿卫。

十几年后，赵胡病故，他的儿子赵婴齐时已在长安娶妻生子，归国即位。可这十几年的长安生活并没有让这位新继位的南越王对汉廷感恩戴德。在其奏请册封太子的奏书被批准后，面对朝廷专使的多次诏谕，赵婴齐置若罔闻，一再称病不朝。

后来，婴齐去世之后，他的儿子赵兴继立为王，它的母亲樛氏便成为来自长安的王太后。鉴于新一代南越执政人物都生长于长安，亲汉意向明显，汉廷认为彻底解决南越问题的时机已经成熟。

于是，元鼎四年，也就是公元前113年，汉武帝派遣安国少季出使南越国，前往告谕赵兴和樛太后，让他们比照汉朝的内诸侯前去长安朝拜汉武帝；同时命能言善辩的谏大夫终军和勇猛之人魏臣等辅助安国少季出使，卫尉路博德则率兵驻守在桂阳，以接应使者。

汉朝的态度是明确而富有人情味的，但却直接导致了南越政权的最终分化，并使汉王朝和平解决南越问题的愿望彻底破灭了。

事实上，当时的赵兴还很年轻，樛太后是中原人，南越国的实权实际上掌握在丞相吕嘉手中。而樛太后在未嫁赵婴齐时，曾经与安国少季私通，此次安国少季出使，他们再次私通，南越人因此多不信任樛太后。

樛太后感受到朝野的孤立，害怕发生动乱危及自己的地位，也想依附汉朝的威势来巩固自己的地位，于是多次劝说赵兴和群臣归属汉朝。与此同时透过使者致信汉武帝，请求比照内地诸侯，三年朝见天子一次，撤除边境的关塞。

汉武帝答应了樛太后的请求，赐给南越国丞相、内史、中尉及大傅等予官印，其余官职由南越国自置，这样意味着汉朝朝廷直接对南越国的高级官员进行任免。

汉武帝还废除了南越国以前的黥刑和劓刑等野蛮酷刑，跟汉朝的内诸侯一样执行汉朝法律。同时将派往南越国的使者留下来镇抚南越国，力求南越国的局势平稳。赵兴和樛太后接到汉武帝的谕旨后，马上准备行装，准备前往长安朝见汉武帝。

太后迫切希望归顺汉朝，以解除困境，武帝得知情由后，也同意了太后的请求，叫她和赵兴打点行装，准备入朝。然而，丞相吕嘉竭力反对。他曾辅佐过三位国王，他的宗族内当官做长吏的就有70多人，男的都娶王女做妻子，女的都嫁给王子及其兄弟宗室之人，同苍梧郡的秦王有联姻关系。

这一切，使吕嘉成为权倾朝野的人物。他曾多次上书国王，反对南越归顺汉朝。汉朝使节多次出使南越，他托病不见。汉朝使节也注意到吕嘉怀有异心。太后和国王很想借汉朝使节安国少季的权力，杀掉吕嘉等人。

于是，他们精心安排了酒宴，想借助汉朝使者的权势，计划杀死吕嘉等人。宴席上，使者都面朝东，太后面朝南，王面朝北，丞相吕嘉和大臣都面朝西，陪坐饮酒。吕嘉的弟弟当将军，率兵守候在宫外。

饮酒当中，太后对吕嘉说："南越归属汉朝，是国家的利益，而丞相嫌这样做不利，是什么原因？"王太后想以此激怒汉朝使者。谁料使者安国少季却犹豫不决，终究没敢动手杀吕嘉。

吕嘉看到周围人不是自己的亲信，随即站起身走出了宫廷。王太后发怒了，想用矛撞击吕嘉，但是赵兴却阻止了太后的行为。吕嘉就出去了，从此便装病。南越回归的事也就这样被搁置了。

汉武帝刘彻传

汉武帝听说吕嘉不服从南越王，王和太后力弱势孤，不能控制吕嘉，大骂了安国少季无能，又认为王和太后已经归附汉朝，独有吕嘉作乱，不值得发兵，想派庄参率2000出使南越。

庄参说："若是为友好谈判而去，几个人就足够了；若是为动武而去，2000人不足以干出大事来。"庄参推辞不肯去，因此，汉武帝罢免了庄参的官。

这时，郏地壮士、原济北王的相韩千秋愤然说道："这么一个小小的南越，又有王和太后做内应，独有丞相吕嘉从中破坏，我愿意率领200个勇士前往南越，一定杀死吕嘉，回来向天子报告。"

于是，汉武帝就派遣韩千秋和王太后的弟弟樛乐，率兵2000人前往南越。吕嘉听说汉兵到来终于造反了，并向南越国的人下令说：

王年少，太后，中国人也，又与使者乱，专欲内属，尽持先王宝器入献天子以自媚，多从人，行至长安，虏卖以为僮仆；取自脱一时之利，无顾赵氏社稷，为万世虑计之意。

于是，吕嘉就同他弟弟率兵攻击并杀害了南越王、王太后和汉朝的使者。他又派人告知苍梧秦王和各郡县官员，立明王的长子与南越族的妻子所生的儿子术阳侯赵建德当南越王，并派人告知了南越国的诸侯苍梧王赵光及南越国属下的各郡县官员。

这时韩千秋的军队进入南越国境内，攻下几个边境城镇。随后，南越人佯装不抵抗，并供给饮食，让韩千秋的军队顺利前进，在走到离番禺40里的地方，南越突然发兵进攻韩千秋的军队，把他们全部消灭。

吕嘉又让人把汉朝使者的符节用木匣装好，并附上一封假装向汉朝谢罪的信，置于汉越边境上，同时派兵在南越边境的各个要塞严加防守。汉武帝得知后，非常震怒，他一方面抚恤战死者的亲属，一方面下达了出兵南越国的诏书。

元鼎五年，也就是公元前112年秋，汉武帝调遣罪人和江淮以南的水兵共10万人，兵分五路进攻南越。第一路任命路博德为伏波将军，率兵从桂阳沿湟水直下。第二路任命主爵都尉杨仆为楼船将军，从豫章郡过横浦关沿浈水直下。第三路和第四路任命两个归降汉朝的南越人郑严和田甲分别为戈船将军和下厉将军，率兵从零陵出发，然后郑严的军队沿漓水直下，田甲的军队则直抵苍梧。第五路以驰义侯何遗利用巴蜀的罪人和夜郎的军队，直下牂牁江。但西南夷国家多不愿出兵，甚至且兰的君主还公然反抗，杀死了汉朝使者和犍为郡太守。五路军队的最终目标皆为南越国的都城番禺。

与此同时，东越王余善也向汉武帝上书请战，并派兵8000人协助杨仆进攻南越国，但东越王的军队行至揭阳时，便借口遇上风浪而不再前进，还暗中派使者向南越国报信。

元鼎六年，也就是公元前112年和公元前111年之交时，楼船将军杨仆一军首先攻进南越，破寻峡、石门，重创南越军。然后率部下数万人与伏波将军路博德会合，两军齐进，围住了南越国都番禺。南越王越建德、丞相吕嘉等据城坚守。

南越宰相吕嘉率部下登城眺望，只见城四周旌旗蔽日，全是汉军的营寨，他叹了口气，自知大势已去，但还要做垂死挣扎，于是便把南越王杀了，高举火把站立在城头喊道："汉兵路博德听着，你若放我一马，我就把城留给你们，否则就把都城化为灰烬。"

路博德骑在马上喝道："叛贼吕嘉听着，我奉天子之命来诛杀你，你身为重臣，不但不归顺汉朝反而阴谋反叛，你杀了南越王、太后和汉使，又杀了我们的韩千秋及2000士兵，实属十恶不赦，今天，我就是来取你的首级的。"

吕嘉又喊道："路博德听着，大汉就是大汉国，南越就是南越国，我们凭什么要归顺你们？至于杀了你们的使者，那是因为他与太后私通。杀了太后樛氏，是因为她是中原人，她原本就是奸细。杀了南越王赵兴嘛，是因为他要对你们称臣。"

路博德大吼道："吕贼，你死到临头了，你还胡说，南越早就是大汉的疆土，南越只是一个郡地，不是一个国家，你想出卖南越搞独立！你梦想，你这个南越的败类，朝廷派大军来，就是要恢复南越郡地，废除你们的非法王朝，你若再不投降，我们就要攻城了。"

路博德将军又策马上前，喊道："吕贼，你听着，南越和大汉是一家人，我们是不会伤害庶民的，你如果还有一点天良就不能放火烧城，你还是赶快投降吧！"

吕嘉打算顽抗到底，就一边命令向城下放箭，一边下令点火，与此同时，路博德大军从四个城门强攻，火光下，喊声一片，城很快就攻破了，汉军冲了进去，杀死了负隅顽抗的少数叛军，大多数则纷纷缴械投降。

吕嘉和赵建德见形势不妙，在天亮之前率领几百名部下出逃，乘船沿海往西而去。

这时，汉军有人喊："报告将军，吕嘉逃走了！"

路博德在询问了投降的南越人之后，才知吕嘉和赵建德的去向，并派兵追捕他们。

两天后，校尉司马苏弘生擒赵建德，原南越国郎官都稽活捉吕嘉。

其他各路军还没有赶到，汉军已灭南越。路博德将吕嘉正法，命人飞报朝廷。

南越战争正在激烈进行的时候，汉武帝又开始了他的东巡。捷报传来，其时武帝正出行至左邑桐乡，听说南越国已被攻破，大喜，即把左邑桐乡改名为闻喜县。

元封元年，也就是公元前110年春，汉武帝行至汲县新中乡，又闻已得吕嘉首级，即在汲县新中乡增设一个获嘉县。武帝为了解心中之恨，下令将吕嘉的子孙宗族迁到蜀地，置不韦县，以彰其先人之恶。

这样，由赵佗创立的南越国经过93年、五代南越王之后，终于被汉朝消灭了。汉武帝在平定南越国后，将南越国领地设置了南海、苍梧、郁林、合浦、交趾、九真、日南七郡。

元封元年，也就是公元前110年，杨仆率军从合浦郡徐闻县渡海，占领了海南岛。汉朝将其设为儋耳、珠崖两郡，和前面七郡同隶属于交州刺史部。南越正式并入汉王朝的版图之中。

开拓西南夷地区

建元六年，也就是公元前135年，汉武帝即皇帝位不久，派王恢进击闽越。途中，王恢派番阳令唐蒙去南越。南越人热情招待汉使，特别准备了汉朝的家乡菜，那是蜀地出产的枸酱款待唐蒙。枸酱是用枸木的树叶制成的酱，味道鲜美，巴蜀人很喜欢这种珍味。

唐蒙吃到枸酱，问道："这种酱是从哪里来的？味道如此鲜美！"

南越人回答说："是从西北的牂牁江运来的。"

回到长安后，唐蒙专门派人调查了经营这种食品的商人，终于搞清了这种东西原本是蜀地特产，只是通过夜郎国的中间商人经牂牁江运往南越，所利用的牂牁水道有近百步宽，可以通过较大的船直达番禺。

唐蒙听说这样的情况十分高兴，他确认自己已经发现了一条可以绕过五岭天险直捣南越腹地的进军路线，即由蜀地出兵，过夜郎而击南越侧翼。他立刻把这个消息上奏给了汉武帝，建议说："迅速联系夜郎，利用它的几十万军队，顺牂牁江而下，必可制服南越。"

鉴于南越问题迟迟得不到解决，这个建议正中武帝的心意，因此，他也同意对其进行必要的武力准备，于元光五年，也就是公元前130年，封唐蒙为郎中将，率领士卒1000人，辎重、珍宝无数，从巴蜀的筰关出发，抵达夜郎，见到夜郎的国王多同。

夜郎王以竹为姓，相传第一代夜郎王是从竹中剖出的。有一个女子在遁水边浣衣，忽然看见水上漂来一个三节大竹，正好停在她脚边，并闻其中有号哭之声，剖而视之，得一男孩，抚养长大后，那男孩文武双全，自号为夜郎王，因生在竹中故以竹为姓，也称竹王。

夜郎王一见，非常高兴，高兴之余便问唐蒙说："汉与我相比，哪个大？"夜郎国王由于消息闭塞，还不知道汉朝是怎样一个国家，一直以为夜郎是世界上最大的国家。

唐蒙一听，差点笑出声来，心想：真是井底之蛙，没见过大天。见夜郎王一副很认真的样子，便极口夸张，说汉朝如何的庞大，如何的强盛，如何的富有，并把大量的珍宝、缯帛赠送给多同。

夜郎王听得目瞪口呆，心中好生羡慕，这才恍然大悟，拍了一下脑袋说："我一直以为是夜郎国最大呢！"夜郎侯多同面对丰厚的馈赠瞧得眼花缭乱，对汉使自然不敢怠慢。

唐蒙见时机已到，便告之汉朝的严威圣德，晓以利害，劝其举国内附，以期封侯。夜郎王听后心有所动，便和唐蒙约定，由朝廷在当地任命官吏，让竹多同的儿子担任县令一级的官员。

多同表示愿意与汉往来，并争取利用其影响动员其他周边部族一同归附汉朝，有历史记载：

> 夜郎旁小邑皆贪汉缯帛，以为汉迫险，终不能有也，乃且听盟约。还报，乃以为犍为郡。发巴蜀卒治道，自僰道指牂柯江。

此后，夜郎王竹多同又把附近的小国叫来商议。那些小国都贪图得

拓四方定边患

到汉朝的丝绸，心想，从汉朝到此，路途遥远，道路又艰险，无论如何汉朝也不会占有这片土地。不如暂时顺从，既不得罪汉使，又可得到丝绸，于是纷纷表示服从唐蒙的盟约。唐蒙大喜，当即返京奏报朝廷。

武帝闻讯大喜，便下令在这一带设置犍为郡。邛人和笮人听说南夷因为和汉朝结交获得了许多赏赐，顿时心中羡慕不已，于是纷纷甘愿做汉朝统治下的臣民，请求朝廷仿照统治南夷的办法，在他们居住的地区任命官吏。

事实上，汉朝不仅仅是在西南地区设形式上的郡县，而是要真正控制西南地区，公元前130年，唐蒙受命掠取和开通夜郎及其西面的僰中，发动巴郡、蜀郡的官吏士卒上千人，西郡又多为他征调陆路及水上的运输人员10000多人。

西南地区多山，地形复杂，修路不易，在此过程中，加之湿热，巴郡军民中许多人生病死去，更多的人开始逃跑。针对这种情况，唐蒙动用战时法令，诛杀了一些消极对抗的地方首领。不过他的严惩措施，没有收到积极的效果，反而激起了地方势力更大的反抗，修路工作眼看着就进行不下去了。

面对这种情况，汉武帝经过全盘考虑，决定对巴蜀地方势力和当地老百姓进行安抚。恰在这时，司马相如由蜀归朝，于是就派相如去责备唐蒙，趁机告知巴、蜀百姓，唐蒙所为并非皇上的本意。

司马相如发布了一张《谕巴蜀檄》的公告，并采取恩威并施的手段，收到了良好的效果。在这篇公告中，他准确地传达了汉武帝的意思：

> 告巴蜀太守：蛮夷自擅，不讨之日久矣，时侵犯边境，劳士大夫。陛下即位，存抚天下，辑安中国，然后兴师出兵，北征匈奴。单于怖骇，交臂受事，屈膝请和。康居西域，重译请朝，稽首来享。移师东指，闽越相诛；右吊番禺，太子入朝。南夷之君，西僰之长，常效贡职，不敢怠堕，延颈举踵，喁喁

然皆争归义，欲为臣妾；道里辽远，山川阻深，不能自致。夫不顺者已诛，而为善者未赏，故遣中郎将往宾之，发巴蜀士民各五百人，以奉币帛，卫使者不然，靡有兵革之事，战斗之患。今闻其乃发军兴制，警惧子弟，忧患长老，郡又擅为转粟运输，皆非陛下之意也。当行者或亡逃自贼杀，亦非人臣之节也。

夫边郡之士，闻烽举燧燔，皆摄弓而驰，荷兵而走，流汗相属，唯恐居后；触白刃，冒流矢，义不反顾，计不旋踵，人怀怒心，如报私仇。彼岂乐死恶生，非编列之民，而与巴蜀异主哉？计深虑远，急国家之难，而乐尽人臣之道也。故有剖符之封，析珪之爵，位为通侯，居列东第，终则遗显号于后世，传土地于子孙。行事甚忠敬，居位安佚，名声施于无穷，功烈著而不灭。是以贤人君子，肝脑涂中原，膏液润野草而不辞也。今奉币役至南夷，即自贼杀，或亡逃抵诛，身死无名，谥为至愚，耻及父母，为天下笑。人之度量相越，岂不远哉？然此非独行者之罪也，父兄之教不先，子弟之率不谨也，寡廉鲜耻；而俗不长厚也。其被刑戮，不亦宜乎？

陛下患使者有司之若彼，悼不肖愚民之如此，故遣信使晓谕百姓以发卒之事，因数之以不忠死亡之罪，让三老孝悌以不教之过。方今田时，重烦百姓，已亲见近县，恐远所溪谷山泽之民不遍闻，檄到，亟下县道，使咸知陛下之意，唯毋忽也。

这通公告一出，在巴蜀军民中收到了很好的效果，修筑道路工作得以继续进行。

司马相如顺利地完成了使命，回报给汉武帝，汉武帝高兴得不得了。而此时唐蒙已掠取并开通了夜郎，趁机要开通西南夷的道路，征发巴、蜀、广汉的士卒，参加筑路的有数万人。修路二年，没有修成，士卒多死亡，耗费的钱财要用亿来计算。蜀地民众和汉朝当权者多有反对者。

这时，邛、筰的君长听说南夷已与汉朝交往，得到很多赏赐，因而多半都想做汉朝的臣仆，希望比照南夷的待遇，请求汉朝委任他们以官职。

武帝便就此征询司马相如的意见。司马相如原本是蜀中人，对西夷部落略知一二，便说："邛、筰、冉、駹者近蜀，道亦易通，秦时尝通为郡县，至汉兴而罢。今诚复通，为置郡县，愈于南夷。"

意思是说：邛筰、冉、駹等都离蜀很近，道路容易开通。秦朝时就已设置郡县，到汉朝建国时才废除。如今真要重新开通，设置为郡县，其价值超过南夷。

汉武帝以为相如说得对，就任命相如为中郎将，令持节出使。副使王然于、壶充国、吕越人等，乘坐四匹马驾驭的传车向前奔驰，凭借巴、蜀的官吏和财物去拉拢西南夷。

同时司马相如又写了一篇著名的《难蜀父老》：

> 汉兴七十有八载德茂存乎六世，威武纷纭，湛恩汪濊，群生澍濡，洋溢乎方外。于是乃命使西征，随流而攘，风之所被，罔不披靡。因朝冉从駹，定筰存邛，略斯榆，举苞满，结轨还辕，东乡将报，至于成都。

> 耆老大夫荐绅先生之徒二十有七人，俨然造焉。辞毕，因进曰："盖闻天子之于夷狄也，其义羁縻勿绝而已。今罢三郡之士，通夜郎之途，三年于兹而功不竟，士卒劳倦，万民不赡；今又接以西夷，百姓力屈，恐不能卒业，此亦使者之累也，窃为左右患之。且夫邛、筰、西僰之与中国并也，历年兹多不可记已。仁者不以德来，强者不以力并，意者其殆不可乎！今割齐民以附夷狄，弊所恃以事无用。鄙人固陋，不识所谓。"

　　使者曰："乌谓此邪！"必若所云，则是蜀不变服而巴不化俗也。余尚恶闻若说。然斯事体大，固非观者之所觏也。余之行急，其详不可闻已。请为大夫粗陈其略：

　　盖世必有非常之人，然后有非常之事；有非常之事，然后有非常之功。非常者，固常人之所异也。故曰非常之原，黎民惧焉；及臻厥成，天下晏如也。昔者洪水沸出，泛滥衍溢，人民登降移徙，崎岖而不安。夏后氏戚之，及堙洪水，决江疏河，洒沉赡菑，东归之于海，而天下永宁。当斯之勤，岂唯民哉？心烦于虑而身亲其劳，躬胝无胈，肤不生毛，故休烈显乎无穷，声称浃乎于兹。

　　且夫贤君之践位也，岂特委琐握龊，拘文牵俗，循诵习传，当世取说云尔哉！必将崇论闳议，创业垂统，为万世规。故驰骛乎兼容并包，而勤思乎参天贰地。且《诗》不云乎，'普天之下，莫非王土；率土之滨，莫非王臣。'是以六合之内，八方之外，浸浔衍溢，怀生之物有不浸润于泽者，贤君耻之。今封疆之内，冠带之伦，咸获嘉祉，靡有阙遗矣。而夷狄殊俗之国，辽接异党之地，舟舆不通，人迹罕至，政教未加，流风犹微。内之则犯义侵礼于边境，外之则邪行横作，放弑其上，君臣易位，尊卑失序，父兄不辜，幼孤为奴，系累号泣，内向而怨，曰：'盖闻中国有至仁焉，德洋而恩普，物靡不得其所，今独曷为遗己！'举踵思慕，若枯旱之望雨。鸷夫为之垂涕，况乎上圣，又恶能已？故北出师以讨强胡，南驰使以诮劲越。四面风德，二方之君鳞集仰流，愿得受号者以亿计。故乃关沫若，徼牂柯，镂灵山，梁孙原。创道德之途，垂仁义之统。将博恩广施，远抚长驾，使疏逖不闭，阻深暗昧，得耀乎光明，以偃甲兵于此，而息诛伐于彼。遐迩一体，中外禔福，不亦康乎？夫拯民于沉溺，奉至尊之休德，反衰世之陵迟，继周氏之绝业，斯乃天子之急务也。百姓虽劳，又恶可以已哉？

"且夫王事固未有不始于忧勤，而终于佚乐者也。然则受命之符合在于此矣。方将增泰山之封，加梁父之事，鸣和鸾，扬乐颂，上咸五，下登三。观者未睹指，闻者未闻音，犹鹪明已翔乎寥廓，而罗者犹视乎薮泽。悲夫！"

于是诸大夫芒然其所怀来，而失阙所以进，喟然并称曰："允哉汉德，此鄙人之所愿闻也。百姓虽怠，请以身先之。"敞罔靡徙，因迁延而辞避。

这篇文章从全国统一大业的高度，阐发了开发西南夷的重大意义。阐明了和少数民族相处的道理，其文苍劲优美，说理透彻，成功地说服了众人，使少数民族与汉朝合作，为开发西南边疆作出了贡献。

汉武帝很满意司马相如的这篇文章，这正是自己的心里话啊！公元前129年，汉武帝委任司马相如为中郎将，再次出使西南，在邛、莋等地负责设置郡县的工作。

司马相如等到达蜀郡，蜀郡太守及其属官都到郊界上迎接相如，县令背负着弓箭在前面开路，蜀人都以此为荣。于是卓王孙、临邛诸位父老都凭借关系来到相如门下，献上牛和酒，与相如畅叙欢乐之情。

卓王孙喟然感叹，自以为把女儿嫁给司马相如的时间太晚，便把一份丰厚的财物给了文君，使与儿子所分均等。司马相如就便平定了西南夷。邛、莋、冉、駹、斯榆的君长都请求成为汉王朝的臣子。

于是，拆除了旧时的关隘，使边关扩大，西边到达沫水和若水，南边到达牂牁，以此为边界，开通了灵关道，在孙水上建桥，直通邛、莋。相如还京报告皇上，皇上特别高兴。

汉武帝没有花费大的军事力量，主要靠强盛的国力和发达的经济、文化，便成功地达到了开拓西南边疆的目的。武帝下令在那些地区设置十几个县，归蜀郡管辖。可这个想法却遭到了一些大臣的反对，比如公孙弘，他曾到西南一带视察过工作，说这些地方目前开发没什么好处。

元朔三年，也就是公元前126年冬，正当北筑朔方、东置苍海郡，蜀长老又多言通西南夷有害无益。于是朝廷中反对声复起，御史大夫公孙弘等认为西南与苍海、朔方都是没有用处之地，主张全部停止筑城、置郡。

汉武帝命朱买臣与公孙弘辩论，朱极言置朔方之利。公孙弘就退而主罢苍海郡和暂停西南夷事务，以专力对付匈奴。于是，春罢苍海郡，秋罢西夷事务，仅置南夷、夜郎一都尉，让犍为郡修城自保。

元狩元年，也就是公元前122年，曾经出使西域的张骞向武帝提出了一个探索蜀地通往身毒通道的建议。原来，张骞出使西域在大夏时，曾经看到过蜀地出产的细布和邛山出产的竹杖。

于是，张骞便问这是从什么地方来的，那些大夏人回答说："是从东南方向的身毒国来的，离此地大约有好几千里，从那儿的蜀地商人手中买的。"所以张骞认为既然身毒有蜀郡的东西，那它距离蜀郡一定不会太远。果然后来又听说身毒就在邛山西面大约两千里的地方。

张骞心中一亮，独自盘算道：汉使出使大夏，如果经由羌人居住的地区，不仅道路险恶难行，又会受到羌人的阻拦；假若取道稍北的地方，便会落入匈奴人的魔掌。

既然两路都不妥，如果通过蜀郡到达身毒，再由身毒到大夏，岂不是既方便又安全吗？所以张骞立即向汉武帝上书，极力宣称大夏就在汉朝的西南方，它羡慕中国久矣，时刻都想和汉朝交好，只因匈奴人阻挡着通路，才未能如愿。如果能开通蜀地的道路，取道身毒再到大夏，则对大汉有百利而无一害，皇帝的威德也就能远播大夏。

武帝一听，心中非常高兴。立即命令张骞主持其事，并派王然于、柏始昌、吕越人等为使臣，沿着蜀郡、犍为郡一带的山路，从马、冉、徙及邛僰之间四道并出，寻找身毒国。岂料各路使臣在分别走出一二千里以后纷纷受阻，都无功而返。

由于汉使受阻于昆明，汉武帝计划要征讨。那里有方圆三百里的滇池，武帝便专门在长安修"昆明池"练习水战。但由于当时战事频繁，能够征调服役的人越来越少，武帝便下令凡官吏不恪尽职守，玩弄法令者，一律发配到长安御苑去砍伐荆棘，挖掘昆明池。长安城为之震动。

元鼎五年，也就是公元前112年，在向南越发动全面进攻之际，汉王朝派遣驰义侯传檄犍为郡，希望借当地士兵助战，实现当初唐蒙借路出奇兵的战略计划。

汉使的到来引起了当地部族首领的恐慌，以且兰君为首的部分首领发动了武装叛乱，杀死汉使及犍为郡太守，公开对抗汉廷政令：

> 汉乃发巴蜀罪人尝击南越者八校尉击破之。会越已破，汉
> 八校尉不下，即引兵还，行诛头兰。头兰，常隔滇道者也。

汉武帝刘彻传

至此，以且兰、邛县、筰侯为首的南夷反抗力量被镇压。不久夜郎侯入朝归附，武帝封其为夜郎王，赐予王印。此后，在汉朝的政治、军事压力下，邛、筰、冉駹、白马相继归汉朝统治。汉朝在邛设越巂郡，筰为沈黎郡，白马设武都郡，冉駹为汶山郡，还设置了牂柯郡。

元封二年，也就是公元前109年秋，汉武帝仍命郭昌、卫广发巴蜀兵击灭劳深、靡莫，滇举国降服，滇王请汉置吏入朝，武帝对滇王的态度感到满意，赐予他滇王王印，仍让他统治当地，在这里设置益州郡，邻治其众数万人。从此，西南地区的大部分都重归中国版图，西南各族人民与汉族的关系逐渐密切。

在对于西南夷的经略方面，汉武帝充分展示了他恩威并施的政治手段，顺其对当地的开发与管理也有其因地制宜、因俗而治的一面，为我国西南地区早期的开发管理奠定了政策基础。

东征朝鲜定四郡

汉武帝在开通西南边疆时，又向东邻的朝鲜用兵。朝鲜从周武王时代开始，就同中国有密切关系。殷纣王的叔父箕子，在殷朝灭亡后，带领五千殷民逃到朝鲜北部，建立了政权。

战国末期，乐毅灭齐的壮举令燕国进入全盛时期，燕昭王趁势令悍将卫满统军挺入朝鲜半岛，进行开荒式征服。卫满率领部属刚来朝鲜时，得到朝鲜王箕准的礼遇。

箕准拜他为博士，赐给圭，封给西部方圆百里的地方。箕准的目的很清楚，就是希望通过卫满，来为他守护西部边境。然而卫满是个很有政治野心的人，他利用封地为依托，不断招引汉人流民，积聚自己的政治、经济力量。

公元前194年，羽翼已经丰满的卫满，派人向箕准假传汉朝要派大军来进攻，请求到箕准身边来守护。箕准不知道这个是骗局，于是便许诺了卫满的请求。

卫满便就此机会，率军向王都王险城进发，一举攻占王都后，自立为王，国号仍称朝鲜，历史上称其为"卫氏朝鲜"。卫氏王朝建立后，控制了朝鲜半岛的北部地区，与西汉燕地相邻。

这时正是汉惠帝执政时期，天下初定，辽东太守经汉廷批准，主动与朝鲜国王卫满相约：卫满为汉朝藩属外臣，为汉朝保卫塞外，不使汉朝边境受到侵犯；塞外各族首领朝见汉朝天子，以及各国与汉朝通商，不许从中阻挠。作为回报，汉朝答应给予卫满以兵力和物资上的支援。

有了西汉藩属外臣的身份和汉廷的军事、经济的支持，卫满便开始不断地侵凌和征服临近小邦，真番、临屯都主动前来归顺，卫氏政权的势力因此迅速膨胀，领地扩大到方圆几千里。

汉武帝即位之后，卫满的孙子右渠成为朝鲜王时，更是大量招引汉人流民，以此来扩充卫氏政权的实力。而随着卫氏势力的日益雄厚，右渠不但自己不肯再向汉朝通商朝贡，而且还阻碍邻近真番等小国与汉朝通商朝贡。一时之间，各小国和汉朝的联系因卫右渠的从中作梗而陷于中断。

元朔元年，也就是公元前128年，朝鲜半岛小番君南宫等因不满朝鲜王右渠的控制，率众28万归降汉朝，武帝在那里设立苍海郡，但元朔二年，也就是公元前126年春，由于北方战事而罢除。

苍海郡的一度置废，已向右渠表明了武帝政策的立场，引起了他的极度不满。因此他在加紧了对其境内部族控制的同时，也拒绝了南方的真番、辰国经其领土朝见汉廷的要求。这样双方的矛盾终于暴露。

元封二年，也就是公元前109年，武帝派遣涉何为汉使前往朝鲜，责怪和晓谕卫右渠，要他去晋见汉天子，但卫右渠倚仗自己逐渐增大的实力，不愿接受武帝的命令，涉何无功而返，带着忐忑不安的心情离开了王险城，踏上了归途。

一路上，他苦苦思索着如何向武帝交差，害怕无功而还，武帝震怒，自己性命不保。于是，他贪功心切，竟然在浿水边界派人刺杀了为其送行的卫氏朝鲜的一名裨王，然后迅速渡浿入塞，向武帝谎报说杀了

汉武帝刘彻传

朝鲜大将。

汉武帝听说他杀死了一位朝鲜将军，连连称赞他做得好，尽管卫右渠未来朝见，但杀其一将，总是有功，便不再责怪其他而任命涉何为辽东郡都尉，防御朝鲜。

这个消息很快便传到王险城，得知涉何因袭杀己将而升官发财的卫右渠，当即怒上眉梢，率军倾巢而出，发兵越界攻袭，洋洋自得的涉何都尉官位还来不及坐稳，就被杀了。涉何被诛的奇耻大辱，令汉武帝勃然大怒。于是，一场决定朝鲜半岛归属的大战如上弦之箭，一触即发。

当年夏，汉武帝招募天下死罪组成东征军做准备。同年秋天，派出水陆两军东征朝鲜。海路由楼船将军杨仆率领，从山东半岛浮海东进；陆路由左将军荀彘率领，从辽东南下。约定二军合击，同攻王险城。

但汉军明显低估了朝鲜军队的战斗力。在汉武帝眼中，朝鲜就是弹丸边地，所以根本不必详加备战，只需小动干戈，再大的风浪也会瞬间平息。

然而，这种过于轻敌的心理，无疑蒙蔽了汉武帝的慧眼，令其忽视掉这场平叛存在的诸多特殊困难。其一，路途遥远，汉军难免长途跋涉，卫右渠则把守关隘，以逸待劳。其二，卫氏家族在朝鲜已历三世，尽管横征暴敛和重徭重赋的害民政策不得人心，但毕竟熟悉地形，粮道亦短，在作战中占据主动。

尽管不少作战经验丰富的大将都苦口婆心地劝谏过，但汉武帝显然不把这些放在眼里，这从他数日间便草拟完毕的平叛计划上即可窥见一斑。

可事实表明，这场汉武帝就是认定汉军必会打出一场彪炳史册的著名战役，在战争刚刚拉开帷幕，汉军就遭遇大挫。率先开赴前线的荀彘忍受不了等待的折磨，不顾事先跟杨仆约好的进攻日期，提前命部将正多发动试探性进攻。

谁料正多也妄想通过此次平叛加官进爵，他率领先头部队孤军深入，结果落入卫右渠预设的伏击圈，被杀得丢盔弃甲，狼狈不堪。尽管损失并不大，但汉军自此士气大跌，同时也恍悟朝鲜军队并没有幻想中的那么不堪一击。

愤怒的荀彘虽然一刀结果了正多，却又从贪功好进坠入了另一个心理陷阱：惧战徘徊。这无意之中倒是缓解了卫右渠的致命危机。杨仆在按期登陆并获成功后，发现一切出奇地顺利，于是一路昂首阔步向北挺进，数日便兵临卫右渠的"国都"王险城下。

卫右渠被打了个措手不及，但好在荀彘驻军不前，于是立刻狂奔回救。最终，王险城的守军连同北归的援军合成一股洪流，以数量上的压倒性优势，将杨仆的楼船军彻底冲溃。

据《史记》记载，败北的杨仆相当凄惨，"失其众，遁山中十余日"。好在楼船军是其训练多年的嫡系部队，杨仆费尽九牛二虎之力，终于"收散卒，复聚"。可楼船军经此大败，无论实力还是士气，都遭受重创。将士们归乡心切，无心再战。

两路人马毫无默契，大败特败的消息传到长安后，汉武帝怒不可遏，当即派遣使臣迢迢万里奔赴前线责骂荀彘。惊恐之下，荀彘率军南下，拼死力战。经过大小多场战役，荀彘终于杀到王险城下。

在大汉南北两军即将会师的关键时期，荀、杨二人皆认定破城已是朝夕之事。因此，二人心中各自掐起小九九，都想要夺取首功。手握重兵的荀彘当然想要直接攻城，但他需要杨仆率军从侧翼佯攻，分散敌兵，只有这样才能把损失降到最低。

而杨仆心中更加清楚，一旦破城，作为主攻的荀彘定会活捉卫右渠，那功劳便尽归其手。贪心作祟下，杨仆坚决不同意配合荀彘强攻，并于暗中联系卫右渠，规劝其向楼船军开城请降。

卫右渠猜透杨仆的用心，便将所有主力调派至城北，专注抵御荀彘的猛攻。悲催的荀彘多次强攻未果，城下的汉军尸体早已堆积如山，可王险城依然屹立不倒，固若金汤。损兵折将的荀彘对杨仆自然恨得牙痒痒，但也着实无计可施。

不过一个人的到来令荀彘看到了转机。原来，汉武帝算准日子，认为平叛军早该凯旋了，如此拖泥带水又杳无音讯，肯定是遇到突发状况了，于是召集大臣们商议对策。

大臣们纷纷表示应派一得力使者前往调查。纠正两将的错误，以协调其行动，尽快攻取王险城。武帝认为对，于是就派济南太守公孙遂前往行其事，并授权给他遇事可便宜从事，不必请示朝廷。

公孙遂到了朝鲜来到左将军荀彘的军前，左将军高兴不已，他心想：谢天谢地，皇上还是派人来了。于是他把所有的压抑和怨气一下子全倒了出来："朝鲜早就该打下来了，之所以拖了这么久还未能攻下，是由于楼船将军好几次都不遵守预定的作战计划。"

接着荀彘又把自己平素怀疑楼船将军要谋反的想法一五一十地告诉了公孙遂，最后说道："现在情况万分严重，若不先发制人将其拿问，恐怕要酿成大祸，不仅楼船将军要谋反，他还可能和朝鲜兵一道来消灭我的军队。"

公孙遂在朝中素来跟荀彘友善，听到杨仆有可能谋反，不禁倒吸了一口凉气：万万没料到事情是如此的糟糕，看样子还真得先下手了。于是，公孙遂用天子恩赐的符节将杨仆诱至荀彘军营，然后不由分说，将其五花大绑，而把他的部队交给左将军指挥。

左将军荀彘兼并了杨仆的军队后，实力大增，加紧了对朝鲜的进攻，王险城岌岌可危。城中人个个惶惶不安，惊恐异常。朝鲜国相路人、韩阴、尼相参、将军王口夹等便相互商议道："开始还打算向楼船将军投降，现在楼船将军已被抓了起来，只有左将军一人指挥两路兵马，仗越打越激烈，进攻越来越猛烈，万一我方无法抵挡得住，而国王又偏不肯向左将军投降，不如我们自寻出路为好。"

于是，韩阴、口夹、路人都弃职投向了左将军帐下，路人死于半途之中。这时，王险城中突然发生政变，也正是这一突如其来的政变把几个当事人几乎全部送上西天。

原来，卫右渠本身也是个暴虐成性的土皇帝。卫氏作为外来势力，跟土著集团难免产生利益纠纷，而卫右渠对所有逆己者皆采取血腥的屠杀政策，那些威望甚高的土著元老向来对其心有怨念，常年以来，仇恨无形中愈积愈深。

当汉军围城之时，王险城里的土著元老认为卫右渠的败亡即将到来，便决定抓住这个千载难逢的良机，经过缜密的谋划，最终在一个深夜成功暗杀了毫无防备的卫右渠。

王险城的大权顺势尽落在朝鲜土著手中，摆在他们面前的只有两条路：一是继续坚守到底，二是开城投降。在局势已然明朗之时，思维正常的人都明白死命顽抗只能是自寻死路。可对朝鲜人来说，如何投降，向谁投降都是难题。

荀彘素来性残好杀，朝鲜土著对其极度畏惧，而且卫右渠跟荀彘早已结下死仇，如若王险城落入其手，势必难免屠城厄运。而楼船军尽管曾经发过招降令，但毕竟不是围城的主力，荀彘军一旦暴怒起来，楼船军那么点人如何能应付危局？

最终朝鲜人采取了一条绝妙之计：弃城而降。只要到了楼船军营地，荀彘就算吃了豹子胆，也不敢攻打友军。于是，土著元老率众前往楼船军驻扎的营地，集体投诚。如此一来，荀彘费尽心机，却仅仅拿下一座千疮百孔的空城。

武帝见两路都失利，于是改用政治手段，派使者卫山凭借汉朝军威晓谕右渠。

右渠虽然一战而胜，但也对进行长期战争缺乏信心，于是妥协，答应派遣太子入朝谢罪，并贡5000匹马和一批军粮随使者入汉。但当卫太子率领万余人的军队扈从来到浿水边时，卫山和荀彘见朝鲜太子随从有万余武装，怕生变，要解除他们武装。

而朝鲜太子本来就怀疑汉使者招降的诚意，于是就不渡浿水，掉头回程。卫山招降没有成功，回去汇报，武帝认为卫山处置失当，杀了他，和谈失败。

这件事激起汉廷的愤怒，命令在朝鲜的两路大军加紧进攻王俭城。由于王俭城长期被汉军包围，在抵抗汉军的问题上，卫朝内部发生了意见分歧。公元前108年夏，朝鲜右渠王被主和的臣属杀害，王险城终于被攻陷，卫氏朝鲜灭亡。

这场耗时多年，死伤惨重的平叛战役，令汉武帝出奇地暴怒。众多战将，只要略有过失，皆被处以极刑，几大主角也同样无法逃脱严惩。

荀彘被认定罪大恶极，先是违背作战计划，指挥失当，后又绑架杨仆挑起内讧，而且杀戮甚多，却无尺寸之功。这等滔天大罪当然不容宽恕，荀彘被弃市腰斩。而公孙遂当即也以擅拘大臣之罪传令将其斩首。可怜的公孙遂就这样稀里糊涂成了刀下之鬼。

而杨仆虽然罪过较轻，但为图军功，私自招降也是大过一件，也被判死刑，后倾家荡产才赎回一条命，但却被贬为庶人，潦倒不堪，不久后也一命呜呼。

武帝征服卫氏朝鲜后，在朝鲜设置真番郡、临屯郡、乐浪郡和玄菟郡，历史上称其为"汉四郡"。四郡之下设有很多县，郡县长官由汉朝中央派遣汉人担任。很显然，"汉四郡"的设置，说明汉武帝已经将朝鲜半岛北部地区纳入了汉帝国的直接统治范围。

汉武帝以汉帝国雄厚的物质经济力量为基础，对边疆地区进行了开拓，对中国历史和经济文化的发展，起了极为重要的推动作用。祖国的辽阔疆域，大体上是在汉武帝时期对西北、东南、南方和西南地区开拓的基础上形成的，从而奠定了祖国地大物博的基础。

随着疆域的扩大，汉民族以外的各族人民，加入了祖国的大家庭，共同创造着祖国的物质和精神财富，推动了祖国历史的发展。汉武帝在这一历史过程中，适应了中华民族发展和融合的历史趋势，在政治、军事和外交上都是最高的指挥者和实际的决策者，起了极为重大的作用，对中国历史的发展作出了巨大的贡献。

平定羌人叛乱

汉武帝时期，他在处理和南越、西南夷及卫氏朝鲜关系的时候，其政策的轻重缓急总是和北方匈奴问题的进展有着密不可分的关系，只不过这种联系是总体性的、策略性的。

而这些政策，对于居住在西北边地的羌人来说，这种微妙的联系就变得内在而直接的多了。从某种意义上来讲，羌人问题的解决完全可以作为汉王朝整个对匈奴战争、开通西域大战略中的一个重要组成部分。

根据史料的记载，羌人起源于青海河湟地区、渭水上游草原一带的羌族，早在西周时期，羌人就活动在甘肃临洮一带，一般认为羌族是当地土著与外迁来的苗民经过长期的共同生活最后形成的。

到了战国时期，羌人部落的活动便在祁连山区，并至迟在战国晚期北出扁都口，霍城一带，进入河西走廊。

羌人的部落繁多，大多以动物之名为号，如白马、牦牛、参狼、黄羝、黄羊等，可能是一种图腾崇拜的遗迹。有一些以地名为号，如勒姐、卑。这部分人可能已进入地缘性联盟。而较强大的先零、烧当羌则以父号为名，表现了父系氏族的父子联名制。

大致来说，西北诸羌，先零、勒姐、当煎、当阗、封养、牢姐、彡姐、卑浦、乌吾、钟存、巩唐、且冻、傅难诸种在陇西、金城两郡及其塞外。全无、沈氏、部分牢姐在上郡。虔人及部分卑浦在西河郡。各部自有酋长，数相攻杀掠夺，战祸频频不断。

诸羌之中，最初以先零为最强大，居住在大榆谷，水草丰美，自然条件比较优越。对外向汉朝边境用兵，对内并吞弱小，后被烧当羌等联合击败，逐渐被削弱。

烧当羌传说是研的十三世子孙，本来居住在大元谷，人少势弱，后击败先零、卑浦羌，迁居到大榆后，日趋强大起来。此外钟羌也很强大，号称有兵力十万。至于其他羌部，大者万余人，小者数千人，一时都很活跃。

而到了秦汉之际，游徙、生活于河西走廊的羌人渐渐活跃于政治、军事历史舞台。当西汉王朝兴起的时候，这些羌族的部落就臣服于匈奴。到了汉景帝即位之后，其中羌族一支研的后代留何率领族人请求向汉景帝归顺，以此为汉朝守卫陇西要塞。

汉景帝欣然接受这批远方来降的羌人，因此，把留何及其研种羌部落一齐迁居到陇西郡中，安排在狄道、安故、临洮、氐道、羌道、五县中，与汉人杂居，共同守卫西北边防。

久而久之，这些进入中原的羌人已经基本上融合进入了于汉族当中，但是一些没有进入中原的羌人，除了有一部分生活在陇西以外，大多数的羌人都散布在长城以西，特别是河湟地带。

当汉武帝即位之后，对于匈奴采取了狂风暴雨式的军事行动，这对于居住在西北边地的羌人来讲也受到了严重的冲击。汉武帝下令对河西用兵，匈奴人受到沉重打击，浑邪王和休屠王部众的投降使得羌人和汉朝发生了直接的接触。

汉武帝出兵河西驱逐匈奴的同时，对诸羌人也施加了军事上的压力，逼迫他们向西迁移。由于匈奴浑邪王的内降和诸羌的西迁，使河西一带成为真空。

汉武帝召乌孙回河西故地的计划落空之后，他为了加强在河西地区的边防，就在河西先后设立了武威郡和酒泉郡，从此，河西一带正式成为汉朝的领土。汉武帝还不断招募百姓和输送罪犯到河西地区开垦荒地，发展生产。这对于以后开通西域和继续打击匈奴创造了有利的条件。

汉武帝在取得河西战役的胜利之后，置敦煌、武威、张掖、酒泉四郡，驻军屯垦，移民实边，在羌人与匈奴中间打入一个楔子，使得两者之间不能交通，从而阻断双方的勾结与联系。这样，两者勾结对付汉朝已经特别困难了。

汉武帝刘彻传

元鼎六年，也就是公元前112年，羌人的先零、封养、牢姐部落化解冤仇，结成联盟，与匈奴暗中勾结，会合10多万人马，会攻汉朝的边郡令居县和安故县，包围了枹罕，匈奴趁机出兵五原，杀汉太守，气焰十分嚣张，边关告急。

汉武帝得知后，大怒不已，便在同年十月，汉武帝下诏征发陇西、天水、安定骑兵以及京都中尉、河南、河内士卒10万人，派遣将军李息与郎中令徐自为率领10万大军征讨羌人。

这一次大规模的军事行动在对羌人的作战中是史无前例的。因此，强硬的军事行动，使得原本结构松散的羌人内部随即发生了分裂，以先零羌为首的一部分羌人归降汉王朝。

他们受到了汉王朝的优礼相待，而另一部分羌人则在战乱中离开河西、湟中向西迁移游牧。随后，汉武帝下诏在羌中故地设置"护羌校尉"，专门负责管理羌人事务。

据《汉书·赵充国传》记载：神爵二年（公元前59年），汉宣帝让大臣推荐出任护羌校尉的人选，有人推荐辛汤，赵充国认为辛汤嗜酒任性，不如汤兄临众。这样汉宣帝任命汤临众出任了护羌校尉。其后，陇西将门辛氏家族又先后有辛汤、辛通出任护羌校尉之职。此外，还有王尊、尹岑、窦况等人出任国该职。

伴随匈汉战争的进展及匈奴的战败，羌人对汉态度亦发生根本性变化，元封二年以后，羌人边患基本平息。

战事结束后，汉武帝便开始在羌人居住的地区设置护羌校尉，持节统领内附汉朝的诸羌部落。从此，青海东部开始成为我国的行政管理区域。

可是由于整个地区的民族矛盾始终没有得到彻底解决，所以羌人反叛、起义仍然时有发生；而由于移民引发的对土地的争夺也是此伏彼起。由此，羌地动荡不断，始终围绕着这两个环节在进行斗争。这种矛盾，却不是汉武帝雄才伟略所能够根本予以解决的。

到昭帝即位之后，除了河西四郡外，又增设了一个面积辽阔几乎包括西羌分部中心的金城郡，下辖县数一度达到了13个。这样在西羌地区以护羌校尉为依托的郡县制度终于建立起来了，河西、羌中正式并入汉王朝的版图。

派张骞出使西域

那时在楚汉战争时期，匈奴冒顿单于乘机扩张势力，控制了中国东北部、北部和西部广大地区，建立起统一的奴隶主政权和强大的军事机器。

西汉初年，匈奴冒顿单于征服西域，设僮仆都尉，向各国征收繁重的赋税。匈奴还以西域作为军事上的据点和经济上的后盾，经常侵占汉朝的领土，骚扰和掠夺中原居民。

西汉王朝的统治者在同匈奴斗争的过程中，逐渐认识到西域的重要性，特别是在汉武帝即位之后，建元二年，也就是公元前139年，继位刚满三年的武帝更是雄心勃勃，在发会稽兵经略东越的同时，就和谋臣们计议如何对付强敌匈奴，报复雪耻，改变屈从的地位。

这时，汉武帝从匈奴降人的口中得到一个使他振奋的消息。他听说在二三十年前，敦煌和祁连山一带有一个以游牧为业的月氏国，人口多达40余万。由于人多势众，国力强大，所以一向不把匈奴人放在眼里。

而匈奴的冒顿单于在很小的时候就曾经在月氏做过人质，后来冒顿率兵打败了月氏。冒顿单于死后，继任的老上单于更是一不做二不休，不仅再次击败月氏，而且还杀死了月氏王，并且把他的头颅做成酒器以饮酒扬威。

被逼无奈的月氏人有一部分被迫离开世代生活的居住地，心里充满了怨恨，但他们却无能为力，只好含着眼泪朝西长途跋涉。到了天山北麓的伊犁河流域，月氏人才停顿下来，得以重整旗鼓，重建家园。这部分月氏人被称作大月氏，而留在敦煌祁连山故地的月氏人被称作小月氏。

可是好景不长，大月氏又受到了匈奴支持的乌孙人的攻击，大月氏人只好再次向西南迁到妫水流域。在那里，他们征服了大夏国并定居下来。西迁的大月氏有报匈奴世仇之意，但一直苦于无人相助。

汉武帝听后跃跃欲试。他便决定沟通与西域的联系，想联合大月氏，以夹攻匈奴"断匈右臂"。所谓西域，是指后来的敦煌以西、葱岭内外的广大地区。后来由于交通益广，在葱岭以西、今中亚细亚一带，也概称西域。西域当时有36国，人口最多的60万，最少的只有几万人。

秦末、汉初冒顿单于侵入西域后，西域大部分国家都臣服于匈奴，匈奴设"童仆都尉"管理他们，向他们征收赋税。这个地区南望祁连山，北濒合黎山、龙首山和大沙漠，是当时东西方往来的咽喉。当时，西域对汉王朝来说，是一个神秘的未知地区。而从中原到塔里木盆地和更西的世界，必经一条东南至西北走向的狭长地带，这便是河西走廊。

为了切实地了解河西以外的情况，更主要是寻找远在异域的战略盟友，武帝决定派人到两部走一趟。而汉武帝就必须选派一个坚毅不拔、不畏艰险的大智大勇的人前往。所以汉武帝便开始公开招募。

这个消息刚一传出去，朝廷内外便开始议论纷纷。面对西方那一片未知的异域和生死未知的征途，有一名默默无闻的郎官挺身而出，自愿出使，去实现汉武帝的大胆设想。这个人便是张骞。

张骞是汉中郡城固人。汉武帝建元元年，也就是公元前140年为郎，就此成为武帝近卫军的一员。但不久他就发现，郎官位虽荣显，却只处于官吏候补地位，而且机会较少而竞争者很多，有些人头发都花白了，却仍在苦苦期待。

不甘平庸的他，也在努力寻找机会，可是他毕竟还很年轻，成为官吏更是遥不可及了。这时，正好汉武帝下诏募招能出使西域者，他便想，与其坐等白头，还不如冒险西行。

于是，他面对这一项极为凶险的特别使命，经历了一番思想斗争后毅然站了出来，接受这一次希望与绝望共系、荣华与死亡为邻的命运挑战。张骞的雄才大略得到了汉武帝的赏识。于是，汉武帝任命张骞为大汉使者，出使西域。

建元二年，也就是公元前139年，张骞奉汉武帝之命，由一个归顺的"胡人"、堂邑氏的家奴堂邑父，自愿充当张骞的向导和翻译，率领一百多人准备出使西域。这时，汉武帝拿了符节叫道："张骞。"

"微臣在。"张骞应声答道。

"朕把这汉节授予你，望你一定要想法完成使命。对西域各国要以义待之，不可以大国居之。"

张骞接过一根长7尺，上挂三把牦牛尾的竹竿，说："微臣遵旨，决不辱使命。"然后向武帝行了跪叩礼。

武帝又将玺书递给张骞，说："一路顺风。"

张骞又接过了玺书。因而，他成为了中国交往西域的第一个使者。张骞一行西出长安后一路向西。这天，大队伍来到了黄河边，张骞站在河岸上，只见滔滔河水滚滚而下，向导甘父指着河西说："大人，河西就是匈奴控地了，渡河只有在黑夜里进行。"

张骞听了说："那就做筏子，夜里渡河。"

于是大家便砍树做木筏，夜里偷偷渡过河，然后沿着河西走廊向西而去。

他们昼伏夜行，终于进入了大漠。晚上，张骞骑在马上，在星光下看着茫茫大漠问甘父："甘父，河西什么时候才能走完？这大漠有多长？"

"大人，还早着呢，这大漠有千里呢。"

张骞说："有万里也不怕，就是不可忘记寻找水源。"

甘父说："在下明白。"

"不要谦恭了。你虽是胡人，但现在已经是大汉使者的向导了。"

"是，在下明白。"

张骞又说："大家携带的水快喝完了，赶快找一个水源吧。"

"找水源要往北走，但那里匈奴多。"

"可没有水，大家走不了，只好冒险了。"

于是甘父策马向前，带着大家往北面的水源寻去。在月光下，果然见到一小片水草地，大家扑了上去，忙用双手捧水喝，干得冒烟的嗓子终于得到了水的滋润。大家正拼命地饮水时，忽然，一片土岗后面出现了匈奴人的骑兵，他们看到张骞一行势单力薄，便放心大胆地挡住了去路。

"来者何人，去往何处？"

张骞见是一队匈奴骑兵围住了他们，便对为首的施礼道："我们是过路的商旅，准备到西域去做点生意。"

"做生意的？我倒觉得你们像奸细。"

"我们不是奸细，我们都是商人。"

那为首的细长眼一瞪，高声说："不管你们是什么人，都得跟我走一趟，去见了我们的长官再说。"

于是张骞及一百多随从全部被带到匈奴的巡逻驻地。巡逻驻地的匈奴看他们不像一般人，又把他们押到了匈奴单于的帐篷。

巡逻队的匈奴头目把从张骞身上搜到的玺书及汉节交给了单于，单于看了后问道："你是大汉派到大月氏国的使者？"

面对单于，张骞毫无畏惧之色，他右手持节镇定地说："大汉使节请匈奴单于让路，我们只要结交友邦，对匈奴并无恶意。"

单于得知张骞欲出使月氏后，对张骞说："月氏在吾北，汉何以得往？使吾欲使越，汉肯听我乎？”这句话的意思是说，站在匈奴人的立场，无论如何也不容许汉使通过匈奴人地区，去出使月氏。就像汉朝不会让匈奴使者穿过汉区，到南方的越国去一样。

于是张骞一行被圈在了几顶帐篷内，周围被匈奴人看管了起来。匈奴单于为软化、拉拢张骞，打消其出使月氏的念头，进行了种种威逼利诱，单于便把一个匈奴女子赐给张骞为妻，企图用家庭的羁绊把张骞拴住，打消其出使大月氏的念头，使汉朝和大月氏不能联合。

但是，这样做始终没有达到目的。张骞“不辱君命”“持汉节不失”，即始终没有忘记汉武帝所交给自己的神圣使命，没有动摇为汉朝通使月氏的意志和决心，在匈奴一直留居了10年之久。

元光六年，也就是公元前129年，匈奴监视渐有松弛，而张骞心里西去大月氏的想法也始终没有消失，相反更强烈起来，终于有一次，他瞅准了机会，趁匈奴人不备，召集了残存的部众，纵马向西狂奔，终于逃出了匈奴控制区。

汉武帝刘彻传

尽管张骞一行人不知道大月氏的确切位置，但他始终坚信，只要西行就一定能到达大月氏。这是一次极为艰苦的行军。大戈壁滩上，飞沙走石，热浪滚滚；葱岭高如屋脊，冰雪皑皑，寒风刺骨。沿途人烟稀少，水源奇缺。

加之匆匆出逃，物资准备又不足。张骞一行，风餐露宿，备尝艰辛。干粮吃尽了，就靠善射的堂邑父射杀禽兽聊以充饥。不少随从或因饥渴倒毙途中，或葬身黄沙、冰窟，献出了生命。就这样，几十天的奔波之后，他们终于到达了大宛国。

大宛王早就对汉帝国有所闻，从匈奴那边过来的人多次提到遥远东方的神秘国家，那里堆满金银财宝，绸缎布帛多得用不完。大宛王对这个富庶的国家十分神往，只是由于路途遥远，中间又有匈奴阻隔，没有办法结交。

想不到大汉的使节登上门来，马上设盛宴款待远方来客。张骞持汉节行过汉礼之后，恭敬地对大宛王说：“我们是奉大汉皇帝的诏令前往月氏国通好的使者，现在途经贵国，如大王能派人送我们去月氏，将来回到中原，必当上报皇上给以厚礼相谢。"

大宛王一听，要求自己所办的事很容易，且能交好大汉皇帝，便很乐意照办。为表示诚意，他还派一名能说月氏话的人给张骞做翻译。

张骞辞别了大宛王，顺利地进入康居境内。康居和大宛是友好邻邦，又有大宛王的极力推举，所以对他们十分热情，也派人护送他们到月氏。

终于，他们进入了那片朝思暮想的神奇的未知地带，那便是西域。但在留居匈奴期间，西域的形势已发生了变化。月氏的敌国乌孙，在匈奴支持和唆使下西攻月氏，月氏人被迫从伊犁河流域继续西迁，进入咸海附近的妫水地区，征服大夏，在新的土地上另建家园。

张骞提出联盟，但大月氏的新王因土地肥沃，国家安宁，已经不再想复仇，加之，他们又以为汉朝离月氏太远，如果联合攻击匈奴，遇到危险恐难以相助。张骞等人在月氏逗留了一年多，但始终未能说服月氏人与汉朝联盟夹击匈奴。在此期间，张骞曾越过妫水南下，抵达大夏的蓝氏城。

元朔元年，也就是公元前128年，张骞决定动身返国。归途中，他为避开匈奴控制区，改变了行军路线。计划通过青海羌人地区，以免匈奴人的阻留，行沿塔里木盆地南部，循昆仑山北麓的"南道"。从莎车，经于阗、鄯善，进入羌人地区。

但出乎意料，羌人也已沦为匈奴的附庸，张骞等人再次被匈奴骑兵所俘。这一次，张骞又被拘留了一年多。元朔三年，也就是公元前126年初，匈奴为争夺王位发生内乱，张骞趁机和甘父逃回长安。这是张骞第一次出使西域，前后共出使13年，100多人的使团队伍最后只剩下两个人生还。

张骞这次远征，未能达到同大月氏建立联盟，以夹攻匈奴的目的，但产生的实际影响和所起的历史作用是巨大的成功。秦始皇北却戎狄，筑长城，以护中原，但其西界不过临洮，玉门之外的广阔的西域，尚为中国政治文化势力所及。

张骞第一次通使西域，使中国的影响直达葱岭以西。自此，不仅西域同内地的联系日益加强，而且中国同中亚、西亚，以至南欧的直接交往也建立和密切起来，此诚之谓"凿空"。

张骞第一次出使西域，不仅是一次极为艰险的外交旅行，同时也是一次卓有成效的科学考察。张骞对广阔的西域进行了实地的调查研究工作，不仅亲自访问了西域各国和中亚的大宛、康居、大月氏和大夏诸国，而且从这些地方又初步了解到乌孙、奄蔡、安息、条支、身毒等国的许多情况。

回长安后，汉武帝热烈欢迎张骞归来。张骞将其见闻向汉武帝作了详细报告，对葱岭东西、中亚、西亚，以至安息、印度诸国的位置、特产、人口、城市、兵力等，都作了说明。

汉武帝刘彻传

这个报告的基本内容为司马迁在《史记·大宛列传》中保存下来。这是中国和世界上对于这些地区第一次最翔实可靠的记载，至今仍是世界研究上述地区和国家的古地理和历史的最珍贵的资料。

汉武帝这才知道，在汉朝以外，除了周围的"蛮夷"世界，还有那么多文明的种族和充满异国情调的国家。张骞这次西行，虽然没有达到联络大月氏的目的，但使武帝第一次知道了西域许多国家的地理、风俗、物产、政治、军事情况，这也是一个了不起的收获！

张骞还向武帝汇报了一个情况："在大夏时，曾看到中国的邛竹杖和蜀布。问他们此物何来？大夏人答，我们的商贾从身毒国贩来的。身毒国在大夏东南几千里，面临大海，风俗与大夏同，其地卑湿暑热，百姓骑象作战，臣据此估计，身毒国应离我蜀地不远。如果从蜀地去身毒，路近，又无寇盗。"

张骞的这个估计大体上是正确的，只是他还不可能了解，在四川和印度之间有比沙漠更难通过的崇山峻岭。武帝对张骞的这个意外发现非常感兴趣，这是中国第一次了解到印度的情况。

张骞西域之行，使武帝开始酝酿一个伟大的计划：沟通西域，开发西南，扩大汉朝的影响。汉帝国将广地千里，威德四播。由于张骞等人的功勋，汉武帝拜他为太中大夫，甘父为奉使君，以表彰他们出使西域的丰功伟绩。

而张骞在第一次出使西域的同时，西汉王朝也对匈奴展开了一系列的军事行动，其中具有决定作用的是公元前127、121、119年所分别进行的三次战斗。

公元前127年卫青大败匈奴，控制了河南之地；公元前121年，匈奴在霍去病的打击下产生分化，浑邪王降汉，河西走廊完全为汉朝控制；公元前119年，卫青、霍去病又分道出击匈奴，匈奴大败远遁，退至漠北。

经过这三次比较大规模的反击，西汉王朝在对匈奴的战争中掌握了主动，前往西域的道路也已基本畅通，为张骞第二次出使西域、丝绸之路的畅通以及西域诸国同西汉王朝的友好往来，奠定了坚实的基础。

西汉王朝的反击战只是肃清了匈奴在漠南及河西走廊的势力，西域各国仍然被匈奴控制着，依然威胁着西汉王朝西北边境的安全。这时，张骞建议武帝联系乌孙，以断匈奴右臂。

张骞说："乌孙王叫昆莫，大月氏杀其父，夺其地，人民才投奔匈奴。昆莫长大后，报父仇，攻破大月氏，占其地，兵力强盛，不肯再寄居匈奴卵翼之下。今匈奴为我所败，如能在这时以厚礼贿赂乌孙，把汉家公主嫁给乌孙王为夫人，乌孙就成为我大汉亲戚，这就等于断了匈奴右臂。联结乌孙后，其四面大夏等属国，都能归附汉朝。"

汉武帝为了能够彻底地铲除匈奴势力，实现开疆拓土的雄心大略，派张骞率领一个特大使团第二次前往西域。而这次出使西域的主要目的：一是招与匈奴有矛盾的乌孙东归故地，以断匈奴右臂；二是宣扬国威，劝说西域诸国与汉联合，使之成为汉王朝之外臣。

元狩四年，也就是公元前119年，张骞带领300人，每人马2匹，并携带着牛羊万头和价值数千万的黄金、币帛，持着汉节出发。

张骞一行人刚刚出陇西，远处传来了塞外优美的乐曲。这时有一位老人赶着羊群来到张骞面前，张骞看他的穿着并不像是塞外人，便问道："请问老者是何方人，为何在这儿牧羊？"

老汉停下脚步，抬头看了看张骞，回道："我原本是在函谷关居住，因为大水冲走了家，所以官府把我们都迁到这儿来了，已经有两年的时间了。"

"噢，是这样。"

"请到我家小憩一下吧！"

"这样就太好啦！"于是，张骞一行人便来到了老人的家。老人热情地招呼了他们。张骞落座后，主人端来了酒菜，老人说："我姓李，今年60多了，那年函谷关发大水，要不是皇上差官府把我们70万人安排到这儿，那我们真是无家可归了，皇上真是英明啊。"

张骞说："圣上是一代明君啊，他下令让卫青霍去病把匈奴赶跑了，当年我路过这儿的时候，这个地方还很荒凉哪。这次皇上派我们去西域，就是为了与西域各国联合起来，这样匈奴就不敢来了，陇西、塞外的人就永远保平安了。"

"啊，那太好了。"

第二天，张骞一行人继续赶路，老百姓听说后，都来为他们送行，还给他们带来很多吃的东西。张骞顿时觉得内心激动万分，真正感受到了这次出使的重大意义，于是便暗暗下定决心，一定要完成这次的任务，一定要打通西域邦交，要让大汉的西疆更加安定繁荣。

就这样很快地，张骞一行很快便到达了乌孙国。乌孙，都赤谷城，人口63万，是个高原地区，多雨寒冷，人民多畜牧，逐水草为生。乌孙国老国王接见了他们。

张骞行了礼，呈上了武帝的书文，国王展开，请翻译看了，老翻译说："他们是东方的大汉帝国派来的使臣，他们的皇帝要与我们乌孙国结为兄弟盟邦。"

国王笑着点了点头，说："欢迎远方的贵客。"

张骞一摆手，随从们便依次高托着黄金、钱币、丝绸等进来，乌孙

汉武帝刘彻传

国王见了，高兴地笑了起来。晚上，国王为张骞一行举行了欢迎晚宴，桌上摆满了烤羊肉、葡萄酒和瓜果。

乌孙国王向张骞等举杯："祝东方的大汉天子身体健康。"

张骞一饮而尽，他也举杯祝国王身体健康。

张骞举杯敬大家："愿大汉国与乌孙国世代相好，永结盟邦。"

歌舞表演开始了，优美的异国乐曲响了起来，一队美丽的乌孙国姑娘们穿着漂亮的连衣裙，头披纱巾出场跳了起来。

张骞小声对乌孙国王说："乌孙如能回到东方故地，我大汉朝将把公主嫁给大王做夫人，结为亲戚，共同抗拒匈奴。这样，匈奴是不经打的。"

乌孙国王听后，在帐中转了几圈，一时不能决断，便叫张骞等人暂居帐中，自己去召集部众商议可否。由于汉朝和乌孙相距太远，素无往来，因此大臣们谁也不清楚汉朝究竟是大还是小。

而且长期以来，乌孙一直服从于近在眼前的匈奴，恐怕因和汉朝交往得罪匈奴而受到攻击，所以没有一个人赞成东迁。乌孙国王见状，不得不独自望着长空，无可奈何地叹了一口气。

日子在等待中度过。张骞害怕耽误时间，就打发副手们拿着汉节，带着礼物，分头去联络大宛、康居、大月氏、大夏、安息、身毒和于阗等国家。乌孙王对于这一类活动倒也比较积极，他很热心地推荐了几个翻译去帮助他们。

张骞苦等了几天之后，见始终得不到乌孙王的确切回报，而是对张骞敷衍一番，献上几十匹好马，答谢汉朝的馈赠，并派使者送张骞回国，同时察看汉朝国势。这是《史记》《汉书》记载中，西域人首次到中原。张骞拜为大行，岁余卒。

元鼎二年，也就是公元前115年夏，乌孙国王派遣的使者第一次来到中国。他们看到汉帝国国土辽阔，物产丰饶，特别是对京都长安的繁华富裕留下了深刻印象。他们回国后，盛赞汉帝国是东方大国。这使得乌孙国王增强了对汉王朝的信任。

于是，乌孙国王开始重视与汉朝的关系，见汉朝军威远播，就更重视了。匈奴听说乌孙与汉朝通使，要攻击乌孙，乌孙于是下决心与汉朝建立正式关系。

元封三年，即公元前108年，乌孙国选送了一千匹上等的好马作为和汉朝结亲的聘礼，一千匹马在进入长安城时，围观的百姓挤得水泄不通，对这种体格异常高大、雄健、线条优美的好马啧啧赞叹不已，更有甚者率先喊出了"天马"。

汉武帝夜不能寐等待着这一天，他收下昆莫的和亲之马，派江都王刘建的女儿细君公主远嫁乌孙。待圣旨一到，刘建父女抱头痛哭，细君公主生性淑慧，才学过人，写得一手好字，画得一笔好画，哭后却也认命，父女从此天各一方。

新婚大喜，举朝皆庆。这日临朝，昆莫喜滋滋刚刚就座，就听有人禀报："匈奴单于使者到！"不善掩饰自己的昆莫倒吸一口冷气，看看群臣。"兵来将挡，水来土掩，圣上只管传他进见。"群臣道。

汉武帝刘彻传

匈奴来使个头不高，却也口若悬河，滔滔不绝："我们两国相邻，我匈奴一贯保护着像你们这样的小国，两国百姓都希望安居乐业，你我永结秦晋之好，单于大王命我前来商讨联姻之事，大王想把他最美丽的女儿嫁给您，想您不会拒绝吧？"

说完，使者仰头望着昆莫，二目如电，直射对方。可怜的昆莫大气不敢出一声，国小可欺，无论是汉还是匈奴，一天之内就都可把他的乌孙踏为平地、鸡犬不留。自自然然，匈奴王的女儿成了乌孙王的左夫人，想象不出他的后宫到底成了什么样子。

贤淑的细君公主变得善于交际，她把自己带来的钱财和丝绸赐给乌孙王左右的贵官们，借以在他们当中扩大汉朝的影响。果然这些人都说大汉和汉公主的好话，为此，细君的心略有惬意。

可是由于言语不通，吃的和穿的都有很大的差别，公主很不习惯乌孙人的生活，只好自建一座宫室，孑身自居。想想遥远的故土，看看眼前形如枯木的老夫，细君忧伤已极，常常以泪洗面，哭断衷肠。悲伤之际不禁唱道：

> 吾家嫁我兮天一方，
> 远托异国兮乌孙王。
> 穹庐为室兮旃为墙，
> 以肉为食兮酪为浆。
> 居常思土兮心内伤，
> 愿为黄鹄兮归故乡。

公主自作的这首《黄鹄歌》，不久便传到了长安，听到的人没有不流泪的。汉武帝了解情况后，每隔一年派使者送去锦绣帷帐。乌孙老王死后，其孙岑陬继位，要娶公主为妻。公主不答应，上书长安。武帝指示她："从其国俗，欲与乌孙共灭胡。"公主才同意。

细君公主只生了一个女儿后便去世了。细君死后，汉王朝又将楚王刘戊之女解忧公主嫁给乌孙王岑陬。这两次和亲，对于巩固汉与乌孙的友好关系，使乌孙成为汉在西方牵制匈奴的一支重要力量，以及发展双方经济、文化交流等，都起到了积极作用。

而当初张骞派往大夏等国的副使，也都陆续领着那些国家的使者来到长安。武帝对这些使者热情招待，出巡各地时，都带着他们。所到之处，让西域使者参观仓库的丰富收藏，赏赐给他们丰厚的财帛，以丰盛的酒席招待他们，让他们观看汉朝的"角抵"戏，也就是一种杂技。

那些西域的人看到后，惊叫连连。通过这些活动，让西域的使者有机会更广泛地了解中国的文明。这些使者回国后，纷纷对那些"不知有汉"的西域国王和大臣极力宣传在中国的见闻。这样，就促进了西域各国与汉帝国的往来。

张骞两次通西城虽然未能达到预期目的，但是打通了中西交通路线，促进了东西文化的交流，在人类历史上的贡献，是非常重大的。西汉时期著名的史学家司马迁称张骞通西域为"凿空"，也就是"开通"

的意思，高度赞扬张骞开通了中国通往西域的道路。

从此以后，西域许多国家和中国建立了关系。在汉武帝的主持下，通往西域的大道上，使者不断，马蹄声不息。在与西域的交往过程中，汉朝与西方的物质、文化交流有了突破性的发展。

秦汉以前业已萌芽的古老商路到武帝时期更是规模空前、生机勃勃。中西交流的大门从此彻底敞开了。汉廷每年派出的使团就有十批左右，各使团或十余人或数百人，往返几个月或几年也不同。加之今中亚、西方各国回访西汉王朝的友好使者络绎不断，"使者相望于道"的国际交流热潮出现了。

而由张骞为始而开辟的东起长安，经过河西走廊，穿过塔里木盆地，翻过帕米尔高原，通向中亚和西亚，直达地中海东岸的中西通路，全长七千多公里，后人称作"丝绸之路"。

这条通路的开辟使得汉朝第一次将声威扬于西域并逐渐建立起宗主的统治地位，这对中华民族大家庭的形成具有重要意义，表明早在西汉时期广大西域地区就逐渐纳入了中国的版图，成为中国神圣领土不可分割的一部分。

丝绸之路从汉都长安开始，经过甘肃的河西走廊，分为南北两道穿过塔里木盆地南北的绿洲，越过帕米尔高原，经过中亚和西亚，直达地中海的东岸，全长约7000公里。

丝绸之路的开发，不单是促进了商贸往来，而且对文化的交流也起着极其重要的作用。中国的铁兵器制作技术、炼钢技术、凿井技术和利用渠道引水的技术传到了大宛，进而传到西域和欧洲，提高了这些地区的生产技术。

这条被18世纪欧洲学者冠以"丝绸之路"美誉的东西方友好往来、贸易的国际通道在武帝时期正式开通了。正是通过它，中国文明以丝绸等商品为媒介，远播万里，向全世界展示了西汉帝国的风采，表达了中国人民渴望友好往来的情谊。

晚年悔痛人生

搜粟都尉桑弘羊和丞相御史建议说道："皇上，西域有个地方叫轮台，有沃土五千顷，臣建议派军士前去驻地屯田，可招募百姓去边疆开垦，今后所得收入可解国库空虚之危。"

汉武帝沉静了一会儿，才语调缓缓地说："连年征战，赋税繁重，现国库空虚，百姓力竭，如果再派军士到轮台屯田，去兴建亭障，再征集百姓去疆域开垦荒田，能不能增加收入还不敢说，然而轮台距京有千余里，如果再让士兵远劳，百姓奔波，那实在是太扰民了。"

然后顿了一下，又接着说道："前几年，朕派李广利去西征，战士们死的死，逃的逃，现在又要让他们去远征，这实在是太不体恤人了。"

废除陈阿娇皇后

汉武帝小时候与长公主的女儿表姐陈阿娇青梅竹马，情深意长，曾经有过"金屋藏娇"的许诺。在长公主的帮助下，汉武帝才得以立为太子，继而承位登基。汉武帝即位后，便立阿娇为皇后，使主六宫。

可是，陈皇后入宫数年，却没有为汉武帝生下子嗣，再加上卫子夫的出现，瞬息之间，她与汉武帝10年构筑的五彩金屋土崩瓦解。

陈皇后认为自己之所以失宠，只是因为不能生育，若也能为皇上生儿育女，何愁压不倒卫子夫？因此，她请遍了天下名医，10余年间药费多达9000万钱，但丝毫没有起到作用。

元光五年，也就是公元前130年七月，陈皇后听说有一女巫楚服法术极高，能用咒语使皇帝回心转意，还能把她所仇恨的人置于死地，便冒险使人把楚服请入宫中作法。

陈皇后对楚服说："我恨死卫子夫，如何惩罚她，你有什么办法？"

楚服当然知道皇后的心境，知道皇后的心痛，便说："用诅咒的办法可以把她咒死。"于是，楚服教阿娇巫蛊秘术，每日念咒，咒死痛恨的人。

神思恍惚的阿娇如同一个溺水很久的人，发现了一根稻草也要抱住不放。阿娇得巫蛊秘术，如获至宝。阿娇重赏了巫女楚服，按楚服的法子，做了一个小布人，称小布人为卫子夫，每天用针扎着、刺着这个卫子夫。

汉宫中是绝对禁止巫蛊术的。按照巫师的说法，行巫蛊术后，被诅咒的人会中咒而死。皇后阿娇在深宫行巫蛊术，诅咒刘彻的宠妃卫子夫，阿娇宫中邀宠邀赏的宫人告发了阿娇。

汉武帝得知后，勃然大怒，并且吩咐有名的酷吏张汤查处此事。张汤心想，皇上的目的是要借故废掉皇后，他必须看皇帝的眼色办理，于是便对皇后宫中进行了残酷的惩处，搜捕、斩杀了宫内的内侍、宫女300多人。

而汉武帝本来就宠着美人卫子夫，有了三个女儿和一个儿子，刘彻早就有废后的意思，无奈开不了口。如今有巫蛊这个借口，陈皇后阿娇在劫难逃。

于是，汉武帝下诏，收回陈皇后的印玺，废去尊号，贬入长门宫。长公主见女儿闯下如此大祸，忙进宫去向武帝叩头请罪。汉武帝追念旧情，避座答礼，并好言劝慰说："皇后的行为有违大义，不得不将她废黜。你应该向她说明道义而放宽心怀，不要轻信闲言而产生疑虑和恐惧。皇后虽然废了，仍会按照法度受到优待。"长公主，也只得千恩万谢而归。

长门宫十分偏僻，到处荒草萋萋。远离皇宫的长门宫油漆剥落，弥漫着一股衰朽的气息。被废黜的陈皇后阿娇住进了这里，泪水涟涟，流淌着无言的落寞。

长门宫内，只有几个老宫女相伴，昔日荣华不再。她时时回忆起小时候与汉武帝"金屋藏娇"的许诺，格格笑声犹然在耳，宛如昨日，那是多么令人留恋的两小无猜的岁月啊！

可是如今"金屋"变成了"冷宫"，夜清床冷，形影相吊，寂寞难熬，真可谓度日如年，她倚窗垂泪，看着窗外的一棵开谢了花的桃树哀叹，没想到我陈阿娇一个高贵的皇后竟变成了残花败柳，她恨卫子夫，这个可恶的歌女，是她夺走了自己的富贵；她更恨皇帝，这个薄情负义的男人。

她几次想要了却残生，可总还抱有一丝希望，又幻想汉武帝有朝一日能回心转意，将她再接回宫去。因此苦熬岁月。休整了一段时日后，一种生的热望又重新抬头。

陈阿娇知道，汉武帝很喜欢读赋，尤其是大手笔司马相如的赋。于是，她便托人带上百斤黄金，求司马相如为她作上一赋，以感动武帝。

司马相如本是个多情才子，他不忍心让冷宫中的废后失望，便答应了。而后，阿娇向司马相如倾倒着一腔苦水，如泣如诉，十分哀拗。而司马相如便铺纸挥毫，聚浓情于笔，作了一篇《长门赋》：

汉武帝刘彻传

夫何一佳人兮，步逍遥以自虞。魂逾佚而不反兮，形枯槁而独居。言我朝往而暮来兮，饮食乐而忘人。心慊移而不省故兮，交得意而相亲。伊予志之慢愚兮，怀贞悫之欢心。愿赐问而自进兮，得尚君之玉音。奉虚言而望诚兮，期城南之离宫。修薄具而自设兮，君曾不肯乎幸临。廓独潜而专精兮，天漂漂而疾风。登兰台而遥望兮，神而外淫。浮云郁而四塞兮，天窈窈而昼阴。雷殷殷而响起兮，声象君之车音。飘风回而起闺兮，举帷幄之。桂树交而相纷兮，芳酷烈之。孔雀集而相存兮，玄猿啸而长吟。翡翠协翼而来萃兮，鸾凤翔而北南。

心凭噫而不舒兮，邪气壮而攻中。下兰台而周览兮，步从容于深宫。正殿块以造天兮，郁并起而穹崇。间徙倚于东厢兮，观夫靡靡而无穷。挤玉户以撼金铺兮，声噌而似钟音。刻木兰以为榱兮，饰文杏以为梁。罗丰茸之游树兮，离楼梧而相

268

撑。施瑰木之栌兮，委参差以梁。时仿佛以物类兮，象积石之将将。五色炫以相曜兮，烂耀耀而成光。致错石之瓴甓兮，象玳瑁之文章。张罗绮之幔帷兮，垂楚组之连纲。

抚柱楣以从容兮，览曲台之央央。白鹤嗷以哀号兮，孤雌峙于枯肠。日黄昏而望绝兮，怅独托于空堂。悬明月以自照兮，徂清夜于洞房。援雅琴以变调兮，奏愁思之不可长。案流徵以却转兮，声幼眇而复扬。贯历览其中操兮，意慷慨而自。左右悲而垂泪兮，涕流离而从横。舒息悒而增欷兮，屦起而彷徨。揄长袂以自翳兮，数昔日之殃。无面目之可显兮，遂颓思而就床。抟芬若以为枕兮，席荃兰而香。

忽寝寐而梦想兮，魄若君之在旁。惕寤觉而无见兮，魂若有亡。众鸡鸣而愁予兮，起视月之精光。观众星之行列兮，毕昂出于东方。望中庭之蔼蔼兮，若季秋之降霜。夜曼曼其若岁兮，怀郁郁其不可再更。澹偃蹇而待曙兮，荒亭亭而复明。妾人窃自悲兮，究年岁而不敢忘。

以此来诉说陈阿娇困居长门宫的凄凉处境和盼望君主再来的急切心情。不久之后，这篇《长门赋》便广为传颂，而且很快就传到了宫中。汉武帝读过之后，着实被感动，但他仍然没有把陈阿娇再接回宫中。

自此，陈阿娇被彻底废除。而卫子夫受宠日隆。元朔元年，也就是公元前128年，卫子夫居然生了一个儿子。武帝29岁得子，喜不胜言，给小儿取名为据，并且册封卫子夫为皇后，下诏大赦天下，普天同庆。

卫子夫生子立后，使长门宫中的阿娇彻底绝望了。她再也不哭、不哀、不叹，默默看着日出日落，日渐憔悴。几年后，霸陵郎官亭东，增添了一座新坟，废后陈氏之墓。

平息巫蛊之乱

汉
武
帝
刘
彻
传

在汉武帝晚年时期，宫廷内部发生了一场残酷的政治斗争，这场斗争"起自朱安世，成于江充"，以至于丞相族诛，数万人被杀，皇帝、太子交战，太子自杀，对汉武帝晚年的统治思想和统治政策产生了极其重大的影响。

征和元年，也就是公元前92年，有一天黄昏，汉武帝正在建章宫休息，恍惚之间，他看到一个身穿黑色衣服的男子带剑，从高墙一跃而下，进入中龙华门。他怀疑是不寻常的人，于是便起身惊叫起来："有刺客！赶快给我拿下！"

侍卫们听到汉武帝的惊叫，都纷纷跑了进来，刺客在哪儿？谁都没有发现。大家心里都明白，是老皇帝迷蒙之中看花了眼。可是谁也不敢说出真相。

可是，汉武帝却不肯罢休，此时早已愤怒不已，大声呵斥道："关闭所有宫门，给我搜刺客。"

于是建章宫宫门全关，卫士们挨屋搜查。

"皇上，宫内没有搜到刺客。"

武帝依然惊恐万状："朕命你们关闭长安城所有城门，全城挨家搜查。"

"遵旨。"

建章宫方圆25里，殿阁栉比，千门万户，湖山错落，林木茂密。武士们将建章宫内内外外搜寻个遍，也没搜出刺客。武帝大怒，将掌管宫门出入之禁的门吏斩首。继而发三辅骑士，大搜方圆数百里的上林苑；还命关闭长安城的所有城门，挨家逐户稽查，全城人心惶恐，如大祸临头。整整搜寻了11天，毫无结果。

这十天武帝食不甘味，夜不安枕，也不去后宫，寝食办公都在建章宫前殿，并让众多的侍卫昼夜守着他。

"皇上，全城搜遍了，也没有搜到刺客。"

汉武帝便大声叫道："把宫门守吏给我带来。"

宫门守吏战战兢兢地被带了进来。汉武帝击案喝道："你知罪吗？为什么要放刺客进宫？"

"皇上，各宫门都把守得很严，不可能有刺客进得来。"

"你还想抵赖。"惊恐得几乎丧失理智的武帝竟下令，"把他推出去斩了。"

"皇上，冤枉啊，冤枉啊！"

恰在这时，丞相公孙贺的儿子太仆敬声凭借着母亲卫君孺是皇后的姐姐，行事骄奢不守法纪，居九卿太仆之高位，擅用北军军饷1900万钱。事情败露之后被捕下狱。而汉武帝下诏欲抓捕的阳陵人朱安世却迟迟未能归案。

公孙贺见儿子犯法入狱，急忙给天子上书，请求天子允许自己捉拿京师大侠，以赎儿子之罪。汉武帝同意了他的请求。公孙贺以高明的手段，短期内就捉到了朱安世，献给天子。

朱安世被捕后，哈哈大笑说："这下子丞相一家要灭族了！"因为他绝非泛泛之辈，知道必死无疑，临死也要拉上一个垫背的，于是便在狱中上书，告发公孙敬声与天子的女儿阳石公主私通，还在通往甘泉的驰道上埋下了木头人，使用非常恶毒的语言诅咒天子不得好死。

汉武帝见到朱安世的举报，深信不疑怒不可遏。这些年来，他身体多病，心绪不宁，早就怀疑是有人在用巫蛊之术暗中谋害他，今果然如此。

联想到前些天所见的行刺男子，飘忽无踪，恐怕就是这些人的巫蛊之术所使。于是便下令有司立即逮捕丞相公孙贺，严加追查。承办此案的廷尉杜周，本是一个专承皇上旨意罗织罪名的酷吏。看到这次有机可乘，岂肯罢休？

征和二年，也就是公元前91年春正月，公孙贺父子祸从天降，惨遭酷刑，死于狱中，家属灭族。

汉武帝刘彻传

公孙贺原本是卫皇后的至亲，杜周从公孙贺父子的巫蛊案中，嗅出了卫皇后已经失宠的味道，卫氏外戚成了汉武帝意在扫除的势力。于是罗织深文，广为株连。不久，汉武帝的女儿卫皇后所生的阳石公主、诸邑公主以及大将军卫青之子卫伉等都被牵连在巫蛊案中，都处以死刑。

公孙敬声巫蛊案的株连扩大，实际上有着更为深刻的背景，那就是围绕皇位继承权问题，武帝与皇后卫子夫、皇太子刘据之间而展开的由来已久的复杂斗争。

卫子夫有色又有子，加上卫氏外戚集团大将军卫青、骠骑将军霍去病为羽翼，得以维持38年。卫后生子据。元狩元年，也就是公元前122年四月，刘据7岁，立为皇太子，史称戾太子。

汉武帝开始对太子刘据恩宠有加，为他开博望苑，以招揽宾客。封建宫廷中，母以子荣，子也以母贵。武帝每次出巡，都把后事嘱托太子据，宫廷交付卫后。

后来卫后年老色衰，太子据也随着逐渐失宠，母子日益不安。汉武帝觉察后，便宽慰大将军卫青说："太子敦重好静，一定能安定天下。想寻求守文的君主，哪里还有比太子贤德的王子呢？把我的意思晓谕皇后、太子。"

元狩六年，也就是公元前117年、元封五年，也就是公元前106年，霍去病、卫青相继去世，卫后和太子失去主要羽翼。只是由于卫后谨慎小心，善自防闲，规避嫌疑，才得以勉强维持地位。

但是汉武帝又先后宠爱王夫人、李姬、李夫人、尹婕好和邢夫人等。王夫人生子刘闳、李姬生子刘旦、刘胥，李夫人生子刘髆，卫皇后日渐失宠。太子刘据由于自幼受儒家思想的熏陶，长大后性格温和，处事谨慎，待人仁慈敦厚，与外儒内法、刚烈果决的武帝截然不同。武帝认为他的思想、主张、气质、作风等都不像自己，内心不喜。

在处理国事中，汉武帝用法严峻，奖用酷吏，太子据为政宽厚，多所平反；武帝好大喜功，据敦重好静，武帝每次征伐四夷，据总要谏阻。

时间久了，朝廷中逐渐形成帝党和太子党两个对立的政治集团。太子得民心，宽厚的大臣都亲附刘据。深酷用法的大臣结成党羽，不断诋毁太子刘据，自大将军卫青死后，他们更想谋害太子。

征和二年，也就是公元前91年夏季的一天，太子刘据进宫拜谒母后，母子二人谈话的时间稍稍长了一点，黄门苏文就向汉武帝进谗言说道："太子整日在皇后宫中调戏宫女。"

汉武帝听后，并没有说什么，只是下令将太子宫中的宫女增加到二百人。太子感到事出有因，忙派人打听，这才知道，原来都是苏文捣的鬼，心中对他是恨之入骨。

苏文又派汉武帝的贴身宦官小黄门常融、王弼等秘密监视太子，添枝加叶地向武帝奏报太子的小过错。卫皇后知道这件事情后，切齿痛恨，让太子奏明皇帝，杀死苏文等人。

但是生性善良的太子生怕为这些琐事打扰父皇，便坦然说道："只要我不做错事，又何必怕苏文等奸邪小人！父皇英明，不会相信邪恶谗言，用不着忧虑。"

苏文一行人见汉武帝对密报太子事并不反感，因此就变本加厉。有一次，汉武帝生了一点小病，派常融去召见太子进宫。常融回来之后，对汉武帝说："太子听说皇上有病，面有喜色。"

汉武帝听后，沉默不语。这时，太子来到宫中给父皇请安。汉武帝观察太子的神色，看见他的脸上残留着眼泪的痕迹。为了让汉武帝高兴，太子便强颜欢笑。

汉武帝看在眼里感到十分疑惑。于是，他便暗地里派人查明了真相，这才得知，这一切都是常融捣的鬼，于是便将他处死了。经过这件事后，卫皇后和太子都处处小心谨慎，避免嫌疑。

苏文看到陷害太子没有成功，反而断送了自己的得力帮手，于是便恨透了太子。他知道直指绣衣使者江充与太子有隙，便企图利用他对太子再行陷害。

江充是赵国邯郸人，本名齐，他把自己能歌善舞的妹妹嫁给赵太子刘丹，才得以成为赵王刘彭祖的座上客。后来刘丹怀疑他将自己的隐私告诉了赵王，二人交情因此变得紧张起来。

于是，江齐仓皇逃入长安，更名江充，向朝廷告发刘丹与同胞姐姐及父王嫔妃有奸乱，并交通郡国豪猾，狼狈为奸，恣意为害之事。汉武帝刘彻览奏大怒，因为他最忌讳诸侯不法，藐视朝廷法度和天子神圣、不可侵犯的权威，阅完江充的上书以后怒不可遏，下诏包围赵王王宫，逮捕了赵太子刘丹。移入魏郡诏底狱严治，并判其死罪。

赵王刘彭祖上书为儿子说情，说江充不过是无耻小臣，利用万乘之君报一己私仇，请求汉武帝允许他在赵国招募勇士，随汉军北征匈奴，以赎刘丹之罪。汉武帝每时每刻都在防范诸侯王在军事上发展势力，当然不会批准刘彭祖的请求。

后来刘丹被免死，但被废掉了太子之位。后来，刘彭祖入朝，请平阳长公主和隆虑公主向汉武帝说情，希望可以恢复刘丹赵太子之位，但是汉武帝没有允许。

江充因此得到了汉武帝赏识，汉武帝在犬台宫召见了江充。江充为了这次召见煞费苦心：他身穿轻柔的禅衣，曲裾后垂交输，头上的俪步摇冠、款款行姿像一盘肉皮冻，抖抖颤颤的。这副奇怪的打扮，配上江充魁梧的身材，容貌显得十分威武，还有一丝神仙气概。

汉武帝看惯了大臣们整齐而刻板的朝服，一见到江充这身装扮，感到十分新奇，对左右人说："燕赵国多奇士。"先就对江充喜欢了三分，不久即拜为绣衣使者，督捕三辅盗贼，检察贵戚近臣。

当时汉武帝正派遣大量军队北征匈奴，草原、戈壁、沙漠等地作战需要大量的车辆和马匹。京师那些奢侈无度的贵戚近臣们大多僭越礼制，多备车马，江充上书武帝弹劾他们。

经汉武帝批准后，将那些贵戚近臣们的车马均收入官府，令他们加入北军准备出击匈奴。这让贵戚子弟们十分惊慌，纷纷去参见汉武帝，连连叩头，请求哀怜，愿意出钱赎罪。

可是军兴之际，正好是用钱的时候，汉武帝龙颜大悦，命他们将钱缴送北军，得钱数千万。汉武帝感激江充，认为他是个十分难得的人才，对他也更加信任。

太始三年，也就是公元前94年，太子家使乘车马行驶在专供天子交通的御路驰道中，正好遇上江充。江充依法拘押太子家使，没收车马。太子求情，江充没有答应，并报告给了汉武帝，从此与太子刘据结仇。

这时，江充看到汉武帝年纪已老，害怕汉武帝去世后被刘据诛杀，便定下奸谋，说汉武帝的病是因为有巫术蛊作祟造成的。于是汉武帝派江充为使者，负责查出巫蛊案。

江充率领胡人巫师到各处掘地寻找木头人，并逮捕了那些用巫术害人，夜间守祷祝及自称能见到鬼魂的人，又命人事先在一些地方洒上血污，然后对被捕之人进行审讯，将那些染上血污的地方指为他们以邪术害人之处，并施以铁钳烧灼之刑，强迫他们认罪。

于是，百姓们相互诬指对方用巫蛊害人；官吏则每每参劾别人为大逆不道。从京师长安、三辅地区到各郡、国，因此而死的先后共有数万人。

而此时的汉武帝年事已高，怀疑周围的人都在用巫蛊诅咒于他；

而那些被逮捕治罪的人，无论真实情况如何，谁也不敢诉说自己有冤。江充窥探出汉武帝的疑惧心理，便指使胡人巫师檀何言称："宫中有蛊气，不将这蛊气除去，皇上的病就一直不会好"。

征和二年，也就是公元前91年七月，汉武帝命江充及按道侯韩说等治案，查获后宫惑行媚道的木偶，作为诅咒汉武帝的罪证上报。

江充先从汉武帝后宫的妃嫔房间着手，然后依次搜寻，一直搜到皇后宫和太子宫中，各处的地面都被纵横翻起，以致太子和皇后连放床的地方都没有了。

江充扬言："在太子宫中找出的木头人最多，还有写在丝帛上的文字，内容大逆不道，应当奏闻陛下。"

刘据听后非常害怕，便询问少傅石德应当怎么办。石德害怕因为自己是太子的老师而受牵连被杀，便对刘据说："先前公孙贺父子、两位公主以及卫伉等都被指犯有用巫蛊害人之罪而被杀死，如今巫师与皇上的使者又从宫中挖出证据，不知是巫师放置的呢，还是确实有，自己是无法解释清楚的。你可假传圣旨，将江充等人逮捕下狱，彻底追究其奸谋。况且陛下有病住在甘泉宫，皇后和您派去请安的人都没能见到陛下，陛下是否还在，实未可知，而奸臣竟敢如此，难道您忘了秦朝太子扶苏之事了吗？"

刘据说："我这做儿子的怎么能够擅自诛杀大臣呢？不如前往甘泉宫请罪，或许能侥幸无事。"刘据打算亲自前往甘泉宫，但江充却抓住刘据之事逼迫甚急，刘据想不出别的办法，于是按着石德的计策行事。

这一年秋天的七月初九，刘据派门客冒充皇帝使者，逮捕了江充等人。按道侯韩说怀疑使者是假的，不肯接受诏书，被刘据门客杀死。刘据亲自监杀江充，骂道："你这赵国的奴才，先前扰害你们国王父子，还嫌不够，如今又来扰害我们父子！"又将江充手下的胡人巫师烧死在上林苑中。

这时武帝正在甘泉宫避暑，只有皇后和太子在京师。刘据派侍从门客无且携带符节乘夜进入未央宫长秋门，通过长御女官倚华将一切报告卫皇后，然后调发皇家马的马车运载射手，打开武器库拿出武器，又调发长乐宫的卫卒。

一时间，长安城中一片混乱，纷纷传言："太子造反。"苏文得以逃出长安，来到甘泉宫，向汉武帝报告说太子很不像话。

汉武帝说道："太子肯定是害怕了，又愤恨江充等人，所以发生这样的变故。"因而派使臣召刘据前来。使臣不敢进入长安，回去报告说："太子已经造反，要杀我，我逃了回来。"

汉武帝听后大怒。丞相刘屈氂听到事变消息后，抽身就逃，连丞相的官印、绶带都丢掉了，派长史乘驿站快马奏报汉武帝。

汉武帝问道："丞相是怎么做的？"

长史回答说："丞相封锁消息，没敢发兵。"

汉武帝生气地说："事情已经这样沸沸扬扬，还有什么秘密可言！丞相没有周公的遗风，难道周公能不杀管叔和蔡叔吗？"于是给丞相颁赐印有玺印的诏书，命令他，"捕杀叛逆者，朕自会赏罚分明。应用牛车作为掩护，不要和叛逆者短兵相接，杀伤过多兵卒崐！紧守城门，决不能让叛军冲出长安城！"

刘据发表宣言，向文武百官发出号令说："陛下因病困居甘泉宫，我怀疑可能发生了变故，奸臣们想乘机叛乱。"

于是，汉武帝从甘泉宫返回，来到长安城西建章宫，颁布诏书征调三辅附近各县的军队，部署中二千石以下官员，归丞相兼职统辖。陛下也派使者假传圣旨，将关在长安中都官狱中的囚徒赦免放出，命少傅石德及门客张光等分别统辖；又派长安囚徒如侯持符节征发长水和宣曲两地的胡人骑兵，一律全副武装前来会合。

侍郎马通受汉武帝派遣来到了长安，得知此事后立即追赶前去，将如侯逮捕，并告诉胡人说："如侯带来的符节是假的，不能听他调遣！"于是将如侯处死，带领胡人骑兵开进长安；又征调船兵楫棹士，交给大鸿胪商丘成指挥。当初，汉朝的符节是纯赤色，因刘据用赤色符节，所以在汉武帝所发的符节上改加黄缨以示区别。

刘据来到北军军营南门之外，站在车上，将护北军使者任安召出，颁与符节，命令任安发兵。但是任安拜受符节后，却返回了营中，闭门不出。

刘据带人离开，将长安四市的市民约数万人强行武装起来，到长乐宫西门外，正遇到丞相刘屈氂率领的军队，双方会战五天，死亡数万人，鲜血像水一样流入街边的水沟。民间都说"太子谋反"，所以人们不依附太子，而丞相一边的兵力却不断加强。

十七日，刘据兵败，南逃到长安城覆盎门。司直田仁正率兵把守城门，因觉得刘据与汉武帝是父子关系，不愿逼迫太急，所以使刘据得以逃出城外。

刘屈氂要杀田仁，御史大夫暴胜之对刘屈氂说："司直为朝廷二千石大员，理应先行奏请，怎么能够擅自斩杀呢？"于是刘屈氂将田仁释放了。

汉武帝听后大发雷霆，将暴胜之逮捕治罪，并且责问他说道："司直放走谋反的人，丞相杀他，是执行国家的法律，你为什么要擅自阻止呢？"暴胜之惶恐不安，便自杀而亡了。汉武帝下诏派宗正刘长、执金吾刘敢携带皇帝下达的谕旨收回皇后的印玺和绶带，卫皇后便自杀了。

汉武帝认为任安是老官吏，见出现战乱的事，想坐观成败，看谁取胜就归附谁，对朝廷怀有二心，因此将任安与田仁一同腰斩，汉武帝因马通擒获如侯，封其为重合侯；长安男子景建跟随马通，擒获石德，封其为德侯；商丘成奋力战斗，擒获张光，封其侯。

刘据的众门客，因曾经出入宫门，所以一律处死；凡是跟随刘据发兵谋反的，一律按谋反罪灭族；各级官吏和兵卒凡非出于本心，而被刘据胁迫的，一律放逐到敦煌郡。因刘据逃亡在外，所以开始在长安各城门设置屯守军队。

汉武帝愤怒异常，群臣感到忧虑和恐惧，不知如何是好。壶关三老的令孤茂上书汉武帝说："我听说，父亲就好比是天，母亲就好比是地，儿子就好比是天地间的万物，所以只有上天平静，大地安然，万物

汉武帝刘彻传

才能茂盛；只有父慈母爱，儿子才能孝顺。如今皇太子本是汉朝的合法继承人，将承继万世大业，执行祖宗的重托，论关系又是皇上的嫡长子。

"江充原本为一介平民，不过是个市井中的奴才罢了，陛下却对他尊显重用，让他挟至尊之命来迫害皇太子，纠集一批奸邪小人，对皇太子进行欺诈栽赃、逼迫陷害，使陛下与太子的父子至亲关系隔塞不通。太子进则不能面见皇上，退则被乱臣的陷害困扰，独自蒙冤，无处申诉，忍不住愤恨的心情，起而杀死江充，却又害怕皇上降罪，被迫逃亡。

"太子作为陛下的儿子，盗用父亲的军队，不过是为了救难，使自己免遭别人的陷害罢了，臣认为并非有什么险恶的用心。《诗经》上说，'绿蝇往来落篱笆，谦谦君子不信谗。否则谗言无休止，天下必然出大乱。'以往，江充曾以谗言害死赵太子，天下人无不知晓。而今陛下不加调查，就过分地责备太子，发雷霆之怒，征调大军追捕太子，还命丞相亲自指挥，致使智慧之人不敢进言，善辩之士难以张口，我心中实在感到痛惜。

"希望陛下放宽心怀，平心静气，不要苛求自己的亲人，不要对太子的错误耿耿于怀，立即结束对太子的征讨，不要让太子长期逃亡在外！我以对陛下的一片忠心，随时准备献出我短暂的性命，待罪于建章宫外。"

奏章递上去，汉武帝见到后受到感动而醒悟，但还没有公开颁布赦免。刘据向东逃到湖县，隐藏在泉鸠里。主人家境贫寒，经常织卖草鞋来奉养刘据。刘据有一位以前相识的人住在湖县，听说很富有，刘据派人去叫他，于是这个消息从此被泄露。

八月初八这天，地方官围捕刘据。刘据自己估计难以逃脱，便回到屋中，紧闭房门，自缢而死。前来搜捕的兵卒中，有一山阳男子名叫张富昌，用脚踹开房门。

新安县令史李寿跑上前去，将刘据抱住解下。主人与搜捕刘据的人格斗而死，二位皇孙也一同遇害。汉武帝感伤于太子刘据的死，便封李寿为侯，张富昌为题侯。

征和三年，也就是公元前90年，官吏和百姓以巫蛊害人罪相互告发的，经过调查发现多为不实。此时汉武帝也知道太子刘据是因被江充逼迫，惶恐不安，才起兵诛杀江充，并不是他的本意。

这时，内侍来报："皇上，守高祖陵寝的郎官田千秋说有要事禀报。"

汉武帝说："让他进来吧。"

只见一个身高8尺，白发苍苍、相貌堂堂的老臣，疾步进来伏地跪叩，哽咽着说道："皇上，太子冤枉，老臣拼死也要为太子说两句公道话。太子生性忠厚老实，这次起兵，纯属受江充、苏文等奸贼的陷害，不得已才起兵自卫的呀……皇上为什么不明辨是非？而且，天子的儿子动用天子的兵，本也罪不该杀，何况他是被逼迫的，他被奸贼阻拦，不得父子相见，说明情况，万般无奈才出此下策啊！"

汉武帝刘彻传

田千秋声泪俱下地又接着说："老臣之所以斗胆前来陈述，是因为昨天晚上梦见一白发老者来向我说，让我去向皇上替太子喊冤，老臣醒来后才知道是梦，心想莫非是先祖之灵向我托梦，老臣不敢怠慢，便连夜赶来皇宫向皇上如实禀报。老臣擅闯皇宫，甘愿受罚，老臣已准备好一死！"

汉武帝听后，如受猛烈震撼，颤颤巍巍地走到田千秋面前，说："我们父子之间的事，一般认为外人难以插言，只有你知道其间的不实之处。这时高祖皇帝的神灵派您来指教于我，您应当担任我的辅佐大臣。"

于是，汉武帝立即任命田千秋为大鸿胪，并下令将江充满门抄斩，将苏文烧死在横桥之上。曾在泉鸠里对太子兵刃相加的人，最初被任命为北地太守，后也遭满门抄斩。

汉武帝十分怜惜自己的儿子刘据无辜遭害，一闭眼，太子就会出现在眼前，挥之不去，睁开眼，身旁仿佛又传来太子"父皇、父皇"的喊声，所以武帝紧张得忽而闭眼，忽而睁眼，痛苦不堪。汉武帝深知，自己是造成这次大祸的罪魁！他无以自慰，于是便派遣霍光在宫中建造了一座思子宫。

自从霍去病死后，霍光就升为光禄大夫。他行为端正，言谈处事小心谨慎，一切循规蹈矩，照章办事，甚至每天上朝时，所走路线都从不逾规，所以武帝十分器重他。而且，汉武帝思念霍去病，所以对霍去病的这个弟弟始终有一种特殊的感情，自从太子死后，武帝经常宣他进宫协助内廷处理政事。

过了些时间，思子台终于建好，汉武帝从长安来到太子死地湖县刚建好的思子宫。一进入思子宫，武帝就神色黯然，悲伤不已。霍光把武帝带到思子台前，霍光指着思子宫中心的思子台说："皇上，这就是您要我督建的思子台。"

汉武帝问车千秋："太子就是在此死的吗？"

"是的，圣上。"

汉武帝抬起头看看茫茫苍天，想着刹那间亲生儿子就永远离开了自己，这到底是为什么哪？汉武帝饱含在眼眶中的泪水，潸然而下。这时大臣们也都发出了唏嘘声，汉武帝对身边的人说："扶朕到台上去，朕要祭奠太子。"

顿时，四周哀乐响起，汉武帝接过香烛，在霍光及司马迁的搀扶下缓缓登上思子台。汉武帝手举香烛对着茫茫苍天拜了又拜，心里默念着：孩子，是父皇害死了你，父皇有罪呀！本应传位于你呀，可是你却永远地离开父皇了。唉，苍天啊，你告诉朕，这到底是怎么回事？

重新设立继承人

　　汉武帝的一生雄才伟略，一共有六个儿子。孩子不算多，但是他却在选择储君上十分不容易。

　　刘据是汉武帝的嫡长子，因为他的生母是卫皇后，故称卫太子。汉武帝中年得子喜上眉梢，册封刘据生母卫夫人为皇后，刘据7岁时，汉武帝举行了盛大的典礼，立刘据为太子。

　　而母凭子贵，卫氏家族也因此受到宠信，卫青被擢升为太中大夫，后又被拜为车骑将军。先后七次出击匈奴，均大获全胜，并收复河南地，置朔方郡，被为长平侯、大将军、大司马。位居丞相之上。

　　太子刘据20岁的时候，汉武帝为他在东宫建造了一座博望苑。供太子结交宾客，读书学习。汉武帝为培养太子花了一箩筐心血，寄予太多厚望，他希望太子建立起博学的声望，有声望才有威信，有威信将来好继承皇位。

　　而太子刘据性情温和，汉武帝曾不无遗憾地说，太子不如自己有才干。实际上，这仅仅是太子和自己风格不同，武帝采用董仲舒"罢黜百家，独尊儒术"的建议，以儒生治国，加强专制统治，所以任用酷吏。

当时的著名的酷吏不少，有赵禹、张汤、王温舒、杜周等人，造就了不少冤案。而太子平反了不少冤案。在汉武帝的强悍面前，太子的仁慈多少有些刺眼。但太子的行为符合律法，且行事严谨宽厚，汉武帝还是打心眼里喜爱太子的。

征和二年，也就是公元前91年，汉武帝在巫蛊之乱中被江充、苏文等佞臣蒙蔽，刘据起兵反抗后兵败逃亡，而后太子刘据因拒绝被捕受辱而自尽。这时的汉武帝已经是将近七旬的老人，他不得不为自己的后事不能不有所考虑。他只能从众多的皇子中再选立太子。

刘闳是汉武帝的二子，大约出生在元朔六年，也就是公元前123年。刘闳的母亲王夫人得到汉武帝的宠爱，因此，刘闳也受武帝的爱幸。史学家褚少孙在增补的《史记·三王世家》中曾经提到，刘闳将要封王之前，王夫人恰巧生病了，于是汉武帝便问王夫人："你儿子应当封王，你想把他封在哪里？"

王夫人回答说："有陛下在，我又有什么可说的呢？"

汉武帝说："话是这样说，但就你的愿望来说，你想封他到什么地方为王？"

王夫人又说道："那我希望把他封在雒阳。"

汉武帝说："雒阳有武库敖仓，是天下要冲之地，是汉朝的大都城。从先帝以来，没有一个皇子封在雒阳为王的。除了雒阳，其他地方都可以。"

王夫人听到汉武帝这样说，就没再说话，这时汉武帝又说："关东的国家，没有比齐国更大的。齐国东边靠海，而且城郭大，古时只临菑城就有10万户，天下肥沃的土地没有比齐国更多的了。就把他封在那里吧。"

王夫人因病倒在床，不能起身谢恩，便以手击头，谢汉武帝说："那就太好了！"

元狩二年，也就是公元前121年，王夫人去世了。元狩五年，也就是公元前118年，武帝将元朔二年便废除为郡的齐国再次定为国。同年将元朔元年被废除为郡的燕国复置。将江都国更名为广陵国。元狩六年，也就是公元前117年，汉武帝的三位皇子刘闳、刘旦、刘胥已能行趋拜之礼，但尚无封号爵位，也未设师傅官。

这年三月，由大司马霍去病带头，御史兼尚书令霍光上奏，众臣上疏请武帝封皇子刘闳、刘旦、刘胥三人为诸侯王，诸侯王必须"就国"。四月，汉武帝立次子刘闳为齐王，立三子刘旦为燕王，四子刘胥为广陵王。

立齐王策曰：

汉武帝刘彻传

元狩六年四月乙巳日，皇帝使御史大夫张汤告庙立皇子刘闳为齐王。圣旨道：呜呼，儿子刘闳，接受这包青色社土！我继承祖先之帝业，根据先王之制，封你国家，封在东方，世代为汉藩篱辅臣。呜呼，你要念此勿忘！要敬受我的诏令，要想到天命不是固定不变的。人能爱好善德，才能昭显光明。若不图德义，就会使辅臣懈怠。竭尽你的心力，真心实意地执持中正之道，就能永保天禄。如有邪曲不善，就会伤害你的国家，伤害你自身。呜呼，保护国家，养护人民，能不敬慎吗！齐王你一定要戒慎。

元鼎六年，也就是公元前111年，齐国的丞相也即齐王刘闳的太傅卜式前往长安担任御史大夫一职。第二年的元封元年，也就是公元前110年，即封王第八年，刘闳去世，谥号为齐怀王。因其年少，没有子嗣，死后封国废绝，变为郡。天下人都说齐地不宜封王。

刘旦是汉武帝的第三子。元狩六年，也就是公元前117年被册封为燕王。燕国地处西汉北境，紧邻匈奴，土地贫瘠、民风凶悍，武帝以策文诏谕刘旦，勉励他镇守边陲，成为汉朝的藩篱辅翼。

汉武帝时期的郡国制度与汉初不同，经过削藩策、七国之乱和推恩令的多重打击之后，诸侯王对封国已没有太多的权力；而且汉朝皇位传承遵从周制，作为第三子的刘旦，并不奢望荣登大宝，因而安心为藩王，将心思集中于各种学问，率性而学，经书、杂说来者不拒，尤好星历、数术、倡优、射猎。成年后的燕王"能言善辩，广有谋略"，喜好招揽游侠武士。

元封元年，也就是公元前110年，汉武帝次子齐王刘闳去世。而在征和二年，也就是公元前91年，太子刘据因受人诬陷不能自明，兵败自杀。刘旦得知长兄死讯后，他以为自己在父皇剩余诸子中自己年纪最大，按次序排下来，皇太子之位置必然归属自己，可是，汉武帝却没有这个意思。

后元元年，也就是公元前88年，汉武帝年迈病重。刘旦派使者来到长安，向武帝上书，请求宿卫长安，以备不虞。武帝看完信后大怒，立刻把送信的使者斩杀了，而后又以燕王"藏匿亡命之徒、违反汉律"的罪名，削掉其封国三个县邑，以示惩戒。

汉武帝感叹"生子应置于齐鲁之地，以感化其礼义；放在燕赵之地，果生争权之心"，所以对刘旦开始厌恶。

刘胥是汉武帝的第四子。他身材高大，体魄壮健，喜好游乐，力能扛鼎，空手与熊、野猪等猛兽搏斗。行为没有法度，所以最终没能成为皇位继承人。

刘髆是汉武帝的第五子。他是汉武帝的宠妃李夫人所生，是贰师将军李广利的外甥。天汉四年，也就是公元前97年，受封昌邑王。征和三年，也就是公元前90年，太子死后第二年，汉武帝命贰师将军李广利率领7万大军出攻匈奴。当李广利离开京城的时候，丞相刘屈氂他饯行。因为，李广利的女儿是刘屈氂的儿媳，两人是儿女亲家。

由于前一年爆发的巫蛊之祸时，太子刘据被人诬陷而自杀，而至今还没有新立太子。于是李广利便想乘机让他妹妹李夫人所生的儿子昌邑王刘髆立为太子，那样自己自然就成了国舅，地位将更尊贵，权势也更大。而刘屈氂不仅身为丞相，又是汉武帝的侄儿，颇得武帝的信任。

在李广利出征前的告别宴上，这对儿女亲家为储君之位空悬打起了主意。李广利对刘屈氂说："希望你在当今圣上面前建议，立昌邑王为太子。昌邑王能够被立为太子，将来做皇帝，你的相位也就可长保无忧了。"

在这个问题上，二人利益完全一致，刘屈氂自然满口答应，答应寻找机会，向汉武帝建言。

李广利派遣属国胡骑2000与匈奴军接战，匈奴败退，死伤者数百人。汉军乘胜追击至范夫人城，匈奴四散奔逃，不敢与汉军对抗。同年六月，内者令郭穰密告丞相刘屈氂的妻子因为刘屈氂曾多次遭汉武帝责备，便对汉武帝不满，因而请巫祈祷神灵，诅咒武帝早死。

汉
武
帝
刘
彻
传

同时密告刘屈氂与李广利共同向神祝祷，希望昌邑哀王刘髆将来作皇帝。汉武帝得知后，便下令主管司法的廷尉查办，认为刘屈氂大逆不道，处以腰斩，并用车装着尸体在街上游行示众。将刘屈氂的妻儿在长安华阳街斩首。李广利的妻儿也遭逮捕囚禁。

正在指挥大军对匈奴作战的李广利听到家中妻儿因巫蛊被捕收监的消息，如五雷轰顶，既忧虑，又害怕，不知所措，如何是好。掾吏胡亚夫劝他投降匈奴。

李广利心想若投降匈奴，将加速妻儿老小的死亡，情况会更惨，不如立功赎罪，也许有一线希望。因此，李广利便不根据实际情况，不了解双方军事形势，不计及战略战术，以数万汉家儿郎的生命为赌注，盲目进军，以求侥幸，于是便挥师北进，深入匈奴，直至郅居水。

这时的匈奴军队已离去，李广利又派负责主管军中监察的护军率领二万骑兵，渡过郅居水，继续向北挺进。与匈奴左贤王的军队相遇，两军接战。汉军大胜，杀死匈奴左大将及众多的士卒。长史和决眭都尉煇渠侯商议，李广利不惜全军安危以求立功赎罪，恐怕必然招致失败，便暗中策划将李广利扣押起来，以阻止其盲目冒险。

李广利觉察了长史的策划，将他斩首。恐怕军心不稳，发生骚乱，便率军由郅居水向南撤至燕然山。单于知汉军往返行军近千里，已很疲劳，便亲自率领五万骑兵袭击汉军，汉军死亡甚众。

李广利原想冒进，立功赎罪，却遭此大败，心情自然更沉重，又忧虑着家中老少的生命安全，而且本来指挥才能就平庸，因此完全失去了两军对垒中最必要的警觉。

匈奴趁汉军不备，于夜间在汉军营前悄悄挖掘了一条壕沟，有几尺深，而后于清晨从后面对汉军发起突然的袭击。汉军遭匈奴军袭击，想出营列阵抵敌，却发现军营前有一条深沟，进退不得，军心大乱，丧失斗志，再加疲劳，完全失去了抵抗力，遭到惨败。这次战败，是汉武帝时期对匈奴战争中失利最为严重的一次，与巫蛊之祸不无关系。

七万汉家儿郎就这样全部葬送在李广利手中，李广利兵败后投降匈奴，狐鹿姑单于知道他在大汉身居高位，便将女儿嫁给他，对他的恩宠超过了卫律。李广利降敌使汉武帝震怒异常，他便下令族灭其全家。靠着李夫人"兴旺发达"的李氏家族灭亡了。

最终刘髆也没有被汉武帝立为太子。而到了后元元年，也就是公元前88年正月，汉武帝去世的前一年，刘髆去世。

刘弗陵是汉武帝的第六子。刘弗陵的母亲赵婕妤以"奇女子气"得宠，居住在钩弋宫中。因此也将她称作为钩弋夫人。相传，有一次汉武帝刘彻巡狩，路过河间国时，观天相、占卜吉凶的"望气者"对汉武帝说此地有奇女，汉武帝立即下诏派人寻找。

果不其然如望气者所言，一会儿的工夫，随行的官员便在河边找到一位年轻漂亮的女子，当汉武帝看到她的时候，她的双手握成拳状，虽然当时她10多岁了，但是依然不能伸开。

于是，汉武帝便让这位漂亮的女子过来，看她双手果真是紧握拳状，汉武帝便伸出双手将这女子手轻轻一掰，少女的手便被分开，在手掌心里还紧紧地握着一只小玉钩。汉武帝以为这是天意，随后，便派人把这个女人扶入随行的辒车，将她带回皇宫，由此而得到汉武帝的宠爱，号称拳夫人。

太始三年，也就是公元前94年，赵婕妤生下刘弗陵。据说刘弗陵和上古的尧帝一样都是怀胎14个月而生，于是称其所生之门为"尧母门"。

征和三、四年间，也就是公元前90年至公元前89年，汉武帝认为年仅五六岁的刘弗陵体格健壮、聪明伶俐，很像他少年之时，特别宠爱刘弗陵，对他抱有很大期望。汉武帝有意传位于刘弗陵。可是，汉武帝担心刘弗陵的母亲钩弋夫人还年轻，怕自己一旦归天，大权要落到太后手里。汉初吕后专政的教训，他没有忘记。为了解除后顾之忧，武帝决心除掉钩弋夫人。

几天之后，汉武帝找到钩弋夫人的一个小差错，便斥责了钩弋夫人。这时，钩弋夫人想不到自己为了汉武帝生了皇子，而武帝现在竟不顾情义，她顿时感到痛彻心扉。于是，便摘下发簪、耳环，叩头请罪。这时，汉武帝命人将赵氏拉走，送到宫廷的监狱中，赵氏回头看着汉武帝，汉武帝说："快走，你活不成了！"不久赵氏死于云阳宫。当时暴风刮起满天灰尘，老百姓都感叹哀伤。

事后，武帝问左右侍从："外面对这事有何说法？"

左右告诉武帝："说既然就要立弗陵为太子，又何必除去他的生母？"

武帝这才说了他的意图："这不是你们这些愚人所能知道的。过去国家造乱的缘故，是天子少母后壮。女主独居骄蹇，淫乱自恣，莫能禁止她。你们没听说过吕后吗？所以不得不先除去她。"

因此，武帝诛杀钩弋，是站在他的立场上，吸取吕氏专权的历史教训，而采取的防微杜渐以确保弗陵顺利执掌皇权的措施。司马光说："孝武以孝昭之生，神异于人而复有早成之资，违长幼之次而立之。鉴于诸吕，先诛其母，以绝祸源，其于重天下谋子孙深远矣。"

后元二年，也就是公元前87年二月十二日，汉武帝病重，将年仅8岁的刘弗陵立为皇太子。

颁布《轮台之诏》

汉武帝终究不是一位昏庸的皇帝。汉武帝晚年时期的思想发生了很大的变化，由多欲政治而改弦更张为养民官民与民休息，进入了反省期。

汉武帝即位不久，先后发动了20余次大规模的对外战争。武帝在位前期，匈奴无疑是汉朝边疆上最大的劲敌，依托"文景之治"以来所积累的物质基础，加之进行一系列改革，实现国内稳定局面的巩固。

汉武帝于元光二年，也就是公元前133至元狩四年，也就是公元前118，相继派出卫青、霍去病北击匈奴。经过奋战，大破匈奴主力，迫使匈奴向北迁徙，很长时间无法再对西汉边境构成威胁。直到征和三年，也就是公元前90年李广利出师匈奴不利，对匈奴的战争长达40余年之久。

凭借着"文景之治"时期积累起来的巨大财富，汉武帝终于以"海内虚耗，户口减半"的巨大代价，将匈奴势力逐往漠北，致使"漠南无王庭"，彻底扭转了对匈奴战争的不利局面。

同一时期，汉武帝远征大宛，降服西域，收复南越，吞并朝鲜，广开三边，四处出征，大肆开疆拓域，战争连年不断。这些战争不仅使国家财力耗竭，国库空虚。

元狩四年，也就是公元前119年卫青、霍去病大举深入进攻匈奴这一战役，汉武帝仅仅对有功将士的赏赐就花费了50万钱，相当于汉政府当时全年的总收入，其他军备损耗和粮草运输费用还没有计算在内。而且造成了大量的人民死于战争。汉王朝的国土虽然增至万里，但人口却减少了一半。

而对内，汉武帝又好大喜功，奢侈无度，大修宫殿，广置苑囿，封禅祭把，寻药觅仙，四处巡游，无数的财富都被白白挥霍掉了。又如元封元年，也就是公元前119年的那次泰山封禅大典，汉武帝整个行程9000公里，沿途"所过赏赐，用帛百余万匹，钱金以巨万计"。各方面的开支耗尽了国家的金钱。

由于汉武帝连年对外用兵和肆意挥霍，国库已经空虚。为了增加财政收入，弥补日益空虚的国库，汉武帝又采取了桑弘羊执掌全国财政，将盐铁实行垄断专卖，并出卖爵位，允许以钱赎罪，使国家经济好转，但也使吏制进一步腐败。徭役和赋税剥削，致使广大劳动人民无法忍受，他们只得四处流亡，使农业生产遭到严重破坏。

每逢灾年，都有许多农民被饿死、冻死，甚至出现"人相食"的局面。这些情况，在武帝初年就存在，在其统治后期，更加严重，史不绝书。

例如元鼎二年，也就是公元前115年三月："大雨雪。夏，大水，关东饿者以千数。"元鼎三年，也就是公元前114年，"三月水冰，四月雨雪，关东十余郡人相食"。元封四年，也就是公元前107年夏，"大旱，民多暍死"。

汉武帝虽然试图抑制豪强地主的发展，但土地兼并却始终没有停止，大批农民不断破产。无法生活的流民，以各种方式进行反抗斗争，严重地危及了西汉王朝的社会秩序。形成了"官旷民愁，流民愈多，盗贼公行"的局面。

走投无路的农民只好揭竿而起，武装反抗封建统治者的剥削、压迫。最终引发天汉二年的农民大暴动，这次暴动波及整个关东地区，规模浩大、来势凶猛。地方官府无法控制局面，武帝被迫孤注一掷，采取非常措施，派遣直指使者赴地方镇压农民暴动，发兵分部追捕，大肆斩杀暴动参与者。

汉武帝又颁布"沈命法"，该法规定：盗贼兴起而没有发觉；发觉了而不去剿捕，或剿捕盗贼的数量没有达到规定的标准，各级主管官吏将受到严惩。二千石及以下的一律处死。

结果导致地方小吏害怕被诛而不敢上报农民起义情况，郡守、国相也因惧怕牵连而相互隐瞒事实真相，相互蒙混，致使农民起义越来越多，局势更加动荡不安。虽然，专制权威取得了成功，但酿成农民暴动的根本原因并未消除，隐患仍旧存在。

对于国内这种严峻至极的形势，汉武帝也早有觉察，他也明白统治人民必须刚柔兼施，不能一味残酷镇压，还要辅以仁政，以休养生息百姓。

可是，汉武帝也有自己独到的打算，他想在自己统治期间内把该做的事情都做完，而让承继后世的帝王来"守文"。因此，他虽然知道自己的四处征伐"不得不扰民"，不能永远这样做下去，但他想在此生把文治武功完成，而让太子刘据去守成，改变政策，与民休息。

所以，汉武帝当时决定仍要继续施行自己的统治方针，尤其是在对外关系上，始终保持着势不可挡的攻击势头。但是，到了征和年间，也就是公元前92至公元前89年，不愿改弦更张的汉武帝却被巫蛊之祸彻底打乱了部署，太子被迫自杀。

不久之后，汉武帝发觉巫蛊事件多属害，大都是乱臣故意制造的冤案，这才明白太子刘据的冤情。但太子已死，悔恨不及了。

而征和三年，也就是公元前90年，贰师将军李广利受命出兵五原伐匈奴的前夕，丞相刘屈牦与李广利合谋立昌邑王刘髆为太子。后刘屈牦被腰斩，李广利妻被下狱。

此时李广利正在乘胜追击，听到消息恐遭祸，欲再击匈奴取得胜利，以期汉武帝饶其不死。但之后兵败，李广利只得投降匈奴。种种打击使汉武帝心灰意冷，对自己过去坚持的施政主张开始动摇。在统治思想上发生了巨大的转变，表现在行动上则是他对自己一贯坚持的统治政策的改变。

征和四年，也就是公元前89年三月，汉武帝带领臣下出巡到钜定，在事先准备的小块田地上亲耕，以示重视农本。他对大臣们说："朕自即位以来，做了许多狂悖荒唐的事，使天下百姓愁苦不已。"他表示追悔，并宣布"从今以后，国家大事凡有伤害百姓、浪费天下钱财的，统统罢免"！

田千秋见皇上追悔以前的过错，于是便上奏道："方士多言神仙之事，但很少有显验之功，臣请求皇上将他们一律罢黜。"

汉武帝表示赞成。于是下诏将身边的方士和各地迎候神仙降临的法师全部罢逐。此后，汉武帝深有所悟地对群臣说："原来，朕被这些方士所愚惑，屡屡受骗上当。天下哪里有什么仙人，都是胡言乱语！只要节制饮食，服些药物，即可减少疾病了。"

这时，搜粟都尉桑弘羊和丞相御史建议说道："皇上，西域有个地方叫轮台，有沃土五千顷，臣建议派军士前去驻地屯田，可招募百姓去边疆开垦，今后所得收入可解国库空虚之危。"

按照以往，这样的建议，汉武帝肯定是一击案就通过的，可现在的汉武帝却一反常态，沉静了一会儿，才语调缓缓地说："桑弘羊所言是实，但是，连年征战，赋税繁重，现国库空虚，百姓力竭，如果再派军士到轮台屯田，去兴建亭障，再征集百姓去疆域开垦荒田，能不能增加收入还不敢说，然轮台距京有千余里，如果再让士兵远劳，百姓奔波，那实在是太扰民了。"

汉武帝还批评了桑弘羊等人的建议，然后顿了一下，说道："说实在话，我前几年派李广利去西征，战士们死的死，逃散的逃散，现在又要让他们去远征，这实在是太不体恤人了。"

众大臣都被汉武帝的话惊呆了，皇帝第一次自省了，终于开始体恤百姓了。同时，汉武帝又下诏承认遗忘战争正常的错误，同时要调整政策，认为当务之急应是与民休息，执政理念发生重大变化。史称"轮台罪己诏"。《汉书·西域传》渠犁条记载的诏书是这样的：

前有司奏，欲益民赋三十助边用，是重困老弱孤独也。而今又请遣卒田轮台。轮台西于车师千余里，前开陵侯击车师时，危须、尉犁、楼兰六国子弟在京师者皆先归，发畜食迎汉军，又自发兵，凡数万人，王各自将，共围车师，降其王。诸国兵便罢，力不能复至道上食汉军。汉军破城，食至多，然士自载不足以竟师，强者尽食畜产，羸者道死数千人。朕发酒泉驴、橐驼负食，出玉门迎军。吏卒起张掖，不甚远，然尚厮留其众。

曩者，朕之不明，以军候弘上书言"匈奴缚马前后足，置城下，驰言："秦人，我匄若马。"又汉使者久留不还，故兴遣贰师将军，欲以为使者威重也。古者卿大夫与谋，参以蓍龟，不吉不行。乃者以缚马书遍视丞相、御史、二千石、诸大夫、郎为文学者，乃至郡属国都尉成忠、赵破奴等，皆以"虏自缚其马，不祥甚哉"，或以为"欲以见强，夫不足者视人有余"。

《易》之卦得《大过》，爻在九五，匈奴困败。公军方士、太史治星望气，及太卜龟蓍，皆以为吉，匈奴必破，时不可再得也。又曰："北伐行将，于鬴山必克。"卦诸将，贰师最吉。故朕亲发贰师下鬴山，诏之必毋深入。今计谋卦兆皆反缪。重合侯得虏候者，言："闻汉军当来，匈奴使巫埋羊牛所出诸道及水上以诅军。单于遗天子马裘，常使巫祝之。缚马者，沮军事也。"又卜"汉军一将不吉"。匈奴常言："汉极大，然不能饥渴，失一狼，走千羊。"

乃者贰师败，军士死略离散，悲痛常在朕心。今请远田轮台，欲起亭隧，是扰劳天下，非所以忧民也，今朕不忍闻。大鸿胪等又议，欲募囚徒送匈奴使者，明封侯之赏以报忿，五伯所弗能为也。且匈奴得汉降者，常提掖搜索，问以所闻。今边塞未正，阑出不禁，障候长吏使卒猎兽，以皮肉为利，卒苦而烽火乏，失亦上集不得，后降者来，若捕生口虏，乃知之。当今务，在禁苛暴，止擅赋，力本农，修马复令，以补缺，毋乏武备而已。郡国二千石各上进畜马方略补边状，与计对。朕即位以来，所为狂悖，使天下愁苦，不可追悔。自今事有伤害百姓，糜费天下者，悉罢之。

汉武帝刘彻传

在这篇《轮台罪己诏》中，汉武帝首先深切地检讨征和年间西征的失误，说："前些时，有关部门奏请要增加赋税，每个百姓多缴30钱，用来增加边防费用，这样做会明显加重老弱孤独者的负担。如今又奏请派兵到轮台去屯田，轮台在车师以西1000余里，上次开陵侯攻打车师时，虽然取得了胜利，迫使车师王归降，但因路途遥远，粮草缺乏，死于路上的就有数千人，更何况轮台还要往西呢！

"过去朕是一时糊涂，单凭一个名叫弘的军候上书说，匈奴人捆住马的四蹄，扔到城下，说要送马给我汉朝，再加上匈奴长期扣留汉使不让回朝，所以才派贰师将军李广利兴兵征讨，为的是维护汉使的威严。

"古时候，卿大夫提出的倡议，都要先求神问卜，得不到吉兆是不能施行的。因此，贰师将军这次出征前，朕曾普遍地征询朝廷诸位大臣和某些地方长官的意见，他们都认为'匈奴人捆缚自己的战马，是最大的不祥'，或者认为'匈奴人是向我国显示强大，而实际上他们的力量并不充足，只不过是故意向人显示自己力量有余而已'。

"那些负责求神问卜的方士和星象家们也都认为'是吉兆、匈奴必败，机不可失'。又说，'遣将北伐，至山必胜。卦辞显示，诸将中，以派贰师将军前去最为合适。'所以朕才派遣李广利率兵出征，并告诫他务必不要深入匈奴腹地。

"可谁曾想，那些计谋和卦辞全都与事实相反。后来抓到的匈奴人说，'匈奴人捆缚战马，是为了对汉军进行诅咒。'匈奴人常说，'汉虽强大，但汉人不耐饥渴，匈奴放出一只狼，汉军就要损失千只羊。'等到李广利兵败，将士们或战死，或被俘，或四散逃亡，这一切都使朕悲痛难忘。"

接着，明确批评屯田轮台的建议："如今又奏请派人远赴轮台屯垦，还要修筑堡垒哨所，这是劳民伤财的建议，朕不忍听！负责民族事务的大鸿胪还建议招募囚犯护送匈奴使者回国，以封侯作为奖赏，让他们刺杀匈奴单于，以发泄我们的怨愤，这种见不得人的事连春秋五霸都耻于去做，更何况我们大汉王朝呢！

"况且匈奴对投降他们的汉人要全身严密搜查，怎么可能行刺匈奴单于呢！当今最重要的任务，在于严禁各级官吏对百姓苛刻暴虐，废止擅自增加赋税的法令，鼓励百姓致力于农业生产，恢复为国家养马者免其徭役赋税的法令，用来补充战马损失的缺额，不使国家军备削弱而已。

"各郡、国二千石官员都要制定本地繁育马匹和补充边境物资的计划，在年终呈送全年公务报告时一并报送朝廷。朕自即位以来，干了很多狂妄悖谬之事，使天下人愁苦，朕后悔莫及。从今以后，凡是伤害百姓、浪费天下财力的事情，一律废止！"

汉武帝在这里深刻地检讨了征和年间西征的失误，对自己穷兵黩武表示追悔，同时坚决地表示了要改变弊政，推行"禁苛暴、止擅赋，力本农"与民休养生息的治国方针。

重视发展农业

　　早在秦、汉以前，农业就脱离了粗耕阶段。到了秦、汉时代，农业生产技术有了更大的发展。到汉武帝时期，农业生产技术更是突飞猛进，无论是生产工具的改良，耕作方法的改进，还是水利事业的开发，都出现了前所未有的进步。

　　汉武帝宏伟的"文治武功"事业，是在残酷压迫和剥削农民血汗劳动的基础上建立起来的，但是他在总体上顺应了封建社会的发展趋势，借助于专制主义的政治制度，在组织和发展汉代农业生产方面，是起了重大作用的。

　　征和四年，也就是公元前89年，汉武帝所下的一道自我反省罪过的诏书《轮台罪己诏》，这是他真正改变以往那种好大喜功、不惜民力、穷兵黩武的作风和政策的开始，由此而把治国的重点从战争转向了发展生产、与民休息，实行富民政策。

　　不久之后，汉武帝就以田千秋为相，封其为富民侯，以表明他推行富民、养民政策的决心。田千秋这个人敦厚，有智慧，居位称职，他也忠实执行武帝晚年的"富民"政策。目睹连年治狱，诛罚特多，臣民恐惧，他深思熟虑，执政行事既安慰武帝又宽舒天下。

不久之后，汉武帝又下诏说："方今之务，在于力农"，号召全国官吏和百姓，要把注意力集中到农业生产上来。"农为天下之本"，这是武帝接受前人经验和自己长期统治的认识。他在位54年，不停地大事兴作，耗掉农民无数血汗，也有不少教训。但他在总体上遵循并实行了"农为天下之本"这个原则。

汉武帝任命著名的农学家赵过为搜粟都尉，任务是管理农业生产技术，提高粮食产量。赵过总结劳动人民的经验，提出了一种叫"代田法"的新耕作方法。

这种耕作方法是以宽一步、长百步的一亩地为例，纵分田地为三田川三垄。田川深一尺，宽一尺；垄台垒土高出地面，也是宽一尺。种子播于田川中。苗长高时，不断挖拨垄土培固田川中之苗的根部，使之根耐旱抗风。第二年，田川、垄互换其位，以调节地力。西北地区雨少风大，所以说这是一种适合当地自然条件的比较科学的耕作方法。

《汉书·食货志》中记载：

过能为代田，一晦三甽，岁代处，故名代田，古法也。

代田法的技术特点：一是沟垄相间。种子播种在沟中，待出苗后，结合中耕除草将垄土壅苗。其作用是防风抗倒伏和保墒抗旱，实际上体现了畎亩法中"上田弃亩"的原则。

二是沟垄互换。垄和沟的位置逐年轮换，今年的垄，明年变为沟；今年的沟，明年变为垄，这也就是代田法得名之由来。由于代田总是在沟里播种，垄沟互换就达到了土地轮番利用与休闲，体现了"劳者欲息，息者欲劳"的原则。

三是耕耨结合。代田法每年都要整地开沟起垄，等到出苗以后，又要通过中耕除草来平垄，将垄上之土填回到垄沟，起到抗旱保墒抗倒伏的作用。

赵过为了使代田法的推广有确实的把握，曾作了长期准备和细致安排，他有计划、有步骤地进行了试验、示范和全面推广等一系列工作。

首先在皇帝行宫、离宫的空闲地上作生产试验，证实代田法的确能比一般其他的田地每亩可增一斛，为推广确定了前提条件。

其次是设计和制作了新型配套农具，为顺利推广代田法创造了良好的生产条件。

再次是利用行政力量在京畿内要郡守命令县、乡长官、三老、力田、有经验的老农学习新型农具和代田耕作的技艺，为推广代田法奠定了技术基础。

第四是先在命家田、三辅区域公田上作重点示范、推广，并逐步向边郡居延等地发展。最后在边城、河东、三辅、太常、弘农等地作广泛推行，并取得了成效，从而得到民皆便代田的成功。

成功之后，各边城、河东、弘农、三辅等地区都纷纷学习代田法。农业生产工具也得到了改良。中国古代长期使用的主要农业工具是耒耜。耒耜为木器，操作用人力，既累又慢，大大限制了生产的发展。为了配合代田法的实行，赵过又制造各种精巧的农具。

他自己设计的耧车，是一种精巧的播种机。这种播种机由耧架、耧斗、耧腿、耧铲等构成。可播种大麦、小麦、大豆、高粱等。他分有一腿耧至七腿耧多种，以两腿耧播种较均匀。其中的三脚耧，下有三个开沟器，播种时，用一头牛拉着耧车，耧脚在平整好的土地上开沟播种，同时进行覆盖和镇压，一举数得，省时省力，所以效率可以达到"日种一顷"。

他还设计了耦犁，这是一种由二牛合犋牵引、三人操作的一种耕犁。二人在前各牵一牛，一人在后扶犁；还有一种单长辕犁，一人在前牵二牛，一人在后扶犁，控制犁辕。平都县令光发明了一种人力犁。使用这种犁，人力多的一天能垦耕30亩，人力少的一天也能垦耕13亩。

由于是新农具，用惯了耒耜的农民不习惯使用，需要给传授新的操作方法。日理万机的汉武帝，对这个具体问题也考虑到了。他给级别二千石的地方官下了诏令，指示他们组织各级地方官，会同农村基层组织的乡官三老、力田、里父老等人，学习使用这种新农具。

农忙季节来到之前，在三辅附近和全国主要农业耕作区，经常可以看到地方官组织各地乡官下田学习耕种。他们学会了，再传授给农民，从而掀起了学习新技术、使用新工具的热潮。

在这些有力措施的保证下，疲惫不堪的农民，又得以在土地上辛勤耕作。流离失所的农民开始回归故里，抛荒的土地重新得到垦殖。官吏的剥削相对减轻，农民的生产积极性得到发挥，农产品开始小有蓄积。

因此，汉武帝对代田法和各种先进的农具高度赞扬。这使得汉武帝时期的农业生产，比汉初有了明显的发展。农业是汉王朝的主要生产部门，也是封建国家财政来源的基础。农业生产的发展，又促进了手工业的发展和商业的繁荣。农工商贾各兴其业，使西汉的经济发展进入了鼎盛阶段。高度发展的经济，为汉武帝的政治、军事作为提供了雄厚的物质基础。

汉武帝时期农业生产突飞猛进地发展，是我国古代农业生产的一次革命，也是汉帝国强盛的基础。西汉劳动人民用他们的汗水和智慧，为建造汉帝国的强固基础，开凿了无数的磐石。

汉武帝时期末年，他把自己的统治政策调整到以发展农业生产为重点之后，通过与民休养生息，来实现他的富民目标。以赵过为代表的农学家，在总结人民群众生产经验的前提下，加强了农业生产技术发展。

汉武帝在这场农业生产革命中，起了关键的组织作用。在劳动人民创造的雄厚物质基础上，达到稳定社会形势的目的。大汉帝国的无数英才，又一次创建了光辉灿烂的文化殿堂。

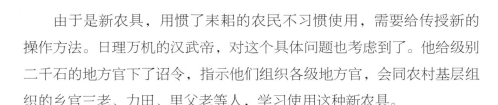

真情托付后事

　　汉武帝晚年思过，思想经常处于忏悔的状态中。后元二年，也就是公元前87年春正月，汉武帝在甘泉宫接受诸侯王的朝见。二月，巡游五柞宫。五柞宫周围山清水秀，景色宜人。汉武帝心绪苦闷，想借山水之秀以解烦恼。早春二月，春寒料峭。汉武帝连日游览，偶感风寒。不料数日之后，竟然病入膏肓，卧床不起。

　　汉武帝明白自己可能将不久于人世。于是，经过深思熟虑后，他决定要让几岁的刘弗陵担当起承继刘氏大业的重任，并且还精心挑选着日后辅佐少帝的大臣。

　　当时，朝廷中大臣有田千秋、赵过、桑弘羊三人。汉武帝十分信任田千秋和赵过，委任他们推行自己的富民政策；虽然汉武帝因改过自悔而拒绝了桑弘羊的轮台屯田建议，但桑弘羊仍不失为一位著名的理财专家，因此，汉武帝仍然十分信任他，委以重任。

　　这三个人都是文官出身，将来定可以帮助少帝继续推行自己的富民政策，以完成自己未竟的事业。但是，汉武帝更渴求武官出身的大臣，以有足够的能力和权威来驾驭政局，稳固朝廷，辅助少帝治理国家。在武官中，汉武帝最亲信的人也有三个：一个是霍光，一个是金日磾，一个是上官桀。

汉武帝认真考察群臣，认为只有霍光忠厚可以承担辅保社稷的大事。霍光是霍去病弟弟，10多岁便入宫为郎，出则奉车，入侍左右，侍奉汉武帝20多年，小心谨慎，从来都没有过失，深得汉武帝信任。

金日磾字翁叔，原本是匈奴休屠王的太子。元狩二年，也就是公元前121年，骠骑将军霍去病率军出击匈奴右翼之地，大获全胜，虏获休屠王祭天金人。这年夏天，霍去病又进军祁连山，节节胜利。

匈奴昆邪王怕单于治罪，杀休屠王，率众降汉。汉武帝封昆邪王为列侯，而金日磾因为父亲不投降而受牵连，与其母阏氏，弟伦等俱没官为奴。当时，金日年仅14岁，就被安排在宫中养马。

有一次，汉武帝乘游宴之兴，到御厩中阅看宫中所饲养的马匹。那些养马的人，都牵着自己所饲养的马，从武帝面前走过。唯独金日磾与别人不同，他恭谨守矩，目不敢斜视。汉武帝见他人所饲养的马匹，多属平平，只有金日磾所养的马，个个体壮膘肥，油光可鉴。再看这个年轻的养马人，身高八尺以上，容貌威严庄重。

汉武帝感到很奇异，便询问他的姓名、身世。金日磾一一对答。汉武帝赞许，当即便任命他为马监，赐衣冠，使主管宫中养马之事。后来，武帝又擢升他为侍中、驸马都尉、光禄大夫，成为武帝的亲信。

汉武帝非常尊重宠爱金日磾，赏赐累千金，出为骖乘，入则侍奉左右。贵戚们见金日受到如此恩宠，非常嫉妒。说道："金日磾只不过是一个降俘过来的，凭什么受到如此的宠贵？"但是，汉武帝却不以为然，甚至对他更加好。

金日磾为人忠诚宽厚，做事恭谨，从不居高自傲。在汉武帝面前从来没有犯过什么错误。金日磾的母亲教诲两个儿子，很有规矩，汉武帝得知后很赞许。他母亲病死后，汉武帝下诏在甘泉宫为她画像，题名

"休屠王阏氏"。金日磾每次看见画像都下拜，对着画像涕泣，然后才离开。

金日磾的两个儿子都被汉武帝所宠爱，是汉武帝逗乐子的弄儿，常在皇上身边。有一次，弄儿从后面围住汉武帝的脖子，金日磾在前面，看见后生气地瞪着他。弄儿一边跑一边哭着说："爹爹发火了。"

汉武帝对金日磾说："为什么生我弄儿的气？"

后来弄儿长大，行为不谨慎，在殿下与宫女戏闹，金日磾正好看见，厌恶他的淫乱，于是杀了弄儿。这个弄儿就是他的长子。汉武帝得知后大怒，金日磾叩头告罪，把为什么杀弄儿的情况一一说出。汉武帝很哀伤，为弄儿掉泪，以后从内心尊敬金日磾。

巫蛊之祸前，马何罗与江充交好，马何罗的弟弟马通更因诛杀太子时奋力作战而得到封爵。征和二年，也就是公元前91年，汉武帝得知太子冤屈，就把江充宗族和朋党全部诛杀。马何罗兄弟害怕被杀，于是策谋造反。

金日磾发现他们神情异样，心里怀疑他们，暗中独自注意他们的动静，与他们一同上殿下殿。马何罗也觉察到金日磾的用意，因此，很久没有机会动手。这时汉武帝驾临林光宫，金日磾有小病在殿内休息。马何罗与马通以及小弟马安成假传圣旨深夜外出，一起杀了使者，发兵起事。

第二天早上，汉武帝还没有起床，马何罗便从外面冲了进来。这时，金日磾正在上厕所，心里一动，马上进入汉武帝卧室，躲在内门后。一会儿，马何罗袖藏利刃，从东厢而上，看见金日磾，神情大变，跑向汉武帝的卧室，不料撞到宝瑟，摔倒在地，金日磾得以抱住马何罗，随即高声呼喊："马何罗造反！"

汉武帝从床上惊起。侍卫拔刀想杀马何罗，汉武帝恐怕伤到金日磾，阻止他们不要用刀杀。金日磾揪住马何罗的脖子，把他摔到殿下，侍卫才能捉住捆绑起来，彻底审讯，最后都伏法受诛。金日磾因此以忠诚笃敬、孝行节操而闻名。

上官桀是陇西上邦人。在他年轻的时候做羽林期门郎。有一次，跟随汉武帝去甘泉宫，赶上大风，车不能前进，就解下车盖让上官桀拿着。上官桀捧着车盖，虽然风很大却并没有被车落下，不久下起了雨，他就用车盖替武帝挡雨。

汉武帝对他的勇力很是欣赏，就升他做了未央厩令。汉武帝曾经身体不太舒服，等到病好之后，去看马，发现马大多瘦了，于是，汉武帝大怒，说："你认为我再也见不着这些马了吗？"要治他的罪，

这时，上官桀叩头说："我听说皇上身体不适，就日日夜夜为您担心，哪里还顾得上看马呀？"话还没有说完，眼泪就一串串地落了下来。

汉武帝认为他对自己很忠心，因此十分亲信他，让他做了侍中，逐渐升为太仆。

这三个人当中，汉武帝对霍光尤为器重。于是他就打算以霍光为主要辅佐刘弗陵的人物，但他没把心里的打算说出来，而是命黄门画了一幅周公背成王朝诸侯图赐给霍光。

二月乙丑这一天，霍光、金日磾等一行人，跪伏在汉武帝的床前问安。霍光看到皇上危在旦夕，可能将不久于人世。而储君至今还没有立，怕汉武帝突然驾崩，祸危社稷，便趁武帝清醒时，跪在榻前泣问道："陛下一旦不讳，应该由谁来继承大位呢？"

汉武帝说："前日所赐周公负成王朝见诸侯图，难道你还没有理解它的含义吗？立少子弗陵，由你行周公之事！"

霍光叩头谢辞道："臣不如金日磾！"金日磾也在旁边，急忙叩头推辞，诚恳地说道："臣德才远不如霍光，况且臣是外国人，若使辅弼幼主，必会使匈奴轻视我大汉！"

汉武帝说道："你们两人素来都忠心耿耿，朕久已深知，都不必推辞，朕自有安排。"霍光，金日磾见武帝再不说话，只好叩头退出。

二月十二日，汉武帝颁布诏书，立8岁的皇子弗陵为皇太子。

二月十三日，汉武帝命霍光为大司马、大将军，金日磾为车骑将

军，上官桀为左将军，桑弘羊为御史大夫，田千秋仍为丞相。宣五人入内。五位顾命大臣齐跪在武帝榻前，叩头拜见。

汉武帝已命在旦夕，不能多言，只能颔首作答。五位顾命大臣拜受遗诏。遗诏曰：

> 制诏：朕体不安，已无痊愈之望，即将永诀。望辅弼诸臣，宜谨奉皇太子，尽心竭力。制告皇太子善待百姓，轻赋敛，近圣贤，信谋臣，以身奉行名教和祖宗法制。遵循朕的告诫，才有资格君临天下。要牢记秦二世灭亡的教训，终生不得疏忽。
>
> 苍天不可久视，大地不可久履，朕就此诀别。告诫后世子孙，兢兢业业，切勿辜负天地的恩德！

二月十四日，武帝驾崩于五柞宫。遗体运回未央宫前殿入殓。终年70岁，在位55年。

二月十五日，皇太子刘弗陵在枢前继皇帝位，是为昭帝。霍光、金日磾，上官桀三人共领尚书事，大司马、大将军霍光总揽朝政，国家政令都由他制定。几位大臣同心协力，忠于职守，贯彻武帝末年安国富民的大政方针，平稳地完成了政权的交接，为朝野臣民所称颂。

后元二年，也就是公元前87年三月二十二日，入殓后的武帝，口含蝉玉，身着金缕玉匣，匣上皆镂以蛟龙鸾凤龟麟之像，以辒辌车载枢，黄屋左纛，在极其庞大的送葬队伍的护送下，葬于茂陵。茂陵在群墓的拱卫之下，巍巍耸立，仰视昊天，俯瞰后土。阅尽人间沧桑。一代天骄、叱咤风云的大汉孝武皇帝，长眠于世。

附：汉武帝刘彻年谱

汉景帝前元元年，也就是公元前156年，刘彻出生于漪兰殿，名彘。

汉景帝前元四年，也就是公元前159年，刘彻4岁，被立为胶东王。

汉景帝前元七年，也就是公元前150年，刘彻7岁，被立为皇太子。

汉景帝后元三年，也就是公元前141年，刘彻16岁，即皇帝位，是为武帝。

汉武帝建元元年，也就是公元前140年，刘彻17岁，以建元为年号。诏举贤良方正直言极谏之士，策问古今治道。董仲舒上《天上三策》。

汉武帝建元二年，也就是公元前139年，刘彻18岁，窦太后贬抑儒臣，赵绾、王臧皆下狱自杀。丞相窦婴、太尉田蚡免官。石建为郎中令，石庆为内史。纳卫子夫为夫人，以卫青为太中大夫。初置茂陵邑，徙郡国豪强于茂陵。

汉武帝建元三年，也就是公元前138年，刘彻19岁，闽越攻东越，遣严助发会稽兵救之，东越举国内徙。起上林苑。张骞应募首次出使西域。建期门军，令卫青掌控。东瓯王归降。

汉武帝建元五年，也就是公元前136年，刘彻21岁，罢三铢钱，行新铸半两钱。置五经博士。

汉武帝建元六年，也就是公元前135年，刘彻22岁，窦太皇太后5月逝世。罢丞相许昌，以舅田蚡为丞相。闽越王郢击南越，派遣将士攻打，未至，越人杀郢降。

汉武帝元光元年，也就是公元前134年，刘彻23岁，初令郡国举孝、廉各一人。诏举贤良、文学。

汉武帝元光二年，也就是公元前133年，刘彻24岁，汉伏兵马邑，诱击匈奴，断绝与匈奴和亲。

汉武帝刘彻传

汉武帝元光三年，也就是公元前132年，刘彻25岁，黄河于淮阳缺口，发卒十万救黄河决口，无功。

汉武帝元光四年，也就是公元前131年，刘彻26岁，田窦之争，杀窦婴。韩安国行丞相事。韩安国病免，薛泽为相。张欧为御史大夫。

汉武帝元光五年，也就是公元前130年，刘彻27岁，遣中郎将司马相如谕抚西夷。使唐蒙通夜郎。发卒治固雁门。废陈皇后，巫蛊祸始，法始日苛。

汉武帝元光六年，也就是公元前129年，刘彻28岁，初算商车，租及六畜。开渭渠、龙首渠。遣卫青、李广、公孙贺、公孙敖四将军分击匈奴，卫青至龙城。始税商贾车船及缗钱。

汉武帝元朔元年，也就是公元前128年，刘彻29岁，诏议不举孝廉者罪。徐乐上书。卫子夫生据，立为后。派遣卫青、李息北击匈奴。东夷秽君南闾举众降附，以其地置苍海郡。

汉武帝元朔二年，也就是公元前127年，刘彻30岁，颁《推恩令》，削藩国势力。匈奴入上谷、渔阳，派遣卫青、李息等出兵攻打，收复河南之地，置朔方郡。

汉武帝元朔三年，也就是公元前126年，刘彻31岁，罢苍海郡、罢西夷，独置南夷、夜郎两县一都尉，专营朔方城。张骞自大月氏还，拜为太中大夫。

汉武帝元朔五年，也就是公元前124，刘彻33岁，薛泽免相，以公孙弘为相，封平津侯。派遣卫青等击匈奴右贤王，大胜，拜卫青为大将军。置博士弟子50人，免除其赋役。

汉武帝元朔六年，也就是公元前123年，刘彻34岁，卫青率六将军出定襄，击匈奴，斩首数千级而还。赵信兵败降匈奴，为单于献计。卫青复统六将军出定襄击匈奴，斩俘万余人。霍去病封冠军侯。张骞封为博望侯。诏民得买爵赎罪。置武功爵。

汉武帝元狩元年，也就是公元前122年，刘彻35岁，淮南王安、衡山王赐谋反，事事情败露后自杀，受牵连者死数万人。张骞遣使寻求身毒国，重开西南夷。立刘据为皇太子。

汉武帝元狩二年，也就是公元前121年，刘彻36岁，丞相公孙弘死，李蔡为相。霍去病击匈奴，过焉支山千余里，杀匈奴两小王，执浑邪太子及相国、都尉，俘斩8900余人，并获休屠王祭天金人。霍去病过居延泽，至祁连山，斩首三万二百级，俘匈奴小王70余人，相国、都尉以众降者4500人。断匈奴西路，打通河西走廊。

汉武帝元狩三年，也就是公元前120年，刘彻37岁，作昆明池教习水战。始立乐府，以李延年为协律都尉。

汉武帝元狩四年，也就是公元前119年，刘彻38岁，造新币，管盐铁，算缗钱。漠北大决战，卫青、霍去病各将骑5万、步兵数10万分道击匈奴；霍去病封狼居胥山。以卫青、霍去病皆为大司马。张骞两次出使西域。诛文成将军少翁。

汉武帝元狩五年，也就是公元前118年，刘彻39岁，罢三铢钱，铸五铢钱，汉币制始定。丞相李蔡自杀，以庄青翟为相。

汉武帝元狩六年，也就是公元前117年，刘彻40岁，使杨可主持告缗。遣使巡行郡国，查盗铸金钱者，并检举兼并之徒及为吏有罪者。

3.霍去病死，葬茂陵旁。

汉武帝元鼎元年，也就是公元前116年，刘彻41岁，得鼎汾水上，改元。大赦天下。

汉武帝元鼎二年，也就是公元前115年，刘彻42岁，御史大夫张汤有罪自杀。丞相庄青翟下狱自杀。以赵周为丞相。以桑弘羊为大农丞，初置均输。封张骞为大行令。

汉武帝元鼎三年，也就是公元前114年，刘彻43岁，初定年号，以2年前于汾阴出宝鼎之年，也就是公元前116年，为元鼎元年，再订即位次年为建元元年，从此中国历史始用皇帝年号纪年。

汉武帝元鼎四年，也就是公元前113年，刘彻44岁，始巡郡国，至荥阳而还。遣使谕南越王内属，比内诸侯王。

汉武帝元鼎五年，也就是公元前112年，刘彻45岁，南越吕嘉反，遣路博德、杨仆等征讨。酎金案，夺列侯爵160人，丞相赵周自杀，以石庆为相。

汉武帝元鼎六年，也就是公元前111年，刘彻46岁，平西羌，设护羌校尉。平南越，置南海等九郡。祠泰一、后土。定西南夷。东越王反，遣军征伐。开六辅渠。李夫人死。

汉武帝元封元年，也就是公元前110年，刘彻47岁，率18万骑北巡，遣使谕告匈奴单于臣服。东越降，徙其民于江淮。封禅泰山、大赦天下。以桑弘羊为治粟都尉领大农令。

汉武帝元封二年，也就是公元前109年，刘彻48岁，发卒数万塞瓠子河缺堤，令群臣自将军以下皆负薪，终填黄河缺口。遣荀彘、杨仆水陆两路征伐朝鲜。滇王降，赐滇王印，以其地为益州郡。

汉武帝元封三年，也就是公元前108年，刘彻49岁，派遣将军赵破奴俘楼兰王，破车师。朝鲜降，设四郡。

汉武帝元封四年，也就是公元前107年，刘彻50岁，行幸雍，祠五峙。祠后土。申流民法。

汉武帝元封五年，也就是公元前106年，刘彻51岁，大司马大将军卫青死。初置部刺史，巡察郡国。

汉武帝元封六年，也就是公元前105年，刘彻52岁，与乌孙和亲，细君远嫁乌孙。

汉武帝太初元年，也就是公元前104年，刘彻53岁，大作建章宫。定太初历，以正月为岁首，改元太初。筑受降城于塞外。遣贰师将军李广利西征大宛。

汉武帝太初二年，也就是公元前103年，刘彻54岁，丞相石庆去世。将军赵破奴率两万余骑深入匈奴境内，全军覆没。

汉武帝太初三年，也就是公元前102年，刘彻55岁，李广利再征大宛。

汉武帝太初四年，也就是公元前101年，刘彻56岁，西破大宛，获汗血马，威震西域。自敦煌筑亭至盐泽。封李广利海西侯。

汉武帝天汉元年，也就是公元前100年，刘彻57岁，派遣苏武等出使匈奴。

汉武帝天汉二年，也就是公元前99年，刘彻58岁，派遣李广利击匈奴于天山，胜还。李陵降匈奴。颁布《沉命法》。

汉武帝天汉三年，也就是公元前98年，刘彻59岁，初榷酒酤。三月，修封泰山。祀明堂。

汉武帝天汉四年，也就是公元前97年，刘彻60岁，派遣李广利发天下十科谪击匈奴。令罪人入钱赎死。

汉武帝太始元年，也就是公元前96年，刘彻61岁，迁徙郡国吏民豪杰于茂陵。立钩弋夫人。

汉武帝太始二年，也就是公元前95年，刘彻62岁，赵国中大夫白公奏穿渠引泾水，成白渠。

汉武帝太始三年，也就是公元前94年，刘彻63岁，钩弋夫人生子弗陵。

汉武帝太始四年，也就是公元前93年，刘彻64岁，祀高祖于明堂。修封泰山。

汉武帝征和元年，也就是公元前92年，刘彻65岁，大搜上林苑、长安城。江充奉诏治丞相公孙贺子太仆敬声巫蛊狱。

汉武帝征和二年，也就是公元前91年，刘彻66岁，族诛丞相公孙贺。刘屈氂为相。江充掘蛊太子刘据宫中。卫皇后与刘据斩江充，与丞相大战长安。据败走，卫皇后自杀。太子刘据自杀。

汉武帝征和三年，也就是公元前90年，刘彻67岁，丞相刘屈氂因与贰师将军李广利谋立昌邑王为帝，下狱腰斩。匈奴入五原酒泉，派遣李广利出兵攻打，李广利率7万众降匈奴。建思子宫。

汉武帝征和四年，也就是公元前89年，刘彻68岁，纳田千秋之议，悉罢诸方士求神仙事。以田千秋为丞相，封富民侯。下轮台罪己诏。以赵过为搜粟都尉，推广《代田法》。

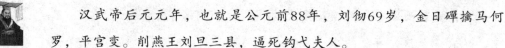

汉武帝后元元年，也就是公元前88年，刘彻69岁，金日磾擒马何罗，平宫变。削燕王刘旦三县，逼死钩弋夫人。

汉武帝后元二年，也就是公元前87年，刘彻70岁，朝诸侯王于甘泉宫。行幸五柞宫。立刘弗陵为太子。授霍光、金日磾、上官桀等遗诏托孤。崩于五柞宫，葬茂陵。

汉武帝刘彻传